アンダークラス化する若者たち

生活保障をどう立て直すか

宮本みち子・佐藤洋作・宮本太郎［編著］

明石書店

はじめに

〝失われた20年〟から〝新型コロナ禍〟へ

本書の企画がスタートした2020年2月に新型コロナウイルスが猛威を振るい始め、やがて不要不急の活動いっさいが「自粛」となり、すべての経済活動が止まってしまった。その結果は予想通りで、まっさきに仕事を失いあるいは減収になったのは、零細事業者と、非正規雇用やアルバイトやフリーランスで働いていた若者や女性たちだった。新型コロナウイルスの到来は、すでに社会格差が広がり生活困窮者が増加していた日本社会に、決定的なダメージを及ぼしつつある。

予想もしなかった事態を目前に、本書を刊行するスタンスの見直しを迫られた。新型コロナ禍に至る〝失われた20年〟で、働いても働いても暮らしが成り立たない人々が増加する社会となり、学校時代を経て実社会に出る若者たちのなかには、〝暮らしが成り立つ〟という観念さえもてない若者が増えていたが、新型コロナ禍はその趨勢を決定的にしてしまうのではないかと危惧する。これらの若者と、これから若者期に入る人々のなかに、それまでの時代に確立した「結婚、持ち家、子どもの教育」がセットになった標準生活（中流生活）を営むことができない人々が増加していくだろう。貧困家庭で育つ子どもたちへの対策がようやく進み始めた頃、不幸にも新型コロナウイルスに見舞われたとは何とも不運なことだ。

その渦中で2019年の人口動態統計が発表された。出生率は1・36で4年間連続で減少。少子化対策の効果はまったくあがっていない。母親の5歳ごとの年代別でも、すべての年代で前年を下回った。死亡者総数が出生者総数を51万人も上回り、若い世代の先細り傾向に歯止めがかからない状態にある。新型コロナウイルスの影響で、若い世代の就職難、所得低下が始まっているのを見ると、これ以後、出生率が上昇する要因は残念ながら見つからない。日本の低出生率の最大の原因は晩婚化と非婚化、とくに非婚化の影響が大きい。家庭をもつことが、若者の選択肢から消えてしまいつつある。

就職氷河期世代の不運は新型コロナ禍で放置か?

1990年代のバブル崩壊、2008～9年のリーマンショックを経て安定した仕事に就く機会を失った若者の問題に、私たち研究チームはかかわってきた。その頃から非正規雇用者その他の不安定な就労状態にある若者が増加するようになった。就職氷河期世代の先頭集団は今、50歳台に入ろうとしているが、社会人としてのスタートラインでの躓《つまず》きを未だに引きずって非正規雇用や無業やひきこもりの状態にいる者が少なくない。

昨年、政府は就職氷河期のダメージをもろに被った世代の正社員化を進める施策を打ち出し、取り組みが始まろうとしていた矢先に新型コロナ禍に見舞われ、施策の効果どころか新たな就職氷河期が生まれるのではないかと危惧される。日本社会の悪い点は、人生のスタートラインでうまくいかないと、その後に挽回するチャンスがないことだ。不運にも10年に一度の不況の波を被った集団は、その後もずっと不遇のまま放置されかねない。

若者の社会保障がある国とない国のちがい

私たち研究チームは、欧州のいくつかの工業国の若者と日本の若者の比較研究をしてきた。欧州の場合、スタート時点で非正規雇用であっても、何年か後には正規雇用に転じている。しかも日本と違うのは、たとえ非正規雇用であっても、親の家を出て独立の生計を立て、そのうちには子どもをもっている若者世代の率が高いことだ。それは、所得保障、失業、家族関連、住宅関連などの社会保障費がどのような若者にも適応されるからで、賃金の不十分さを社会保障費が補償しているのだ。日本はどうか。非正規雇用の若者の大半は親元で暮らしている。親の家を出て一人暮らしをしたり、結婚したり子どもを持つことと無縁のままだ。なぜなら、若者に対する社会保障が弱体で、生計を立てる手段はもっぱら賃金に置かれ、それが少なくてもそのまま放置されるからだ。若者は生活に困ったら親元にいれば大丈夫だと考えられている。やむなく不安定な仕事を続けている若者たちは、生計を立てられるようになる見通しが立たないまま絶望の淵に立たされている。

この5年間で、時代は就職難の局面から労働力不足の局面に転換し、非正規雇用労働者の正規労働者への転換も一定程度進んだ。しかし、全体的にみて労働現場の条件が改善されているわけではなく、賃金は上がっていない。しかも、非正規雇用化の波を真先に被った就職氷河期世代だけでなくあとに続く世代の労働環境も一向に改善されず、不安とあきらめ感をもつ例が少なくない。さらに、様々な事情から無業状態にある若者は、就職事情が好転しても働くことができないままの状態を続けている。不安定な生活基盤しかもてない若者の大半が、未婚のまま親と同居して暮らしている実態からすると、上昇を続ける非婚率と低出産率は、これらの若者の増加と密接に関連しているとみてまちがいない。親が高齢に達する若者の親元同居生活は厳しい現実に直面しつつある。

子どもや若者の貧困も進んでいる。7人に1人の子どもが貧困状態にあるように、若者期に達する前に経済的困窮状態で育ち、そこから派生する諸問題を抱えた子どもたちが増えている。学校生活への不適応、心身の不調、悪化する家族関係などを抱えている子どもたち、社会的養護のなかで育つ子どもたちや、親から不適切な扱いを受け、親が自立の障害になっているような子どもたちも少なくない。これらの現象に対して有効な手立てを講じなければ、社会に出る年齢になっても生活基盤を築くことは困難であろう。

私たちがやってきたこと

私たち研究チームは、長期化する「成人期への移行の時期の若者」を対象に研究と実践に取り組んできた。メンバーの交代が多少はあったが、あしかけ13年におよぶ共同研究を実施してきたことになる。研究メンバーは大学研究者と若者支援をリードする実践者、地方行政の職員であり、理論と実践の融合を常に念頭において研究を続けてきた。

本書のもとになる共同研究は、２０１４年に日本学術会議から科学研究費を得て研究チームを編成し、「若者期の生活保障の構築に向けた国際比較研究～社会的に排除される若者層を中心に～」と題するテーマで4年にわたって継続してきたものである。この研究に先行する7年間、同じく科学研究費を得て、「労働市場から排除された若者を支援する政策手法とその評価に関する国際比較研究」と題する研究を続けた。7年間の研究成果は、2015年9月に岩波書店から『すべての若者が生きられる社会を――家族・教育・仕事からの排除に抗して』と題して刊行した。

私たちが対象としてきたのは、「学校から社会へ」「青年期から成人期へ」の移行過程において、自立のめどが立たず社会的に孤立する若者たちであった。海外の工業化された国々も同様の現象を抱えていて、ポスト工業化社会に特有の現象と私たちは見てきた。私たちは多方面から若者の実態と若者支援の動向を探り、若者政策のあり方を模索して現在に至っている。

2015年の刊行以後、研究と支援活動を通して肌で感じたのは、アンダークラス（下層階級）ともいうべき若者たちが増加しているのではないかという問題意識だった。将来の見通しがもてないまま労働市場の底辺をワーキングプアとしてさまよう若者や、社会に出ることもできないでひきこもる若者など、多様な形で若年アンダークラスは存在している。同時期に、貧困状態にある子どもがようやく社会問題として認識され取り組みが始まったが、若年アンダークラスの増加は、子どもの貧困化と機を一にしている。

いきづらさを抱え将来が懸念される若者の多くは、親と同居して窮状を凌いでいるために貧困が見えにくい。若者の生活保障の責任は親にあるという前提（親頼み）に立った社会慣行においては、困ったら親の力を借りて窮地を脱出するものとみなされ、国家は部分的責任を果たすに留まっている。その結果、親の援助に頼れない若者は若者支援のネットにもかからない（若者問題の私事化）。親の援助がなくとも若者が安定した生活基盤を築くことができるような社会保障制度の強化を図らなければ、将来的に貧困に陥る中高年人口が今よりもっと拡大するだろう。

ライフチャンスと生活保障

本書は、アンダークラスに落ち込む若者たちの実態を明らかにし、若者施策の前提となっている「親頼み」のメカニズムと限界をえぐりだし、アンダークラス化を防止するためにどのような社会編成が必要なのかを明らかにする。不安定な生活基盤、希薄な社会関係のなかで成人期への移行を余儀なくされた若者たちは、「限定されたライフチャンス」あるいは「ライフチャンスを剝奪された状態」にある。本書では安心と誇りをもって人生を歩むことができるように、若者にライフチャンスを保障する若者政策を示し、若者の現在から将来までの生活保障の必要性を提起する。

新型コロナ禍による人々の貧困化を成り行きにまかせ、有効な手立てを講じなければ、より多くの若者が、将来の展望をもつこともあきらめてアンダークラスに滞留することになるだろう。どのような若者も成長のための教育を受けることができ、親から独立し、働き、家庭を築き、この社会の一員としての権利を行使できるための条件整備、つまり生活保障を打ち立てる必要があることを示そうと考えている。

二〇二一年二月

宮本みち子

アンダークラス化する若者たち——生活保障をどう立て直すか

目次

第1章　若者問題とは何か

宮本みち子

要旨

〝失われた20年〟で、いくら働いても暮らしが成り立たない人々が増加する社会となった。若者のなかにも、不安定な雇用、際立つ低賃金、結婚・家族形成の困難という特徴をもつ一群が増加している。若者のアンダークラス化である。不安定な生活基盤、希薄な社会関係のなかで成人期への移行期を送る若者たちは、「限定されたライフチャンス」あるいは「ライフチャンスを剝奪された状態」にある。若者の生活保障における国家の役割は依然として小さく、全世代型社会保障への転換がいわれながらも、若者期は社会保障制度における陥没地帯となっている。このような状態に歯止めをかけるためには、教育、職業訓練、労働、住宅、医療、余暇活動、社会統合、平等政策など広範な分野を包含する総合政策が必要である。本章は、アンダークラス化する若者の実態を明らかにし、若者の生活保障とは何かを示し全体的な展望を述べる。

1　若者と若者問題

〝失われた20年〟で、いくら働いても暮らしが成り立たない人々が増加する社会となった。学校時代を経て実社会に出る若者たちのなかには、〝暮らしが成り立つ〟という観念さえもてない例も目立つようになった。新型コロナ禍はその趨勢を決定的にしてしまうのではないかと危惧する。これらの若者と、これから若者期に入る人々のなかに、それまでの時代に確立した「結婚、持ち家、子どもの教育」がセットになった標準生活（中流生活）を営むことができない人々が増加していくだろうと予想する。

若者のこのような状態に歯止めをかけるためには、若者の生活保障という理念を打ち立てることが必要である。生活保障とは、経済・非経済の両面で人としてあるべき質量を兼ね備えた生活水準を担保する生活の保障をいう。生活保障の担い手は第一義的には国家にあるが、国家による公的保障だけでは充足されない。本書は、公的保障を中軸に据えながらも、官民の若者支援によって構成されるインフラの整備が必要だという立場をとる。実際のところ、若者の生活は、本人、親・親族、企業など仕事の世界、国家によって担われている。働くということを通して安定した生活基盤を築くことに困難を抱えている若者の場合には、本人、親・親族、国家の三者の組み合わせで生活は維持される。本書で生活保障の必要性を主張する理由は、一定数の若者が、仕事からも社会保障からも排除されて生計を立てることの困難に直面しているからである。しかもそうした若者は増えている。

若者期とは青年期から成人期への移行の時期である。この時期に、親から独立し、働き、生計を立て、家族を形成するまでの一連のステップを歩むものと想定されている。その時期の歩みがリスキーで、発達課題を果たすことのできない若者が集合的に存在している。社会の標準とされる生活水準を獲得することが困難で、安定した社会関係を保つこともできない状態にある若者が、社会の問題として認識される時、若者問題となる。年齢でいうと、おおよそ後期中等教育段階から20代の後半までが該当するが、場合によっては30代を含むものと考える。若者の脆弱性は、その時期に固有のものではなく幼少期から若者期を経て中年期まで継続する傾向がある。したがって、若者問題はライフコースの流れのなかで見る必要がある。

2　アンダークラス化する若者たち

このような若者たちは、アンダークラスに属するか、その予備軍ともいえる危うさをもっている。アンダークラスとは、不安定な雇用、際立つ低賃金、結婚・家族形成の困難という特徴をもつ一群であり、従来の労働者階級とも異質なひとつの下層階級を構成する社会階層である。橋本健二によれば、資本家階級、新中間階級、労働者階級、旧中間階級以下の存在、つまりアンダークラスと呼ぶにふさわしい存在である（橋本、２０１８ｂ）。なお、橋本は就業者ではないという理由で無業者をアンダークラスから除外しているが、就業と無業とは入り混じっていることが多く、不安定な就業時期を経て無業者になる場合があればその逆もある。そこで、本書では長期にわたる無業者はアンダークラスに接する層とみなし、両層を統一的に対象とする。アンダークラスおよび無業者の就業状態は、非正規雇用、半失業者、長期失業者、無業者で、相互に行き来していることも少なくない。経済状態は、低賃金、低所得、所得なしを特徴とし、ライフコース的には、親からの独立や結婚・家族形成の困難な若者たちである。ただし、子どもをもつ若者も排除しない。

これらの若者たちの学校歴は、低学歴、不登校歴を有することが多く、高学歴化する社会のなかで様々な理由で学校教育になじむことができなかった若者たちである。これらの若者が、教育困難校と呼ばれる普通高校、通信制高校、定時制高校に集中して在学し、その後、非熟練・低賃金の労働市場へ入っていく。ますます高度化する労働市場のなかで、これらの若者たちは大きな格差の一方の極から脱出することが困難な状態にある。その意味で、今やこれらの学校はアンダークラスの造出機能をもつに至っている。生徒たちは、家庭の貧困、複雑な家族関係、心身の疾病や障害その他の生き難さを背負い、無防備のまま学校から実社会に出ていかざるをえないという現実がある。これには地域格差やジェンダー格差もある。私たちは、アンダークラスまたはその予備軍となる若者たちが増加し、何の支援も受けられないまま社会から排除されていくことを危惧している。

若者がアンダークラス化する背景には、経済のグローバル化と資本主義の非物質主義的転回（ポスト工業化）があり、それを支える新自由主義の潮流がある。それらが福祉国家の諸制度では対応できない社会的リスクを広げ、新しい生活困難層を拡大させてきた。若者問題はこのような流れのなかで生じたものであった。

他方で、就職氷河期以来の若者の就職難時代が終わって、労働力不足が顕著になっていることか

図１　正規・非正規労働者の貧困率

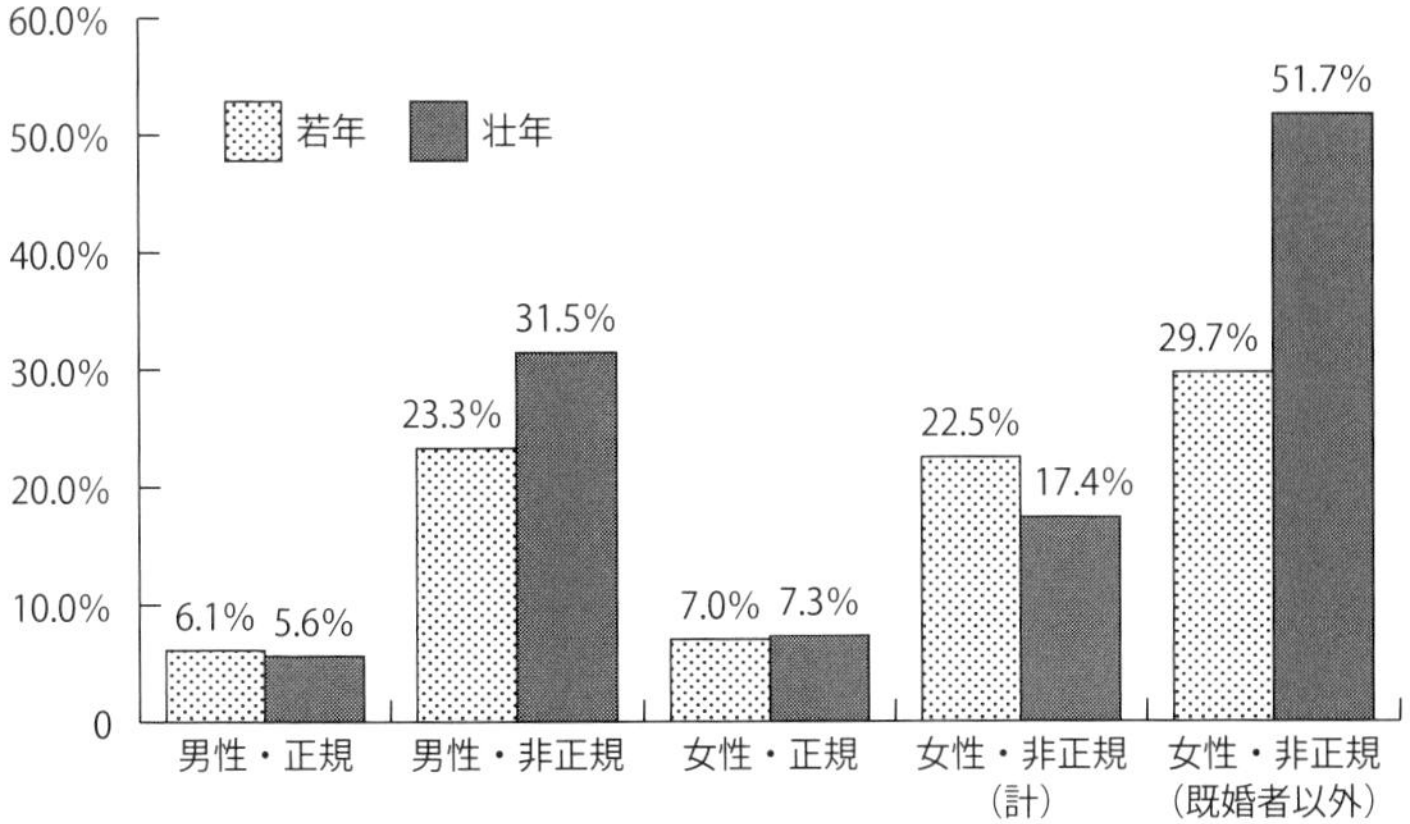

注：等価世帯所得が、雇用労働者の等価世帯所得の中央値の半分以下である割合を示す。
※厚生労働省が公表している貧困率とは算出方法が異なる。
※25～34歳を若年、35～44歳を壮年とする。
出典：独立行政法人労働政策・研究研修機構（2014）『壮年非正規労働者の仕事と生活に関する研究――現状分析を中心として』労働政策研究報告書 No.164

ら若者問題は解消されつつある、という楽観的な見方が広がっている。しかし、21世紀の動向を見据えると、その認識はまちがっているといわざるをえない。

１９９０年代以後、企業は正社員の雇用を減らし、非正社員の数を増やしてきた。その結果、様々な形態の非正規労働者が増加し、無保障、低賃金で生計もままならず、将来の展望を描くことのできない人々が顕在化している。もっとも深刻な状態にあるのは無業者で、病気や障害や家族の介護など複雑な問題を抱えている。これらの若者は、長期間にわたって無業のままで、年齢が上がるほどその比率は高くなる傾向にある（労働政策研究研修機構、２０１９）。このまま放置しておけば、無年金、無資産、家族なしの状態で高齢期に突入することが懸念される。

若者の非正規労働者が増加しはじめたのは、いわゆる「就職氷河期」と呼ばれた時代である。この時期に社会に出た若者たちの一部が、そのまま非正規労働者として中年期に達し、アンダークラスのなかの塊となっている。図1は、正規労働者と非正規労働者の貧困率を男女別で比較したものである。貧困は非正規労働者で格段に多く、男女で比べると、既婚者以外の女性で多く、とくに壮年期の女性で多い。

総合研究開発機構（NIRA）は、この世代が老後に生活保護を受けるようになった場合に、必要になる追加費用を推計している。就職氷河期の到来は、2002年までに非正規労働者と無業者を191・7万人増加させたが、このうち77・4万人が65歳になった時点で生活保護の対象となるという。推計によると、これらの人々が残りの生涯にわたって生活保護を受け続けたとすると、その費用は17・7兆円から19・3兆円になるという（NIRA総合研究開発機構、2008）。しかも就職氷河期後のリーマンショックで再び就職困難者が発生するというように、新卒時の不運がそのまま継続している。2020年の新型コロナウイルス発生にともなう就職困難は、規模からいってもっと大きな不利益集団を生み出すのではないかと危惧される。

3　格差の拡大が若年アンダークラスを生み出す

国内における格差の拡大は先進国に共通に見られる現象になっている。橘玲は上級国民と下層国民への分断と称している（橘、2019）。このような現象をもたらしているのは、「知識産業化・

リベラル化・グローバル化」という巨大な潮流で、その潮流に乗るための恵まれた条件をもたない人々は、「下層国民」に押さえ込まれてしまうのである（橋本、２０１８ａ：２０１８ｂ）。

橋本は現代日本の階級構造を、資本家階級、新中間階級、労働者階級、旧中間階級の四つに区分し、ＳＳＭ調査を用いて動態と特徴を分析している。それぞれの構成比は、４・１％、２０・６％、６２・５％。１２・９％である（平成24年度就業構造基本調査）。橋本の分析によれば、近年では、多数派を占める労働者階級内部で正規労働者と非正規労働者の異質性が増し、労働者階級全体が二つに分裂し始めている。正規・非正規労働者を貧困率でみると、正規労働者の貧困率は男性６・０％、女性６・８％で男女ともに低下しているのに対して、非正規労働者の貧困率は男性２８・６％、女性４８・６％ときわめて高い。しかも、正規雇用の年収は増加しているのに対して非正規雇用の年収は２００５年から２０１５年の間で大幅に減少している（橋本、２０１８ａ）。

橋本は、不安定な雇用、際立つ低賃金、結婚・家族形成の困難という特徴をもつ一群は、従来の労働者階級とも異質なひとつの下層階級を構成しつつあるとみて、「階級以下の存在」つまりアンダークラスと呼ぶのがふさわしい存在と断じている。つまり日本社会は、従来の四階級に加えてアンダークラスを含む五階級構造へと転換したというのである。アンダークラスの貧困率は男女平均で３８・７％である（橋本の調査ではアンダークラスを59歳以下に限定）。この階級は、学校中退者が他の階級より多いこと（男性１４・３％：女性１０・８％）、学卒後直ちに就職した比率が６６・７％で他の階級より20％以上低いこと、いじめを受けた経験や不登校経験率が際立って高いこと（３１・９％：９・９％）などが特徴となっている（橋本、２０１８ｂ）。

橋本の調査結果は、筆者が見聞きしてきた若者の実態を数値で適切にとらえているので、やや長いが紹介しておきたい。アンダークラスの男性の幸福度は低く、他の階級との差が大きい。それと関係して、若いアンダークラス男性は抑うつ傾向が強い。「絶望的な気持ちになることがある」「気持ちが滅入って、何をしても気が晴れないことがある」は、30代でもっとも高いが、その他の年齢でも他の階級よりかなり高い。「うつ病やその他の心の病気の診断や治療を受けたことがある」は、階級別にみるとアンダークラスで際立って高く、とくに20代男性では44・4％にも上がっている。その他、厳しい生い立ちと学校教育からの排除、孤独と健康不安の実態が、橋本の調査で具体的に把握されている。若年・中年アンダークラス男性のうち、一人暮らしは17・1％と少なく、60・5％は自分の親と同居している。興味深いのは、世帯収入貢献度50％以上が44・4％を占め、他の家族に経済的に依存している人の比率は意外に小さく、主要な稼ぎ手である人がかなりの比率に上っていることである。

女性のアンダークラス化は離婚・死別と関係が深く男性より複雑である。女性の場合、シングル女性（未婚か離死別者）の親との同居率は男性よりやや高い。彼女たちの多くは、非正規労働の乏しい収入で親または子どもを養っている。単独生活者のなかには、厳しい経済状態にある例が少なくない。母子世帯に関していえば、「子どもの貧困」は、子どもをもつアンダークラス女性世帯においてもっとも顕著である（橋本、2018b）。

非正規職で働くシングル女性（未婚者と離死別者）の仕事と生活の実態に関する横浜市の調査研究によると、35～40歳程度の年齢の場合、現在の悩みや不安として8割以上が「仕事」「老後の生活」、約６割が「健康」、約５割が「家族の世話・介護」「独身であること」をあげている（公益財団法人横浜市男女共同参画推進室他、２０１６）。自由記入欄で８割以上の回答者があげた悩みや不安のひとつは「仕事」で、「雇用継続の不安」「低賃金」「借金」「医療費が出せない」「仕事量が多い」などが記述されている。その中から特徴をよく現わす記入をまとめた。「親の収入に支えられている実態」「親なき後の生計の不安」「親の介護」「体調不良と生活困窮」「孤独」など、若年期から中年期への移行のなかで生まれる新たな悩みや不安が語られている（宮本、２０１７ａ）。そして、親の加齢とともに貧困が顕在化するであろうことが、女性たちの「不安」として語られている。前述の橋本の調査でも、若いアンダークラス女性の抑うつ傾向がきわめて強いことが示され、両者は一致している。

- 非正規職のまま、家族がいなくなったら一人で生計を立てていけるのか。しかし、正社員になって、徹夜などの長時間労働や複雑な人間関係に耐えられる自信がない。（36歳）
- 親が離婚しているので、からだが弱くて一人暮らしの母親の将来的な介護の不安。（40歳）
- 両親に軽いボケが時々見られ、一緒に暮らしていてイライラする。自分のことだけでも悩みが尽きないのに、両親の面倒をこの先見ることになるかと思うと未来が暗い。しかし、実家に暮らし世話になっている分、親の介護は必須。（41歳）
- 両親のサポートのため東京を離れることになり、派遣を離職。交通費不支給のため、地方からの通勤は無理。自分も婦人科手術のためしばらく働けず。現在無収入で親の年金と貯金で

生活。きょうだいも親戚づきあいもなく、両親が亡くなったら不安のみ。（43歳）

再び橋本の調査結果にもどるが、新中間階級に関しても重要な知見が得られている（橋本、2018a）。新中間階級出身者をみると、60年代生まれ世代は47・9％が初職時から新中間階級になっていたのに対して、70年代生まれ世代（団塊ジュニアを含む世代）ではこの比率が39・5％まで低下している。代わって大幅に増えたのは非正規労働者つまりアンダークラスで、6・7％から12・9％へと約2倍に増加している。しかも、通常では入職後時間の経過にともなって新中間階級に変わる者が増加するが、これら二つの世代で比較すると、70年代生まれ世代で入職後時間の経過にともなう新中間階級への増加比率が落ちている。初職から現職までの間に、昇進によって労働者階級から新中間階級へ移動する人が減っている。とくに、初職時点でアンダークラスとなった若者は新中間階級に移動することがむずかしく、その多くはアンダークラスであり続けるか、あるいは新中間階級ではなく、正規労働者や旧中間階級に移動している。このように就職氷河期は、他の階級より新中間階級出身の若者たちに、より深刻な影響を及ぼした。新中間階級出身者は相対的に大卒者が多いが、親たちが望むいい大学からいい会社へという進路は、平坦なものではないことを意味しているのである。

山田昌弘は、現下の競争が社会階層を上昇するための競争ではなく、中流生活を維持できるかどうかを巡っての競争になっているという。山田が参照するアメリカの経済学者アラン・トネルソンの *The Race To The Bottom: Why A Worldwide Worker Surplus and Uncontrolled Free Trade Are Sinking*

American Living Standards, Basic Books, 2000は、グローバリゼーションが進むなか、世界規模で繰り広げられる経済競争によって、労働者の賃金も社会保障も最低水準まで落ちていく様を描いている。山田はそれを「底辺への競争」と名づけた。日米の若者を比較すると、アメリカでは、労働状況の変化がすぐに、生活できない若者の増大をもたらす。しかし、日本は最低限の生活もできないほどの貧困化・下層化には直結しなかった。その原因は、日本における親との同居（とくに親同居未婚）というライフスタイルが、下層化への歯止めとなっているからである（山田、２０１７）。

のちに述べるように、非正規雇用者の親との同居率は著しく高い。いまや、アンダークラスとその予備軍にとって親との同居は常態となっている。「アンダークラスとしての若者期」は「アンダークラスとしての中年期」に接続している。加齢にともなってやがては、７０４０問題や８０５０問題へと行きつくのである。進学、初就職、結婚などで既存の標準から外れてしまうと下流に転落する可能性が高い。そのため、競争は標準的ライフコースに留まるための競争となる（山田、２０１７）。やり直しの利く社会制度ではないために、一度失敗すると転落を防ぐことができない。激しい競争を知ってはじめから降りてしまう人も増加するのである。

４　アンダークラスの若者の親子関係

親と同居する若者の多さ

ある年齢に達したら親から独立して自分自身の生計を立てるということがむずかしくなっている

が、そこには多様性がある。その実態をみてみよう。日本の20代から30代の未婚者の親との同居・別居率をみると、男性は高学歴、専門職、高収入で、女性は高学歴ほど別居の比率が高く、逆に、低学歴、非専門職、パート・アルバイト、無職、低収入ほど同居率は高い（岩上、1999）。正規雇用・非正規雇用別に比較すると明らかに親と別居する若者の率は正規雇用で高く、この傾向は男性により顕著である。

親の家からの独立（離家《りか》）と生活満足度の関係をみると、男女共に、親と別居している方が生活満足度は高い状態にある。ところが、不安定就業が続くことは離家の可能性を閉ざし、生活満足度を押し下げている。筆者らが手掛けた地方圏に住む若者の離家に関する研究によると、経済的理由で家を出られないために離家が遅れるか、進学や就職で他出するために離家が早まるかのどちらかで、それはその地方の労働市場に影響される（宮本、2017b）。また、家族関係が良好かどうかによっても影響を受ける。古くからある家出少年問題の多くは悪化した家庭環境や親子関係によるものだが、2000年代に入ってから増加した若年ホームレス（飯島／ビッグイシュー基金、2011）、家出をした10代の女子問題（仁藤、2013）に限っただけでも、虐待、親のアルコール依存症、親の精神疾患、DV、貧困などの理由で早期に家を出ざるをえない若者が存在していることを示している。しかし、親の家に留まっている若者が多数派を占める状況のなかでは社会的関心を集めにくい。

親子の同居が貧困化を防いでいる

ところで、親子やきょうだいが同居することは経済的にみても効果がある。不安定就業の状態にあっても、親の家にいれば生活は成り立つ。失業者、高齢者、障がい者、病弱者の場合も同じである。つまり、複数の人々が共同して暮らすことは貧困を防ぐ強力な手段なのである。

このことに関係して、現代フランスを代表する社会学者の一人であるセルジュ・ポーガム（２０１６）の研究を紹介しよう。彼は、欧州15か国の調査結果から貧困というものの実態が国のタイプによって違いがあることを明らかにしている。そのなかに、若者と親（家族）との関係に関する興味深い指摘がある。

南欧諸国では失業等に対処する家族的連帯のシステムが機能していて、失業中は家族の資産を共有する権利が認められているので、失業者は家族のなかに留まる傾向がある。これを家族主義モデルという。家族とは同居する人々の範囲に留まらず、拡大された血縁ネットワークであり、たとえ一人暮らしをしていても親族による経済支援がある。それとは対照的に北西ヨーロッパ諸国では、失業は若者本人の問題であり、血縁ネットワークが対処すべき課題とは考えられていない。失業して所得を失ったことへの経済保障と再就職のための職業訓練や就業支援は、家族の責任ではなく公的責任とされる。

このことを踏まえてポーガムは、家族の国際比較に際しては、両親と同居する18～30歳の若者の割合を用いることが、その国の家族に伝統的特徴が強いか弱いかを表すのに有効だと指摘している。南欧諸国は両親と同居する若者の比率が高い。これらの国では、失業した時の生活保障は家族の力によるところが大きい。その際、失業した若者は親と同居している状態を、親に頼っているのではなく「家族へ帰属している」と表現して正当化しているという。このように、家族は若者の重要なセーフティネットとなっているのである。これらの国では、若者が理由なく時期尚早に親から独立することは「情緒的裏切り」と感じられる振る舞いであり、若者たちはそのことを心得ている。韓国における若者研究においても似たことが指摘されている（尹、２０１９）。

一方、社会の経済水準があがると、自立できる仕事と所得を得るようになった若者の家族からの自立が進む。それと同時に家族の相互扶助機能は衰退し、失業や低所得に対する救済は国家の課題とされるようになる。とはいえ、先進工業国が共通に抱える財政難のために、若者に対する公的責任は後退している。

では、日本に関してはどのように説明できるだろうか。親と同居する未婚者は増加している。これらの若者が、同居していることを「家族に帰属している」と認識しているとはいえない点で南欧や韓国とは異なっている。また、近年未婚の一人暮らしも増加しているが、いざという時に家族のセーフティネットに頼ることのできない人々も少なくない（西澤、２０１５；宮本、２０１２）。それにもかかわらず、成人期への移行のセーフティネットは制度上も社会慣習上も親（家族）に期待され、若者に対する公的保障は極めて不十分である（宮本、２０１２）。

親同居未婚者は若者期を超えて中年期に及んでいる。図２－１は25～34歳、図２－２は35～44歳の親と同居する未婚者の数と比率をあらわしている。25～34歳に関しては親との同居率がより高い。また、35～44歳の未婚者数は、１９８０年には39万人でこの年齢人口のわずか２・２％だったが、２０００年を境に増加の一途をたどり、２０１５年には３０８万人（１７・０％）と、実数、割合と

図 2-1　親と同居の若年未婚者（25 ～ 34 歳）数の推移

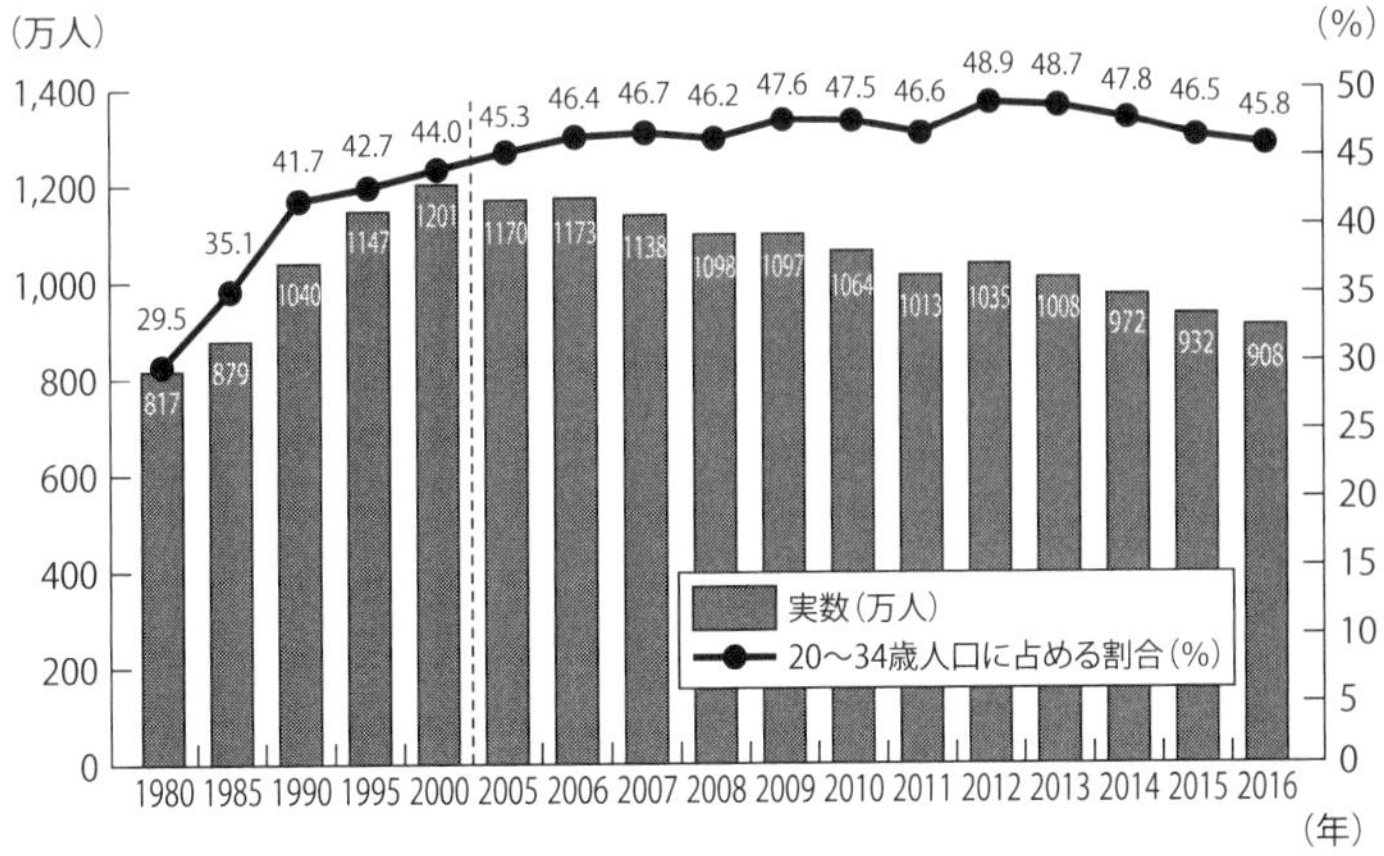

図 2-2　親と同居の未婚者（35 ～ 44 歳）数の推移

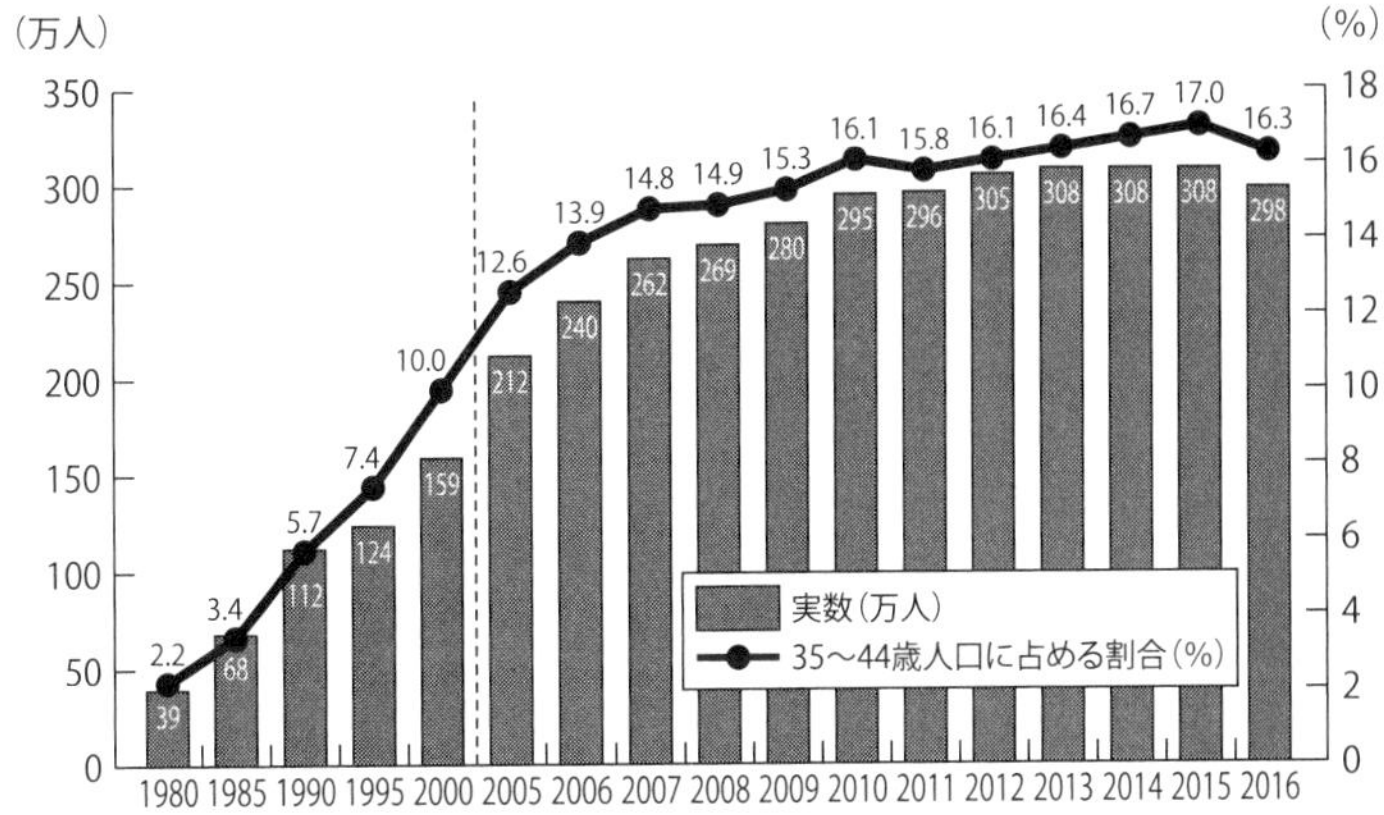

全国（1980、1985、1990、1995、2000、2005、2016 年）
注：上図は各年とも９月の数値である。
出典：西文彦（2017）「親と同居の未婚者の最近の状況」2016 年、総務省統計研修所
グラフ出典：http://www.stat.go.jp/training/2kenkyu/pdf/parasil6.pdf

もにピークに達した後に減少に転じはしたが、未だに高い水準が続いている。

未婚者の将来を把握するために、中年期親子の実態を示す研究を紹介しよう。藤森克彦（２０１６）は、40代、50代の未婚男女を、一人暮らしと2人以上世帯に分けてその特徴を見ている。分析によると、２人以上世帯は単身世帯より低所得者の比率が高く、親との同居で生計を維持している人の割合が大きい。現時点では親などの同居者から経済的援助や看病・家事などのサポートが得られるものの、同居者がいなくなればこうした援助を受けることは難しくなる。さらに、２人以上世帯は要介護者を抱える比率が高く、家族の介護が同居の一因となっているという。多くの調査結果によれば、経済力と親との同居は有意に逆相関している。別居者の方が、同居者に比べて就業が安定し所得も良好である（学生は除く）。非正規雇用者の同居率は正規雇用者より高いことが歴然としている。この傾向は若者期においても明白で、その傾向が40代から50代まで続くことに注意を払う必要がある。

配偶者に代わる親・きょうだいのサポート

非婚者が多くなるにしたがって、困った時に頼る人も変化している。重要性が高まっているのは身近な「家族的関係」で、なかでも親・きょうだいの重要性がさらに上昇する傾向にあるが、理由のひとつは未婚化・晩婚化にある（大日／菅野、２０１６）。未婚化・晩婚化の進展、離婚と再婚の発生率の高まりによって、従来のモデルでは扱えないような家族が増加し、配偶者を主なサポート源とする層が社会全体に占める比率は小さくなっている（稲葉、２０１１）。不安定な状態にあるほど親の家は重要なセーフティネットであり、何かあったら駆け込める場所であり、貧困を回避する強力な資源となっている。

しかしこのことは、親・きょうだいに頼れない人が増加しているという問題を浮きぼりにする。貧困化が進むほどその例は増える。親に頼れない例は児童養護施設や里親の下で育つ若者が典型的である。入所している子どもの約６割、里親に委託されている子どもの約４割、乳児院に入所している子どもの約４割は虐待を受けた子どもで、少し前のように親を失った子どもや病気等の事情が大半を占めた時代とはまったく異なっている（「児童養護施設入所児童等調査結果」平成25年２月）。

これらの子どもたちは、原則として18歳になると施設を出て独り立ちすることを求められる。頼る親のない子どもたちにとって、施設を出て独り立ちすることがどれほど過酷なことか、その実情は十分に知られてはいない。施設から社会への移行を応援する環境が必要なのだが、人材もお金も施設も圧倒的に不足している。アパートを借りる、家財道具を揃える、医者にかかる、仕事をやめたあとの繋ぎや、病気のために減収してしまったなど、遭遇する出来事のひとつひとつに対処できないほど若者は脆弱な経済状態にある。犯罪や風俗などに惹かれてしまうのもそのためである。しかも虐待された記憶のために精神を病み、人を信用できず、自尊感情がきわめて低いために、人との関係を築くことが難しく、進学や仕事に就いてもわずかのことでたやすく心が折れてしまう例が少なくない。

親に頼れない若者は社会的養護出身者ばかりではない。虐待・ネグレクト・極度の貧困などの家庭環境下で育ち、家出したり学校もままならない事情で働き始めたり、児童期を過ぎてから自立援助ホーム等に駆け込む例の方が数としては多いが、適切な保護を得られないまま実社会に出ていかねばならない若者たちへの支援は極めて手薄である。

若者支援施策の展開と限界

少し時間を遡ってみよう。１９９０年代半ば以降、フリーターやニートなどの増加を介して、青年期から成人期への移行途上の若者に対する世間の関心は広がり、２０００年以降になると、若者の職業的自立や「人間力」強化などが政府によって推進され、ジョブカフェ、自立塾、地域若者サポートステーション、ひきこもり支援センターなどの事業が展開した。これらの制度にのらない民間支援活動も各地で始まった。それらは、職業的自立を柱にしながらも、様々な課題を抱えた若者への支援政策として推進され、民間の多様な相談サービスや居場所づくりの取り組みもみられるようになった。

さらに、２０１５年以降、子どもの貧困対策、生活困窮者支援が開始され、それまでは認識されてこなかった若者の貧困へも関心が向いてきている。とはいえ、世間の関心は変わりやすい。〝就職難の時代〟と呼ばれるような時期が過ぎ去ると、若者問題は社会課題から消されてしまいがちである。しかも、先にみたように不安定な仕事と経済状況にある若者の多くは親と同居しているため、貧困も深刻な親子葛藤も家族のなかに隠れてしまう。重篤な困難を抱える若者でも、自ら支援機関に助けを求めることは少ない。そのため、実態を把握することは難しく、若者の一部しか支援の対象になっていないという現実は解消されていない。その結果、もっとも救済の困難な若者層が取り残されてしまうのである。

社会的救済が必要な若者は、子ども時代から救済が必要だった例が少なくない。これらの若者の過去から現在までの生育歴を知ると、生育過程において抱えてきた諸々の問題が放置され続け、社会の底辺に落とし込まれた例が多いことに気づく。そのことは、第２章、第３章で述べるように、偏差値の低い「教育困難校」や定時制高校、通信制高校の実態をみればたちどころにわかる。家族による庇護や教育保障から落ちこぼれた子どもたちが、適切な支援を得られることなく実社会で「アンダークラス」として生きていかなければならない現実を問う必要がある。

若者におけるライフチャンスの剥奪

不安定な生活基盤、希薄な社会関係のなかで成人期への移行期を送る若者たちは、「限定されたライフチャンス」あるいは「ライフチャンスを剥奪された状態」にある。ここでいうライフチャンスとは、永野咲が定義する「社会的に構築された選択肢（オプション）と社会的つながり（リガチュア）の相互作用により決定される行動の機会」と理解しよう。選択肢（オプション）とは、「社会的に構築され、未来に開かれる選択肢」であり、より具体的には「経済状況、衣食住の状況、安心・安全な環境など、基本的な生活の条件を規定するもの」である。また社会的つながり（リガチュア）とは、「社会的に構築されたつながりの状況」であり、①家族や社会的ケアなど、自身と社会の間にある関係を規定するもの、②友人関係、教育機関や職場、地域での社会的つながりなど、自身と社会との関係性を規定するもの、と永野が定義するものである（永野、２０１８）。

永野は社会的養護下で育った子どもたちの研究において、社会的養護が保障すべきものを「ライフチャンスの保障」としている。この位置づけは、社会的養護に限らず、多くの課題を抱えて逡巡している若者が何を必要としているのかを考える際に、そのままあてはまるものといえるだろう。

ライフチャンスの欠如は、巣立ちの困難に直面する若者において広く見られる現象であるが、そこには幾層かの段階がある。もっとも重篤な障壁は、貧困、ＤＶ、虐待などのなかで育ち、十分な教育を受けられないばかりか家庭内に居場所がない若者たちに見られる。これらの若者は、「ライフチャンス」を剝奪され、選択肢（オプション）も社会的つながり（リガチュア）もなく社会の周縁に漂っている。ある若者はアンダークラスに居続け、ある若者は新たに入っていくのである。しかしこれらの若者の実態は、非行や犯罪との関係で社会的に顕在化する以外は隠れて見えにくく、支援機関でももっとも把握しにくい事例となっている。これらの若者をコアにしながら、より多くの若者が様々な事情でライフチャンスが剝奪された状態に置かれている。

若者政策と生活保障

本書では、若者が自分自身の人生を安心と誇りをもって歩むことができるように、ライフチャンスを保障する若者政策を示し、若者の現在から将来までの暮らしの保障（生活保障）が必要だということを提起する。

それに先立って、生活保障が最優先で強化されなければならない若者層を列挙してみよう。これらは重複していることもある。

- 低賃金、不安定雇用、危険または退屈すぎ、先の見通しが立たない仕事に従事し、いつになっても独立生計が望めない若者層（非正規労働者、ワーキングプア）
- これまでの社会保障制度がカバーできない新しい生活困難層としての若者層（ワーキングプア、ひきこもり、就労困難者）
- 親の扶養や介護のために自立できない若者層（ヤングケアラー）
- 社会的養護を巣立つ若者、一時保護から家庭に返され貧困・虐待・経済的搾取に晒される少年少女、家出少年少女、ネットカフェ難民、車上生活者、路上ホームレスなど誰を頼ることもできず生活基盤を築くことができない若者層
- 貧困率がもっとも高い母子家庭の母と子

若者政策は、教育、職業訓練、労働、住宅、医療、余暇活動、社会統合、平等政策など広範な分野を包含する政策であり、それらが若者のために実質的に機能することによって、若者はライフチャンスを獲得し、長期的な展望をもって人生を歩むことができるのである。なお、若者政策の対象は、後期中等教育（高校）から始まり20代前半までの若者政策前期と、20代後半から30代までの若者政策後期で構成されるものとする。

次に、生活保障とは、雇用と社会保障をむすびつける言葉である。若者の生活が成り立つためには、一人ひとりが働き続けることができ、やむを得ぬ事情で働けなくなったときには所得が保障さ

れ、あるいは再び仕事に復帰できるような支援を受けられることが必要である。生活保障とは、そのような条件が実現するように、雇用と社会保障がうまくかみあった体系である（宮本、２００９）。若者の生活保障は、教育を受ける権利、職業訓練を受ける権利、仕事に就く権利、家族を形成する権利を含んでいる。社会に出る準備としての適切な教育を受けることができ、その後適切な就労の場を得ることができ、結婚・家族形成ができるだけの所得、住宅、子どもの養育等が保障されなければならない。たとえ障害や親の介護のために就労による所得では不十分な場合は、不足を補う所得補償が必要である。

若者の生活保障を確立するために解決しなければならない課題は少なくない。それらを列挙してみよう。

- 現行の若者向けの社会保障は手薄で、就労による生計確保以外の方法はほとんどない。また、就労所得の不足を補う手段がほとんどない。
- 若者支援サービスの大半が経済給付をともなっていないため、お金のない人は支援サービス（たとえば就労支援）を受ける余裕がない。つまり、親の扶養を前提に成り立ち、所得保障なしの若者支援サービスになっている。
- 若者就労支援サービスには、「自立」という出口が担保されていない。生計が成り立つようになる見通しが立たない就労支援になっている。
- 若者支援サービスは、必要としている若者に十分手が届いていない（低いカバレッジ）。とくにアンダークラスは放置されている。

- 制度として必要なものは、社会保険と生活保護の間を埋める所得補償、住宅（費）保障、子どもの養育・教育費保障、経済給付つきの職業教育・訓練保障、雇用機会の保障、雇用に代わる就労の場（中間的就労、社会的企業など）である。これらの総合力によってアンダークラス化は防止できる。
- 多くの若者支援サービスは民間団体頼みで公的責任が不明確である。民間団体は、安い委託費や助成金や寄付で活動していて、行政委託の場合は公的締めつけが大きい。しかも民間委託は市場化の波に晒されている。

工業化の時代には、青年期から成人期への移行が、親の保護・扶養をバックに学校から「会社」へとスムーズに橋渡しされ、経済成長が追い風となって若者の生活は保障された。しかし、今では家族も会社もともに不安定化している。それを補うべき国家の役割は依然として小さく、全世代型社会保障への転換がいわれながらも、若者期は社会保障制度における陥没地帯となっている。

今、若者政策が必要な理由は、社会の支え手である若者世代を「支える」ことが、若者自身のためであると同時に社会を維持するための必須条件でもあるからである。現役世代が数の上で減少しているだけでなく経済的に弱体化し、社会的に孤立している人々が増える一方で、高齢者をはじめとして「支えられる側」はますます増加している。これでは地域社会は持続しがたい。本書第11章で宮本太郎は、このようなバランスのとれない現状を打破するためには、「支える側」である現役世代を広く支え直し、彼ら彼女らがその力を発揮できる条件づくりが必要だとする。本章で述べてきた若者の生活保障は、まさしく「支える側」を支え直す柱といってよい。同時に、高齢者や障がい者など「支えられる側」が積極的に社会とつながることを支援すること、つまり社会参加を重視することが、セットとなっている。若者に関していえば、無業やひきこもりの状態にある若者が社会に参加していくことを重視する取り組みが強化されなければならない。宮本は、「支える側」を支え直し、「支えられる側」の社会への参加を広げていくための取り組みに多くの人々が参加することを共生保障といい、ここに新しい時代の生活保障の形があるとしている（宮本、２０１７）。本書がめざす若者の生活保障も共生保障が意味する展望に合致している。

以上のことを踏まえて、第２章以後の各章で、若者の実態を明らかにし、若者を支える生活保障とは何かをいくつかの角度から提起していく。

参考文献

飯島裕子、ビッグイシュー基金（２０１１）『ルポ若者ホームレス』ちくま新書

稲葉昭英（２０１１）「ＮＦＲＪ98／03／08からみた日本の家族の現状と変化」『家族社会学研究』23（1）、43〜52ページ

岩上真珠（１９９９）「20代、30代未婚者の親との同別居構造分析 ―― 第11回出生動向基本調査 独身調査より」『人口問題研究』55（4）、1〜15ページ

公益財団法人横浜市男女共同参画推進協会、一般財団法人大阪市男女共同参画のまち創生協会、公立大学法人福岡女子大学野依智子（２０１６）『非正規職シングル女性の社会的支援に向けたニーズ調査報告書』

セルジュ・ポーガム（２０１６）『貧困の基本形態 ── 社会的紐帯の社会学』川野英二、中條健志訳、新泉社、第３章
大日義晴、菅野剛（２０１６）「ネットワークの構造とその変化 ── 「家族的関係」への依存の高まりとその意味」稲葉昭英、保田時男、田渕六郎、田中重人編『日本の家族１９９９～２００９』東京大学出版会、69～90ページ
橘玲（２０１９）『上級国民／下級国民』小学館新書
永野咲（２０１７）『社会的養護のもとで育つ若者の「ライフチャンス」 ── 選択肢とつながりの保障、「生の不安定さ」からの解放を求めて』明石書店
西澤晃彦（２０１５）『貧困と社会』放送大学教育振興会
仁藤夢乃（２０１３）『難民高校生 ── 絶望社会を生き抜く「私たち」のリアル』英治出版
橋本健二（２０１８a）『新・日本の階級社会』講談社現代新書
橋本健二（２０１８b）『アンダークラス ── 新たな下層階級の出現』ちくま新書
藤森克彦（２０１６）「中年未婚者の生活実態と老後リスクについて」『年金研究』（３）、78～１１１ページ
山田昌弘（２０１７）『底辺への競争 ── 格差放置社会ニッポンの末路』朝日新書
尹鉁喜（２０１９）『現代韓国を生きる若者の自立と親子の戦略 ── 文化と経済の中の親子関係』風間書房
宮本みち子（２０１２）『若者が無縁化する ── 仕事・福祉・コミュニティでつなぐ』ちくま新書
宮本みち子（２０１７a）「〝失われた20年〟の若者世代の貧困」『都市社会研究』（９）、せたがや自治政策研究所、35～50ページ
宮本みち子（２０１７b）「若者の自立に向けて家族を問い直す」石井まこと、宮本みち子、阿部誠編『地方に生きる若者たち』旬報社、第２章
宮本太郎（２００９）『生活保障 ── 排除しない社会へ』岩波新書
宮本太郎（２０１７）『共生保障 ── 〈支え合い〉の戦略』岩波新書
労働政策研究・研修機構（２０１９）『若年者の就業状況・キャリア・職業能力開発の現状③』ＪＩＬＰＴ資料シリーズ（２１７）
ＮＩＲＡ総合研究開発機構（２００８）『就職氷河期世代のきわどさ ── 高まる雇用リスクにどう対処すべきか』

第2章　若者世界の分断と高校教育の変容
――社会的階層移動から社会的格差の再生産へ

青砥恭

要旨

「教育と学校は貧困と格差にどう向き合うか」という問題意識を抱きながら、私は教育現場で長く働いてきた。そこで、２００９年に高校中退の実態を通して、日本の教育現場の格差と貧困の現実を『ドキュメント高校中退』として書いた。90年代以降の非正規雇用の急激な増大という影響も受け、高校教育を十分に受けられなかった若者たちの多くは半失業、非正規雇用の中でさらに貧困化していた。教育に多額の個人負担が必要な日本では、経済資本や社会関係資本の乏しい世帯の若者には、人権として平等に保障されるはずの公教育が機能していない。そんな若者たちには、高校教育の「教育から仕事へ」の移行支援の機能が働かず、社会とつながらないのである。この小論では、その状況を定時制高校に通う生徒たちから考えることにした。高校教師を辞めてから十数年、学校を早期に離れた若者たちの学び直しと居場所を地域につくりながら生きてきた。そこで見えたものも紹介する。

1　はじめに

若者たちの社会への移行、自立・社会参加の困難さが大きな社会的課題になっている。なかでも高卒者の就職者数の大幅な減少と無業者の増加は若者の「学校から仕事へ」の移行を崩してきた。その要因について、教育社会学者の乾彰夫は「高卒者の中の無業率の増加は意識の変化というより労働市場にある」と指摘し、高卒後の就職がバブル期以降、求人条件の悪化で無業やフリーターとされる不安定雇用を生んできたという。しかも、それだけにとどまらず、「子どもから大人への移行過程」全体に深刻な影響を与えているとも指摘する（乾、２００２）。

２０１８年度には、増え続けている小中学校の不登校児童生徒は全国で16万５０００人（高校は約5万人）に達し、高校に入学した生徒もこの10年間平均で10万人が3年後に卒業していない（図1参照）。ちなみに大学生も、旺文社教育情報センターの入学後4年間の追跡調査（２０１７年度）によると私立大学生の11%、約5万２０００人が中退している。高卒後就職者の内7万人（4割）が、大学・短大等卒後就職者も20万６０００人（34%）が3年以内に離職している。[*1] 高校中退後に働いている若者は56%だが、その8割はフリーター、無業者になっている。[*2] こう見ていくと、近年、１２０万人の高校入学者の半数近くが、小・中・高段階では不登校に、高校・大学では中退や早期の離学に、もしくは就労の初期で安定したトラックから外れ、非正規雇用か半失業の中で人生を送るという選択肢を選んでいることになる。

なぜ、これほど多くの若者たちが「学校から仕事」につながらないのか。とくに高校教育が仕事

図１　2000 年以降の高校中途退学者数

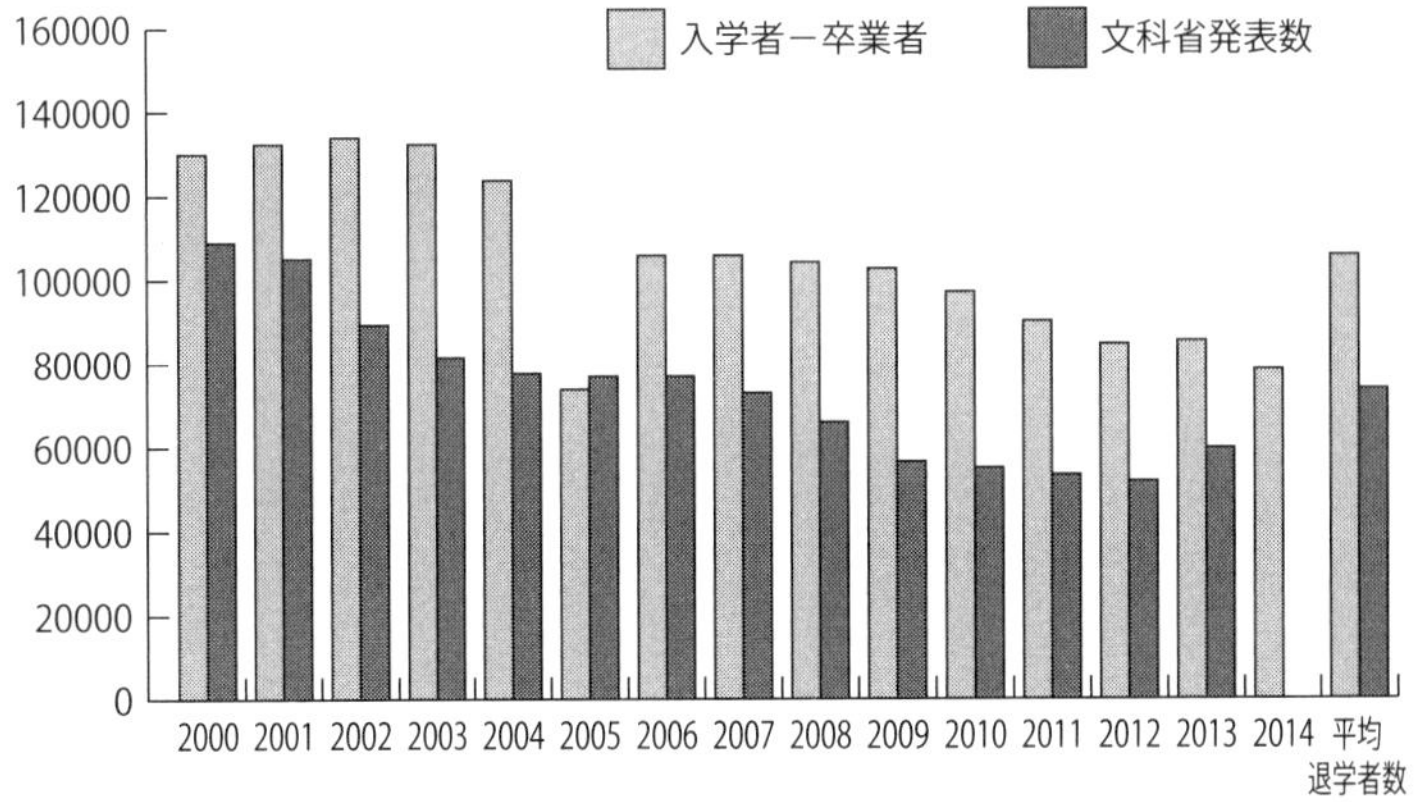

※ 学校基本調査から、「入学者数－３年後の卒業者数」より筆者作成。

（労働市場）につながらないとすると、高校教育の内容にとどまらず、存在意義すら問われることになる。とくに多くの困難を抱える若者が入学する定時制高校、通信制高校、普通科困難校（底辺校）は「社会的格差の再生産機構」、率直に言えばアンダークラスの再生産機構になっているようにすら見える（青砥、２００９）。

しかも、高卒者の多くが非正規もしくは単純労務層となっていくという現状を放置すれば、若者たちは学ぶ意味や意欲にとどまらず、将来の希望すら失っていく。このような状況の中で、高校教育は本来の完成教育としての機能を回復することはできるのか。教育制度全般にも言えるが、とくに高校再生の展望は現状からはなかなか見えてこない。

私たちの団体（ＮＰＯ法人さいたまユースサポートネット）は２０１２年度から、生活困窮層の子どもたちを対象に、学習支援の実践を積み重ねてきた。「階層と教育」というテーマは、教育社会学という学問領域の中心的主題だったが、私たちの実践の場は日本の公教育が失ってきた階層移動機能を再生することが可能なのかを探る、実験的な場になっている。私たちは学習支援教室というオルタナティブによって、置き去りにされつつある貧困層の子どもたちの学ぶ意欲や社会参加意欲を支えようとしている。しかし、全国の対象者は多いものの、実際の利用者はまだまだ少ない。多くの地域で予算も少なく、ボランティアに依拠した活動であることなど、質・量的に限界もある。現実の状況からは、貧困層の子どもたちの将来の展望を描くことは容易ではない。しかし、この活動が学校と地域をつなぎ、学校は未来の地域を支える市民を育て、地域は学校を支える。そんな本来の公教育の在り方を問い直す契機にならないか。

筆者は2009年、「日本の中間層の崩壊が顕著になっている現在、今まで分厚い中間層を育成することによって、安定した社会形成に寄与してきた中等教育が危機に瀕している」と書いた（青砥、2009）。その危機はさらに深化していると思われる。この章では特に高校教育に注目して考える。

2　戦後日本社会と高校教育制度

日本社会の階層化はいかなる教育政策によって誘導されたのか。学校の人材供給機能に焦点化すれば、産業政策（労働力政策）との関係を抜きにして教育政策の変化は語れない。振り返ると、戦後の教育制度改革は、日本が全体主義を克服し、再び世界の平和及び安全に対する脅威とならないことを目的にした占領政策を基底に発足した（大田、1978）。戦後教育改革では、大衆的な中等教育機関の形成を目指し、「6・3・3・4」制が採用されたが、新制高校の「三原則」のひとつ、「総合制」も「中学校の教育の基礎の上に、心身の発達に応じて、高等普通教育及び専門教育を施すことを目的とする」（学校教育法41条）と普通教育と専門教育を並列にすることで、企業の即戦力の労働力供給源としての高校教育の目的を明確にしたものだった[*3]（木下、1980）。

高校進学率も新制高校が発足した1948年には40％だったが、その後、1970年には81・2％へと増加し、同時に生徒の学力格差も拡大した。1960年の池田内閣が打ち出した「国民所得倍増計画」によって始まった高度経済成長の中で、1961年、62年には全国で完成教育としての工業高校が多数、創設され、富山県の「3・7」体制[*4]を典型とする高校の多様化[*5]も進んだ。1966年、中央教育審議会は「期待される人間像」を発表し、高校教育の目的を「生徒の能力・適性・進路に応じた多様化」とした。

60年代の高校多様化は、日本の高度経済成長期の大量生産・大量消費を実現しようという社会システムに合わせた高校多様化だった。高度経済成長を支えるには、理工系大学卒業者と工業高校卒業の技術者が必要だったのである。しかし、当時、全国で展開された「高校全入運動」の目的はあくまで普通科の増設であり、高校を企業社会に向け、生徒を労働力として選別するためのシステムに作り替えようという産業界の要請と高等教育を希望する国民の期待は対立し、60年代の細分化された「高校の多様化」は失敗することになる。高度成長時代に形成された「一億総中流意識」の波は、政府の産業政策・教育政策をも呑みこんでいったのである。高等教育へのアクセスが平等で教育における能力主義が機能していると思われた時代でもあった。
70年代になると高校への進学者は90％を超え、その後現在の98％まで漸増していく。全入時代の到来である。高校教育の授業に適応できない生徒もさらに増加し、生徒指導も困難となり高校は全国的に荒れていく。そこで登場したのが、多様な生徒に適応させるためにつくられた「特色ある学校づくり」「新しいタイプの高校」[*6]など、一部の高学力・高学歴を目指した要求にも応えながら、大衆型の生涯学習教育を取り入れた「弾力的な多様化」だった。[*7]
次いで、登場するのが、1984年に始まった臨時教育審議会および2000年の教育改革国民会議である。1968年にはすでに世界第二位の経済力を持つようになっていた日本は、新しい知識・技術集約型産業、情報・サービス産業への対応が課題になっていた。60年代に増設された工業高校は第二次産業に適応できても、技術革新には適応できず、それに替わって、普通科が第三次産業に労働力を供給していく。国民の子どもの大学進学要求とも適合していった。それは同時に、70年代の日本の経済構造の第三次産業化と「一億総中流化」の同時進行が国民の中に受験競争の過熱化をもたらし、学習塾産業の肥大化をもたらすことになる。「普通科志向」は情報化・ＭＥ化という第三次産業への労働力の集中という背景の中で生まれていった。「一元的競争」に取り残された子どもたちの中には、学校で校内暴力、学業遅滞、いじめ、不登校等々の「教育荒廃」としての影響が及んでいく。
創設された臨教審は「個性を重視した教育」を柱に、具体的提案として、①教科書の多様化、②六年制中等学校、③単位制高校、④大学入試センター試験の実施、⑤大学設置基準の大綱化、等が提示され、その後、これらのテーマは徐々に具体化されていく。臨教審の提案は、以降の教育政策立案の基底となり、ここでほぼ現在の高校教育像が固まることになった。

では、これらの高校教育改革は高卒者の「学校から仕事への移行」をどのように誘導してきたのか。[*8] 具体的な高校のモデルとしては、「単位制高校と六年制中等学校」である。単位制高校は１９８８年には制度化されていたが、初めに定時制・通信制で具体化された。１９９３年には単位制を原則とする総合学科が制度化された。[*9] 企業におけるＯＪＴ（オン・ザ・ジョブ・トレーニング）による労働力育成が難しくなり、学校教育の中でキャリア養成を自己選択・自己決定で行うことが必要になったことが背景にあった。そこで登場したのが、職業教育と普通教育の統合としての「総合学科」であった。

竹内常一は、総合学科を「ノンエリート向けの高校教育改革のパイオニア的役割」と位置付け、さらに新しい職業教育の課題を、「凡庸なノンエリートではなく文化的にも階級的にも自立したノンエリート」を育てることとしたのである（竹内、２００２）。生徒自身、自分が何を学ぶかということとどんな人生を選ぶかということを、自ら選択することを求められた高校だった。

１９９９年以降、中高一貫教育が導入され、「ゆとりある学校生活」という当初の狙いとは異なり、進学実績のある受験校として私立（一部国公立）中学受験が過熱化し（学校教育法一部改正、１９９８年）、高校間の格差の拡大に拍車をかけることになった。ほぼ全員の生徒が有名大学に進学していく高校（進学校）から、入学した生徒の半数ほどしか卒業できない高校（困難校）まで、高校間格差は１９８０年代以降、拡大したのである。

大学の実情も同様である。1955年には228校、52万人から2017年には780校、289万人へと大学の設置数・学生数も増え大学はマス教育の場になった。

本論に戻ると、現在では、大学・短大・専門学校への進学は8割となり、高校教育は進学準備の普通教育機関となり、完成教育としての意味を失っている。とりわけ論ずべき課題は、高校教育後の行き場を失った、高校で学ぶ目的が見つからない「残る2割の生徒」である。

しかも、中途退学の実態をより正確に表すと思われる「入学者数－3年後の卒業者数」で調べると、2000年以降の「中退者数（減少数）」の平均は10万人を超える（図1参照）。中退危機にさらされる、この「2割の生徒」たちに焦点を当て、今の高校教育の行き詰まりの様子を見ていくことにする。

3　「2割の生徒」が通う普通科高校

10年ほど前に近畿圏のA高校を訪ね、校長や教員、生徒から話を聞いた。この高校では大学などに進学する生徒はほとんどいない。逆に入学した生徒の半数は中退していた。前記の進学目的を持たない「2割の生徒」がどのような学校生活を送り、どのような家庭環境で暮らしているか、知ることができた調査だった。[*10]

この高校の生徒たちは交通費を支払えない貧困層が多く、ほとんどの生徒が自転車で通っています。広い学区を横断するように1時間を超えて自転車で通学する生徒も多いのです。先生たちは、「うちの生徒は雨が降れば休み、風が吹けば休み、寒さや暑さが厳しければ休む」と言ってますが、彼らの通学の困難さを考えればそれもむりはありません。こういう生徒たちのために高校教育はありますし、公教育として最後のセーフティネットを担わなければならないと思います。

こう話した校長はその後まもなく亡くなったが、多くの困難を抱えた生徒たちのために、積極的に教員の加配など「○立高校総合活性化事業」などに手をあげて、学校づくりの先頭に立っていた。校長の生徒たちへの共感に充ちた言葉に深い感動を抱いたことを忘れられない。「貧しい家庭の生徒が多く、自分の生活はアルバイトで賄っていて、疲れ果てている。そんな生徒たちが、朝早くから1時間も自転車で通うことはむずかしい」とA高校の教師たちも生徒たちの生活の厳しさを理解していた。しかしながら、多忙化が進んだ教師たちが、そんな生徒たちの厳しい現実に効果的な対応をすることはむずかしい。

教育から仕事へという移行機能（労働市場との接続）――これは後期中等教育の役割だが、A高校の現実は日本の高校教育には完成性がなく、高校ごとに階層が属性化し、統一した高校教育像はすでにないことを象徴している。とはいえ、中途退学や不登校の生徒が貧困層に集中して出現し、その環境の中で生きる子どもたちを支援する制度が実は学校制度以外にないのも事実である。親・家族や学校のサポートがない子どもたちがレールから落ちていく。すでに見たように、今、高校教育は同年齢の98％の子どもが入学するというほぼ全入の時代になっている。高校教育制度を再設計していくことが必要と思われるが、今差し迫った現実をどうすればいいか。次に、「2割の生徒」の半数が通う定時制高校の現実を見よう。

4　縮小する定時制教育

(1) 戦後、働く若者たちを支えた定時制教育

戦後、困窮の中でも学ぶ意欲を持った若者たちに、後期中等教育を保障した定時制課程がスタートしたのは新制高校と同じ1948年だった。都市部の定時制高校では、高度経済成長期初期から70年代までは、定時制生徒の80％以上が在学中は就労し、その内、70％が正規就労で、文字通り「勤労青年」が学ぶ場だった。仕事を終え、職場に近い学校に通って給食を食べ、夜の9時まで授業を受けて、さらに部活動や生徒会などの自主活動に参加して会社の寮に戻る生活だった。「中卒」就労の地方出身者にとっては貴重な学びの場、居場所であり、同世代の若者たちとの大切なコミュニティでもあった。高度経済成長がスタートする直前の1953年には、定時制生徒は全高校生のほぼ4分の1（22.7％）を占めた。しかし、1970代後半になると困窮が理由で全日制高校に入学できない生徒は減り、「不本意入学」か小中学校で不登校だった生徒が増えていく。70年代は、「働きながら学ぶ場」から「多様な生徒の学ぶ場」への転換期となった（青砥、2005）。

働く高校生の学ぶ場だった定時制高校では、2011年には6割の生徒が無業となった。この兆

候は１９９０年代には見えていた。日本の労働環境では昼夜3交代などの勤務が導入され、製造業が縮小し、中学から就職、とりわけ製造業に入社する労働者は激減した（門脇、１９９２）。産業構造の転換を背景に、定時制高校の役割は全日制高校の中退者の受け皿や不登校生徒の入学先など、全日制高校から発生した課題の補完的な役割に替わっていく。定時制高校生の就労状況は２０１１年には正規就労が２％（アルバイト40％）にまで減り、ほぼ60％の生徒が無就労で、入学する生徒の状況も大きく変化した。しかも現在の定時制、通信制の生徒たちの家庭環境は、生徒の４人に１人が「ひとり親家庭」か「両親以外の保護者」の養育で、ＮＰＯ法人さいたまユースサポートネットが聞き取りをした定時制や通信制高校で、「私たちの高校に通う生徒の15％近い生徒が学習障がい（発達障がい、知的障がい）の特性をもち、「特別支援」を必要とする生徒ではないか」と話す教員もいた。*11

定時制を志望する生徒も減ったが、定時制課程を併置（単置）する高校も減り続けている。高度経済成長の直前、１９５５年には全国に３１８８校あったが、２０１８年には６３９校（20％、公立・私立及び全定並置、単置校）まで減少した。

（2）今、定時制生徒から聞いた「厳しい現実」と定時制高校

教育の市場化の中で翻弄される高校教育だが、そこで学ぶ生徒たちの厳しい現実をヒヤリングから考える。２０１７年度から3年間、首都圏の定時制高校で、①定時制生徒のもっている社会から排除されるリスク因子を早期に発見し、②自立につながるサポートを行うことで中退を防止し、③

対人関係スキルを育てる自立支援プログラムを通して、卒業後には可能な限り就労など安心できる進路を保証することを目標にしたヒヤリングを行った。*11

ヒヤリングから多くの定時制生徒に見られた特徴は、日本社会で、保証されているはずの普通の生活ができないという「取り残される貧しさ」である。さらに具体的にすると、「被いじめ体験の多さ」「障がい・不登校・低学力」「崩壊家庭・ヤングケアラー」「ゲーム依存」「外国につながる生徒の中退リスク」である。

体調が悪く、ほとんど家事ができない母親と暮らしていた生徒が、「幼いころ、小さな弟がおなかがへったと泣いていたのを忘れられない」と話していた。今は母親から、毎日、食事代をもらっているがないときはカップ麺で済ましているという。この生徒のように、ひとり親家庭が多く、家族がバラバラで孤立している生徒も多くいた。虐待経験やいじめなどによるトラウマを抱える生徒も多かった。学校での仲間づくりや異性間での付き合い、守ってもらえるはずの家族の社会的関係性も脆弱で、多くの若者が「自分も明日そうなるかもしれない」という社会から転落していく不安の中にいた。

面談では、多くの定時制の教員たちの細やかな指導に救われていると述べる生徒も多くいた。しかし、人間関係を築くためのコミュニケーションや学力、言語能力だけでなく、貧困や家庭崩壊による孤立など、多くの中退リスクを抱え、入学後早々に学校生活をあきらめていた生徒も多かった。

学校での援助も、就労など進路指導以前にどのように学校生活を継続させるかに重点が置かれている。入学後早い時期に教員とのつながりができると、持続的なサポートも可能になる。しかし、家庭の問題（ネグレクト・虐待など）・発達（知的）障がいなど課題も大きく教師たちの対応も難しい。多くの生徒に経済的な困窮体験があり、働くためのアドバイスや安心して働ける場所を見つけることは中退防止だけでなく、貧困からの脱出にも大きな意味がある。虐待、ネグレクトによる親との別れや社会的擁護施設での暮らし、その後の親との不和などで家族への不信を持つ生徒も多い。そんな生徒との面談には、彼らの悩みや苦しみをしっかり聞きとる体制が必要である。貧困のための危険なアルバイトなど、生活から生じる悩みも抱える生徒には、スクールカウンセラー（ＳＣ）や教育相談の教員の役割は大きい。学校内に教員間の情報交換や私たち団体など外部の団体、個人との連携を行うコーディネーター（養護教諭、教頭、進路担当教員、主幹教諭など）の存在が、外部機関と生徒・保護者をつなぐ、大きな力を発揮している。

外国につながる生徒たちには、できる限り「通訳」を配置することも必要だ。親など、家族の意思も確認でき、親の進路相談も可能になる。孤立した家族や生徒にとって、自分たちの思いを十分に話せる関係性や場が中退の防止に必要であることも明らかになった。

5　階層化によって限界が見えた高校教育

（1）「学校選択の自由」とつくられた「教育困難校」（底辺校）

ここまで、定時制高校の現状と生徒たちが抱える現実と課題を紹介してきたが、では、彼らを受け入れてきた日本の高校の全体像は今、どのような状況になっているか。

日本の高校生の数は、1990年の562万人から316万人（2019年）へと30年間で44％減少し、高校数も戦後最多の5518校（1990年）から4887校（2019年）へと631校（11％）減った。公立高校の数に限ると15％減り、主として「学力」が低い生徒が入学する「教育困難校（底辺校）」は毎年のように定員割れを発生させ、統廃合の対象となっている。にもかかわらず、不登校の中学生は増え、高校レベルの授業に学力的についていくことが困難な生徒も増え続けている。そんな生徒の学習活動を保証できる高校も当然ながら必要である。定時制に学ぶ生徒数も15万人から9万人に減少したが、逆に通信制は15万4000人から18万9000人（123％）と増えている。なかでも私立の通信制は、2002年からの10年で2倍以上に生徒数を増加させた。通信制高校は学校数で見ても、1948年には全国で82校だったのが1998年には100校、2018年には252校にまで増えている。通信制高校の現状については第3章で扱う。

困難を抱えた生徒が入学するのは定時制や通信制だけではない。1980年代の生徒急増期に新設された全日制高校も、中学卒業後の進路として、「障がい特性」を持った生徒や「貧困層」「低学力」の生徒たちの受け皿になっている。

関東地方の北部のC高校は、1980年代の生徒急増期に作られたいわゆる普通科高校である。JRの駅から遠いなど立地上の問題もあって、80年代〜90年代は、多様な困難を抱える生徒たちの受け入れ高校として生徒を集めていたが、当初から30％を超える中退者が毎年のように出ていた。近年は生徒数の急減にともなって、入学希望者も急減し定員割れが続いている。2018年、C高校（全日制）の教頭から生徒の現状について話を聞いた。

C高校には入学希望者の減少にともなって、発達障がい等の生徒が増えている。中学年代に特別支援学級に在学していても、全日制高校に入学する生徒も増えた。他者との関わりをもつのが不得意な生徒も多い。学校に来ても誰とも交わらないで隅にいるというイメージの生徒だ。高校と特別支援学校の間に位置する学校と言える。2018年度、入学した生徒は200名弱だが、1割以上の生徒が特別支援学校の方がふさわしいのかもしれない。インクルーシブ教育の必要性を感じる。自死願望を抱く深刻な生徒もいて、医師やカウンセラーにいつも「死にたい」と繰り返している。日本語の習得ができておらず、外国語（中国語）の通訳が必要な生徒も複数いる。小・中学校から不登校が続く生徒も入学している。これほど大変な生徒が多数入学しているのに、養護教諭は一人しかいない。専門家が必要だがいない。

では、なぜ公立の全日制にこのような高校ができたのか。日本の公立高校は、47都道府県中で25の都府県が高校の学区を廃止している（2018年）。戦後、日本の高校制度は入学時には「学区制」を採用していた。2003年の経済同友会の提言等もあり、学区制の撤廃が全国で進んだ。それまでは1学区に1校（小学区制）から5～6校（中学区制）が配置され、その枠の中で生徒が学校を選んで受験したのである。高校間の学力差も小さく、低学力や障がい、貧困など特性に関係なく、すべての生徒が学区の中で学校を選べ、とりわけ小学区制度の下では全日制高校に入学することは難しいことではなかった。ところが、2003年以降、全国で学区制の撤廃が進行し、「障がい特性」や「貧困」「低学力」の生徒たちを地域（都道府県）の学力底辺校に「囲い込む」という現象が見られるようになった（青砥、2009）。学区制の撤廃によって、全県（都府）一律の「平等な競争」の中で、「能力と業績（学習成績だけでなく、部活動などを数値化し評価している）」によって高校入学者を選抜することとなり、学校の数ほど格差が生まれ、高校段階での序列と相互隔離（囲い込み）は鮮明になった。

（2）日本的高卒就労システム（高校から仕事へ）の課題

困窮層の家族の中で生まれた若者たちは、高校から仕事への移行において、学校だけではなく社会の変化からも大きな影響を受けている。高度経済成長期には日本の基幹産業は製造業が中心で、長期の養成で熟練した労働者を育成するには中卒、高卒者を必要としていたが、日本の職業高校はもともと自己完結性が低く、企業内教育との接続を前提にしていた（寺田、2009）。そこから、企業と地域の工業高校、商業高校と協同の関係（接続）ができていたが、製造業が衰退し、情報・流通・販売など第三次産業が中心になった80年代以降には「熟練労働者」の育成という観念がなくなり、さらに高校と企業との接続が希薄になった。

日本の学校から仕事への移行を担ってきた「日本的高卒就職システム」は、高度経済成長に高校と企業との間で培われた信頼関係によって、「推薦指定校制」や「一人一社制」に基づき、高校と企業との継続的・安定的関係である「実績関係」の中で生徒が就職を決定していく仕組み（堀、2018）として行われてきた。多くの高校では、進路（就職）指導が本格化するのは、3学年の

表2　高校新卒者のハローワーク求人に係る規模別求人状況（2019年3月末現在）

規模別	2017年3月	2018年3月	2019年3月	割合
29人以下	121836	136246	143889	30.90%
30～99人	117281	132134	140335	30.10%
100～299人	76344	84237	92863	19.90%
300～499人	21225	23054	25489	5.50%
500～999人	17774	20306	22599	4.90%
1000人以上	32848	36692	40745	8.70%
合計	387308	432669	465920	100%

※ 厚労省「高校・中学新卒者のハローワーク求人に係る求人・求職状況」取りまとめを参考に筆者が作成。

5月ごろ、夏休み前からだ。生徒たちは、7月から学校から紹介された求人票を確認し、志望先（企業）を決め、9月には就職試験が始まる。そして順次、就職先を決めていく。このシステムは全日制高校も定時制高校もほとんど変わらない。高校の校内選考と短期間での効率的な斡旋による就職先の決定システムは国際的に高い評価を受けてきたが、現在、いくつもの課題に直面している。①学校から紹介された求人票の中からしか就職先を選べない、②生徒一人が一社しか希望できない（一人一社制）など、生徒が納得したうえで斡旋をしていないことがあげられる。求人企業の多くは地元の中小零細企業だが、③長年進路指導に携わった地域に詳しい教員、地域の企業と生徒をつなぐ力がある教員が少なくなったことで「信頼関係」が揺らいできたのである。

筆者がかつて勤務した高校の卒業生から、数年前このような相談を受けたことがある。

この会社にこのままいてもいいのでしょうか。10年前に就職した先輩の給与が今の自分とあまり変わりません。

これじゃあ、展望がないです。

これは中小零細企業で働く若者の多くが共通に抱いている不安なのではないか。高卒就職者の高い離職率は、中小企業の賃金の安さに大きな原因がある（表2参照）。

1990年代のバブル崩壊から2000年代には高卒者の労働需要は減少し、求人が中小零細企業に集中している。高卒者の就職状況が悪化し、無業者も増加し、フリーターは増え、非正規雇用者の増加が高卒では顕著になった。2000年代以降、とくに最近10年では、サービス業、とくに医療福祉系か情報通信系企業で増加が著しい。2000年代半ば以降は製造業中心に景気回復もあって、高卒者の就職状況は改善し、高卒無業者は減少したが、このころから非正規労働者や半失業者は増加していった。近年は、就職内定率が上がっている（2018年度の内定率99.7％は、調査開始以来最高値で、2018年の3月末時点の求人倍率は全国で2.53倍、厚労省）。ただし、この高い就職内定率は「就職を希望」して調査書に明記した生徒の数であって、学校からの就職斡旋を利用せず、卒業後はそのままフリーターになっている高校生も実は少なくない。しかも、通信制高校の生徒の就職状況は統計データには含まれていない。

6 生徒の多様性と高校の「市場化」「格差の拡大」「排除」

80年代以降、高校進学率の上昇にともない、生徒の学力や階層の「多様性」に対応した教育の目標や在り方の「多様性」も進行した。1982年度からの学習指導要領には二つの目玉が用意された。「習熟度別学級編成」と「勤労体験学習」である。学力の高い生徒には「高度な学習」が用意され、低い生徒にはそれなりの学習と勤労体験が用意されたのである。

日本では「教育の市場化」[*12]が進行したが、当然高度な学習と学歴を求める人々の自由な選択を可能にした。その結果、他者との終わりなき競争がいっそう強まり、「競争から取り残される子どもたち」が増え続けたのである。その子どもたちは、教育費の高額化に追いつけない貧困層に集中している。

子どもたちにとって、「教育の市場化」は学校や教室からの居場所性の喪失ともなって現れている。とりわけ貧困と格差が拡大する中で、学校では「囲い込み」も進行し、「お荷物になるような子どもたち」を排除する場へと変容し、居場所としての役割は失われつつある（青砥、2009）。

学力が低位に位置する生徒を多く入学させていた「教育困難校（底辺校）」の入学希望者が減少した。その結果、統廃合の対象になり、困難を抱えた生徒たちの多くは行き場を失い、定時制か通信制課程に入学している。定時制・通信制高校は中退後の受け皿ともなったのである。

中でも深刻なのは外国人の子どもや生徒たちである。2019年の文科省の調査では、全国で約2万2000人の公教育への就学不明児童生徒がいることが明らかになった。同年の毎日新聞、NHKなどの調査でも、日本語教育も必要だが、無支援で放置されている児童生徒が1万人以上存在することも明らかになった。この深刻な現実は、外国につながる人々が増加する中で一層増えていく。

このようにして、貧困などの困難を抱えた生徒たちには学校選択の自由はなく、高校の社会的階層移動を果たす機能はすでに失われているのである。高校時代の生活は、それぞれの序列（下位文化）に従った方向へと社会化されている。それぞれの高校の下位文化やライフスタイルは、学校後の社会的地位に就くための準備機能のような役割を果たしている。不平等や格差の合理化など、社会構造の持続には道徳的な秩序の支えが必要である。高校卒業後の大学進学率、中退率、不登校率、アルバイトに従事する率、部活動参加率など、高校教育は家族の社会階層やその下位文化の支配を直接受けている。そうなると、学校間の格差は家庭の社会的・経済的な格差を「高校という尺度」で示しているだけである。「優秀な」高校での成績は、規律正しい生活態度や学校での積極性、熱心な受験勉強への姿勢をつくり、他方、定時制や「学力下位校」での学校活動への消極性や学習意欲のなさは、非行、不登校にとどまらず高校中退につながっている。中退後の若者たちの状況から見えてくるのは、高校教育が構造的に格差を再生産している姿である。

7　格差、不平等を解消するための学校と社会の協同

（1）失われた地域と学校の協同

格差や貧困と向き合うには、学校の制度改革と学校と地域との互いに支え合う関係性の構築が必要だ。80年代、団塊ジュニア層の入学にともなって高校の新増設が全国的に行われ、高校数は増えた。しかし、それらの中には徐々に地元からの支持を失い、入学者も減り「困難校」化していった

高校も少なくない。地域と学校の関係が変化したのは、地域そのものの変容も大きく影響している。社会教育学者の太田政男はその要因を次のように言う。①産業構造と就業構造が変化し、地域の自立性が失われたこと。②通勤圏・商業圏など生活圏が拡大し、「広域化」するとともに「郊外化」が進行したこと。③消費社会化と生活の隅々に至る市場化の進行によって、地域の自治意識が希薄になり、協同性が衰退したことなどである（太田、2005）。太田の見解を補足すると、高度経済成長期に形成された高校と地域企業との協同性が衰退した背景に、産業構造の転換に特に職業高校がついていけなくなったことがある。しかし、中には、地域企業と職業高校が連携して地域づくり、人材育成に根を張っている地域もある[*13]（関、2008；岩佐、2015など）。

教師にとっても、地域との交流の経験や関心が少なくなった。また、地域には様々な組織があるが、ほとんどバラバラの並立状態で組織的な体制がなく、学校（教員）側からも信頼できる地域になっていない。

社会全体の貧困化が進行し、多様な生徒が入学する高校が従来のような生活指導を担当する教員の配置で解決する状況ではない。発生した事件に対処するというより、多くの生徒の背景にある様々なリスク事象を発見し、寄り添った支援を担当する専門家が学校に必要である。学校と家族だけではなく、学校（教育）－生活（福祉）－地域（コミュニティ）をつなぐ役割を持つ機能が求められているのである。

ここで、NPO法人さいたまユースサポートネットの取り組みを紹介したい。2012年からさいたま市から委託を受け、運営してきた生活困窮層の中学・高校生を対象とする「学習支援教室」[*14]

は、格差を越えて、ボランティアの大学生たちと困窮の中で生きてきた中高生たちが交流可能なコミュニティの形成をめざした。私たちの団体はそんな若者たちの間にある垣根を超え、居場所とした教室の中で人間的な交流を目指してきた。進学に向け、志望校に関する相談をしたり、共通する趣味や人間関係の悩みを相談しながら、互いの存在を認め合える関係性を育てるのである。私たちの団体が2011年にさいたま市で始めた孤立する若者たちの居場所づくりである「たまり場」活動は、そんなゆっくりした実践を試す場にもなっている。

(2) 拡大する教育格差と学習支援

私たちの団体が運営する学習支援教室は学校とは異なり、若者たち同士が交流の中で「知」や「技術」と出会い、獲得する場となっている。居場所としての評価の基準は、「そこでの取り組みで子どもたちがどれほど参加意欲や教室の仲間、スタッフに対する信頼度を高めたか」「他者に対する信頼感を獲得できたか（他者に対する信頼を高めるには自己受容が高まらないとできない）」であり、最終目的は社会への参加意欲の形成である。

この10年の間、私たちの団体の活動に、学習支援や居場所を求めて多くの若者たちがやってきた。その親たちの多くも貧しさの中で育ち、その後、離婚や夫の死でひとり親世帯になり、さらに貧困化が進むという共通項があった。その親たちの貧困化はどこから来ているか。多くは、高度経済成長下に大都市に仕事を求めて移住したものの、十分な資産を形成できなかった家族である。「失われた20年」以降、さらに不安定化し、新たな貧困として顕れている（青砥、2020）。

そもそも今、全国で拡大している生活困窮層の子どもへの「学習支援」活動は、「教育は不平等を克服できるのか」という課題への挑戦でもある。「競争の学校」が広がる現在、貧困がもたらす多くの不平等によって排除される子どもたちにとって、現実の教育はより階級性（橋本、２０１８）を帯びたものとなっているからである。

子どもの貧困の背景には、家族の崩壊、親の長期の失業、ひとり親とりわけ母子世帯の貧困といった家庭の日常生活の不安定さと、不登校や高校中退といった早期の学習機会の中断など、子ども自身の不安も重なっている。

では、今の学校に、そんな家族全体の課題に社会を背負って立ち向かう力があるだろうか。教員は多忙化によってゆとりがなくなり、経験のある教員は退職し、地域住民や親たちとの交流だけでなく、学校外の社会資源とのコネクションの経験のない教員が増えた。そんな学校の状況も、学校をプラットフォームにすることを阻んでいる。このような問題を解決するには、教員は教科指導や生徒指導のスキルだけではなく、子どもたちが直面する貧困や親の失業など社会問題にも向き合わなければならないが、教員養成段階ではそういうスキルを学ぶ場はほとんどない。公教育に多額の個人負担が必要な日本では、経済資本と社会関係資本の乏しい世帯の若者は、学校での十分な支えがなく、結果として高校教育の「移行支援」の機能が働かず、社会とスムースにつながらないのである。しかも、家庭に居場所としての機能がない子どもたちは、同時に学校の中にも居場所を見つけられない傾向もある。学校と家庭が居場所として機能しなければ、子どもたちの中に孤立が進み、構造的に絶望感や無力感をつくり続けることになる。

貧困・障がい・不登校・中退・非行などで学校教育からこぼれ落ちた子どもたちをどう支えるか。一度制度ができたら、制度にはその瞬間から徐々に機能不全が始まり、修正が必要になる。その担い手も所管の行政機関や学校など、現代の縦割り行政では、制度のはざまで生きる子どもたちには、支援の手は及ばない。多くの市民や親の力が必要となる。まさしく、「コミュニティ・オーガナイジング」という地域社会の力を結集するアプローチが必要となるのである。

さらに検討が必要な問題は、貧困化と排除が「2割の生徒」にとどまらないことだ。非正規雇用の増大という労働市場の影響で、中間層の崩壊も進んでいる。しかも、若者たちの貧困は、コロナ禍の下でさらに増え続けることは疑いない。経済成長が期待できない時代、人口減少と貧困化はすべての先進国が直面している課題でもある。その中での社会の二極分裂、格差の拡大は、若者たちの中に将来への悲観的認識を拡大させ、社会参加への意欲を失わせているのである。「若者たちの社会的自立を支えることは社会が引き受ける」という社会的合意を確立する必要がある。それは、本書のテーマである「若者の生活保障」を確立することでもある。

注

1　厚労省「新規学卒者の離職状況」2016年3月。
2　内閣府「高等学校中途退学者の意識調査」2010年4月。
3　占領教育政策による日本の民主化の一つ。1948年、新制高校は「すべての生徒に中等教育を」と6・3・3の学校体系を一本化し、「高校三原則」（学区制・総合制・男女共学）を基本として発足した。

4　富山県は普通科と職業科の高校の割合を3：7とした。

5　60年代の多様化は、産業ごとの必要な人材育成を目標にした「多様化」であった。したがって、多様化は学科をさらに専門化させることになり、70年には学科の種類は252まで増えた。地域ごとの労働市場における労働力需要を見通し、高校の職業学科の再編を目指した。

6　60年代の多様化と異なり、80年代の多様化は主として普通科を対象とし、①単位制高校、②コース制など集合型選択制、③6年制中高一貫校などをいう。

7　1976年の教育課程審議会は、それまでの「硬直した多様化」から「弾力的な多様化」を提唱した。この答申をもとに、「単位制高校」「集合型選択高校」「単位制職業高校」「6年制高校」などが登場することになる。

8　臨時教育審議会「戦後教育の見直しをめざした中曽根元首相の提案によって、首相に直属する諮問機関として1984年から1987年までの3年間、教育の「自由化論」などの論争を通じ、教育行財政における規制緩和をめざした。そこでの提案は、その後中央教育審議会等に引き継がれ、1990年代の教育改革の底流をなした」（苅谷、1999）。

9　総合学科375校、5.6％、2018年度（第14期中教審答申）。

10　青砥恭による2010年に行われた高校の格差の現実を調査研究した際の近畿圏の高校でのインタビュー。

11　青砥恭らによる2017年からの首都圏の定時制生徒約600名へのヒヤリング。

12　具体的には、公立高校の入学時の学区の拡大・撤廃、塾など学校外教育費の高額化、大学授業料などの高額化などの現象をさす。

13　筆者は山形県のN工業高校、O農業高校、N高校、長野県のI地域の複数の職業高校、地域高校の調査を2000年から十数年実施し、1年に何回か学校を訪問してきた。研究テーマは「地域と高校の連携と地域づくり」である。調査で明らかになったのは、地方都市には工業高校や農業高校が地域企業と連携して地域の人材育成の中心的な役割をしている地域は決して少なくないこと。山形県のN工業高校では、学科編成にあたっては、「地域に根ざした学校」を目指して全教職員にアンケートをとって決めていた。生徒に身につけさせたい力・技術は、卒業後の進路のほとんどが地元企業であることから、卒業生の就職先企業がほしい力が何かということを求人票から分析していた。

14 生活困窮者自立支援法：2015年4月施行。さいたまユースサポートネットは2016（平成28）年度厚生労働省社会福祉推進事業によって、生活困窮者自立支援法に基づく全国の学習支援事業を、「子どもの学習支援事業の効果的な異分野連携と事業の効果検証に関する調査研究事業」によって、全自治体（平成28年現在1718自治体、福祉事務所設置自治体901自治体、学習支援事業者）へのアンケート調査を中心に分析調査を行った。

参考文献

青砥恭（2005）「埼玉県の高校教育政策」民主教育研究所編『学校づくりと地域づくり』民主教育研究所年報（6）
青砥恭（2009）『ドキュメント高校中退 ── いま、貧困がうまれる場所』ちくま新書「学区の拡大、解消が進み、生徒の学力と親の所得を背景にした学校間の格差が作られ、困難校（底辺校）に貧困層の子どもたちが囲い込まれている。」
青砥恭（2020）「地域の「たまり場」から若者たちの貧困と孤立を考える」『住民と自治』（2020年9月号）自治体問題研究所
乾彰夫（2002）「若者たちの労働市場のいま」竹内常一、高生研編『揺らぐ〈学校から仕事へ〉 ── 労働市場の変容と10代』青木書店
岩佐礼子（2015）『地域力の再発見 ── 内発的発展論からの教育再考』藤原書店
大田堯（1978）『戦後日本教育史』岩波書店
太田政男（2005）「本調査の課題」民主教育研究所編『学校づくりと地域づくり』民主教育研究所年報（6）
門脇厚司、飯田浩之編（1992）『高等学校の社会史 ── 新制高校の〈予期せぬ帰結〉』東信堂、第3章
木下春雄（1980）『高校教育 現在の課題』労働旬報社
関満博（2008）『地域産業の「現場」を行く ── 誇りと希望と勇気の30話』新評論
竹内常一、高生研編（2002）『揺らぐ〈学校から仕事へ〉─労働市場の変容と10代』青木書店
寺田盛紀（2009）『日本の職業教育 ── 比較と移行の視点に基づく職業教育学』晃洋書房
橋本健二（2018）『新・日本の階級社会』講談社現代新書「階級とは、収入や生活程度、そして生活の仕方や意識などの

違いによって分け隔てられた、いくつかの種類の人々の集まり」をさす。

堀有喜衣（２０１８）「「日本的高卒就職システム」の現在」『労働政策研究報告書』（２０１）労働政策研究・研修機構
M・ボルトン（２０２０）藤井敦史、大川恵子、坂無淳、走井洋一、松井真理子訳『社会はこうやって変える！――コミュニティ・オーガナイジング』法律文化社

第3章　リスクを抱えた若者のキャリア形成支援

――10代後半の若者を中心に

佐藤洋作

要旨

義務教育段階からリスクを抱えた若者たちの成人期への移行は困難である。本章では、こうした若者たちが社会的経済的不利な条件を乗り越えキャリア形成していくために必要なサポートについて考察する。まず、そのためには義務教育段階から高校生段階へ、そして社会への接続まで伴走型の継続的支援が必要であることを、ヨーロッパの若者支援システムから学びわが国の実態にも触れながら考える。次に、他者関係に不安を抱える若者たちの社会的自立支援について、さらには進路を支えるために必要なキャリア教育のあり方について検討する。まず、不登校などの若者を多く受け入れている通信制高校などが、必ずしもセーフティネットになりえていない実態を示す。そのうえで、リスクを抱えた若者たちがシチズンシップを獲得しながらキャリア形成していくための「権利としてのキャリア教育」の内容と、それを学校教育と外の支援機関が連携して進める必要について考察する。

1　はじめに

格差拡大が進むとともに、不安定就労と際立つ低賃金を特徴とした下層階級「アンダークラス」が増え続けている（橋本、２０１８）。橋本が描くアンダークラスの若者の特徴は、学校中退者が他の階級より多く、いじめを受けた経験や不登校経験率が際立って高く、うつ病やその他の心の病気が突出して高い。これらは、地域若者サポートステーション（以後、サポステ）などの若者支援機関に来所する若者の属性や学歴、仕事キャリアなどと重なる。若者の負の学校体験や、学校から社会への移行のつまずきや挫折体験が、そのままアンダークラスへの所属につながっている。

義務教育段階からリスクを抱え、以後も十分な学習機会やケアを受けることがなかった若者たちのキャリア形成は、困難な過程をたどる。後期中等教育（高校や教育施設）は多様化し、様々な教育サービスは提供されているが、リスクを抱えた若者たちの成人期への移行を保障するものになっていない。たとえば、不登校などの経験を持つ若者が通信制高校などに籍を置いているとしても、それを履修することもなく、高校を中退して、不安定なアルバイト生活に移行したり、あるいはひきこもり状態に陥る若者も少なくない。

そうした若者がようやくサポステなどの若者支援機関を訪れることになるのは20代後半、あるいは30代に入ってからであり、困難が蓄積し複合化してからやってくるということになると、支援サービスも限定的なものにならざるをえない。いかに早い段階に支援機関に接続できるか、あるいは義務教育段階から青年期を通して支援関係を継続できるか、さらにはキャリア形成のための学習

（学び直し）支援が課題になる。先進国の若者支援システムに学びながら、わが国に於ける10代後半の若者支援の課題とあり方を探る。

2　10代後半の若者たちの居場所から

東京都武蔵野市の街の一角に、10代の若者のための居場所が開設されて2年が経過した。筆者の所属する団体が自治体から受託して運営している。現在、約40人のメンバーが登録しており、いろいろな施設や機関から情報を得て、勧められて集まってきた若者たちである。やはり多くはネット情報を見てやってくるが、サポステの10代の利用者、不登校の居場所のOB、中学校の適応指導教室のOB、その他、発達障害やうつ病などの症状を抱えてかかっている精神科クリニックや児童相談所、高校の進路相談室などからやってくる若者など、10代後半の若者が大半を占めている。メンバーのほぼ全員が小中高のどこかの段階で不登校を経験しており、半数が通信制高校に在籍していてスタッフのサポートを頼りにもっぱらレポートを書きにやってくる。定時制高校や特別支援学校に通っていて放課後に立ち寄る若者もいる。さらには進路未定のまま中学を卒業したり、高校を中退し高卒認定試験準備中でどこにも所属していない若者もいる。

通信制高校に在籍するものの半数ほどは普通高校や専修学校などの中退者でもあるが、半分は義務教育卒業後の進路として通信制高校に進んでいる。大学や専門学校、予備校などに在学しているものもいるが、高校中退以後、進路変更することもなくアルバイト生活を続けているものが多い。

その他に、福祉施設につながり就労移行支援や生活支援訓練を受けているものなど、その所属は多様である。

スタッフは共感的関係づくりに注意を払い、とりとめもない話題をめぐって談笑しながらしだいに時事や社会問題にも話題を広げていく。若者たちの語りに積極的に関心を示しながら聴き取ろうとし、「そうなんだ」と相槌を打ち、「～なんだね」と若者の表現不足に言葉を足しながら応答を続ける。自分の不登校体験について、学校生活や交友関係について、そして家庭についてテーマは広がり、やがて受験や就職などこれからの進路選択についてと深まっていく。若者たちはスタッフに媒介されながら、メンバーと交流し、「仲間」に出会い、地域のイベントやボランティアに参加する。さらには農業やベーカリーでの仕事体験など社会的な活動も生まれてくる。スタッフは若者が籍を置く学校や児童相談所、子ども家庭支援センターなどと連絡を取り合い、ケースカンファレンスなどで連携したり、クリニックに同行支援したりすることもある。学校や専門機関との情報共有や、若者自身からの聴き取りなどを通じて、若者の家庭環境がわかってくるが、やはり母子家庭が多いこと、その母親がうつ病や障がいを抱えているケースも少なくないことなどがしだいに見えてくる。生活保護受給家庭や児童養護施設出身などの経済的困窮ケースは多く、中には家出して一人暮らししている若者、外国にルーツを持つ若者もいる。さらには教育家庭で、思うように進学がかなわず浪人を重ねた結果ひきこもり状態に陥ったケースも含まれ、実に多様な生育環境が浮かび上がってくる。低い学業達成や家庭環境の困難さだけでなく、メンタルヘルスの不調や「性」トラブルなどの生活危機に巻き込まれる若者もいて、これらの困難やトラブルが若者の青年期リスクを高めている。いずれにしても、義務教育段階から多様で複合的な困難を抱え、社会経済的不利な条件の中で孤立してきた若者たちである。

この若者たちは幸いにも居場所に誘導されることになったのだが、しかしながらケアとサポートを必要とする同世代の一部に過ぎない。義務教育段階でリスクを抱える生徒を対象に、支援関係を切断することなく高校生段階の支援プログラムにつなげていくシステムが必要であり、そのあり方について海外の事例から学び、次に国内の先進事例についても取り上げる。

3　若者を切れ目なく支援機関につなげる回路

(1) 学校からの接続を阻むもの

サポステなどの若者支援機関に最初に来所する若者の年齢は20代半ばが多く、近年ますます高齢化している。しかも、支援サービスはなかなか届かず、来所者の捕捉率は低い[*1]。その要因の一つは、義務教育段階でリスクを抱える若者の支援が中学卒業の段階で中断され、支援対象者が見えなくなることにある。不登校の生徒の場合には学校からの進路情報は届きにくく、ネット情報や市販の学校ガイドなどを参考に進路選択するケースが一般的であり、かならずしも適切な進路指導を経ていない場合が多くなる。卒業や中退などで学校を離れ所属を失うと、リスクを抱える若者の存在が把握しづらくなり、必要な支援が届かなくなる。たとえ自力で通信制高校などに進学したとしても、義務教育段階からの支援は引き継がれることなく、課題を残したまま切断されるケースが多い。ひきつづき、進路や生活について相談できる人や機関が必要であり、義務教育段階からの情報の引き継ぎ、共有が課題になる。リスクを抱える若者を孤立させることなく、後期中等教育・教育施設に継続して支援していくシステム構築が必要である（宮本、2015）。

リスクを抱えた若者の支援関係を青年期を貫いて切れ目なく継続するためには、学校教育と学校外の支援機関が連携して取り組む体制作りが課題になる。教育行政とそれ以外の支援に関わる関係機関等が、対象となる若者に関する情報や支援に関する考え方を共有して引き継ぎ、管轄を超えて適切な連携の下で対応していくことが必要になる。しかしながら、適切と思われる公的機関を紹介したり、複数の機関や学校・施設で連携したりする必要があっても、その情報の引き渡しや関連機関での共有は難しく、スムーズに支援に乗せられないケースがある。こうした横の連携以上に問題になるのは、縦の支援・情報の引き継ぎである。とりわけ義務教育段階と高校段階では、管轄が基礎自治体と広域自治体に分かれており、継続が困難な実態がある。義務教育からの情報・支援が高校段階へ、さらにはサポステなどの学校外の支援にも引き継がれ、後期中等教育・施設に在籍する若者を連携して包括的にサポートする取り組みと、それを支えるシステム構築が望まれる。

（2）13歳から始まる海外の若者支援システム

ヨーロッパの若者政策は成人期への移行支援として、労働問題だけではなくすべてにわたる包括的な政策として推進されている。若者を断片的にどこかを切り取って対応するというのではなく、若者の全体像として義務教育段階から青年期を通して継続的・統合的にアプローチする視点が用いられている（宮本、２００６）。

イギリスにおいても、１９８０年代に入り若者の失業率が上昇し、若者に対する本格的な労働政策が開始されたが、職業訓練計画を終了しても就職は難しく、訓練を離脱、回避する若者も多かった。こうした経験を経て、就業支援という労働政策から、包括的な移行支援へと重点が変化していった。２００１年から本格実施されたイギリスにおけるコネクションズ・サービスは、わが国がそのワンストップサービス窓口機能に倣って着手したサポートステーション事業の先導的なシステムである。[*2] コネクションズ・サービスは13～19歳までのすべてを対象とし、生徒たちが社会との接点を失いニート（若年無業者）にならないように在学中から働きかける発達支援プログラムである。従来の教育・雇用・訓練を推進するための施策ではこぼれ落ちてしまう、社会的に排除されてきた若者たちへのサービスである。10代の若者が、個人の発達・成熟を目指す教育、職業教育・訓練、その他に社会に貢献する市民となるためのシチズンシップ教育など、幅広い意味での学習の継続を全面的にサポートしていく活動である。19歳までに学業または職業に関して資格を取得することと、コミュニケーションなどの基本的なスキルを獲得することを明確な目標にかかげ、包括的支援を推進するため、自治体、学校、警察などの公共機関や、職業紹介・訓練等の民間企業、ボランティア団体やＮＰＯなどの地域の支援機関で構成されるパートナーシップによって運営される。サービス提供機関であるコネクションズに所属するパーソナル・アドバイザー（ＰＡ）が学校やワンストップサービス窓口（コネクションズセンター）に配置され、学校内ではキャリア・ガイダンスなどを行い、学校外や地域社会では、ユースサービスやＮＰＯなどと連携し支援活動を行う。また、学校在学時からの支援関係が、学校教育終了後の職業訓練や社会教育資源に有機的に引き継がれることを可能にしたのは、パートナーシップにおいて設置された進路追跡データベース（ＣＣＩＳｓ）である。ＣＣＩＳｓは若者に関する個人情報の追跡システムで、ここに蓄積されているデータベースは13歳（8年生）の時の本人や保護者の基本情報を起点として、それにアドバイザーの情報や介入履歴、進路希望情報、教育・訓練の到達度、就労に関する情報などが蓄積され、キャリア形成のプロセスを継続的に追うシステムになっている（塩崎、２０１７：井上、２０１９）。

オーストラリアのユースパスウェイズ・プログラムも、13歳から19歳までの不安定で配慮を必要とする子ども・若者を対象に実施されており、義務教育から次の後期中等教育や仕事への移行において困難に陥っている若者に対する学業支援、職業訓練や就職への誘導を目的としている。ユースパスウェイズは、社会保障費や雇用関係給付サービスを業務とする自治体のセンターリンクが、ユースパスウェイズのサービス提供団体に情報やサポートを提供して連携を強化する役割をしている。また、サービス提供団体は支援を適切に行うため、学校、訓練機関、職業見習い機関や地域コミュニティーとの連携をとることが定められている。オーストラリアの若者の移行支援は、学校教育と学校外におけるキャリア支援と職業教育訓練の連携によって推進しているところに特徴がある（内閣府、２００７：児美川、２００８）。

デンマークでは、地方自治体に設置されたガイダンス・センターが、義務教育から後期中等教育への移行、または労働市場への移行に関連したガイダンスを実施している。義務教育終了後の教育訓練への進学に先立って、学校との協力により、生徒の「教育準備状況」の評価を行い、進路準備が不足しているとみなされた若年者に対しては、個別のガイダンスが提供される。国民学校6年生（13歳）時点で生徒全員がカウンセラーと面接し、進路について話し合う機会を持つほか、より支援が必要と判断される生徒に対して定期的にガイダンスを行う。生徒個々人について「教育計画」が作成・随時更新され、卒業後もガイダンス・センターにおいて保管される。さらに、後期中等教育機関からドロップ・アウトし、非就労のまま教育訓練プログラムも未完了の若者に接触し、面接や職業体験、学校見学などの紹介をするなど積極的にアウトリーチ支援をすることで、次の教育機関や職業訓練の場に導くよう働きかける。「生産学校」も、こうした学校教育から次のコースにスムーズな移行が困難な若者のための中間的な教育訓練機関である[*3]。若年者ガイダンス・センターは、サービスの提供にあたり地域の企業や公的雇用サービス機関と連携することが求められる（吉川、2017）。

（3）先進的な若者支援事業に取り組む地方自治体

こうした諸外国の若者支援システムは、特に、学校教育終了後の移行期において、切れ目なくすみやかに若者たちを次の支援サービスや教育機会、職業訓練などに有機的につなげることで進路未定を防ぐための示唆となる。わが国でも2010年に「子ども・若者育成支援推進法」が施行され、地域のネットワークによって包括的で継続的な支援のための仕組みづくりがめざされてきたが、外国の事例にみられるような義務教育段階からの継続的な支援システムとなると、高知県などの例外的な試行に留まっている。

高知県では、中学卒業時及び高校中退時の進路未定者をサポステにつなげ、就学や就労に向けた支援を行うことでひきこもりやニートにならないように予防しようとして、「若者はばたけネット」という情報把握システムを構築した。２０１０年度に県の個人情報保護条例の例外的取扱い規定が加えられ、県立中・高・特別支援学校で、中学校卒業時あるいは高校中途退学時に進路未定である生徒について、本人や保護者の同意がなくても、当該学校はその生徒の情報を記載した「個人情報票」を県生涯学習課長に提出することとなった。それ以外の学校（国立、市町村、私立）については、本人や保護者から情報提供の「同意書」の提出があった場合にのみ、個人情報の提供を受けることができる。そして、提出された「個人情報票」をもとに、サポステへの登録について本人・保護者の意思確認が行われ、登録者に対する支援が開始される制度がスタートした。県立学校からの「個人情報票」は１００％提出されているが、その一方で、その他の学校からの「同意書」の提出はほとんどなく、また県立学校からのサポステへの登録率は約３割（２０１０〜２０１４年度の平均値）に留まっている。サポステへの登録率を高め具体的支援につなげるためには、学校在学時から支援対象者と支援者との人間関係を築くことが重要であるとし、２０１５年から定時制高校に「学校連携推進員」が試行的に配置されている。在学中からリスクを抱える生徒について、学校と連携しながら、保護者や本人に相談、家庭訪問、関係機関の情報紹介など、卒業後の進路支援につなげようとしている（塩崎、２０１７）。

佐賀県教育委員会は不登校対策として、２０１７年度から県内の小中高約３００校を対象に「訪問支援による学校復帰サポート事業」を開始した。各教育事務所・支所等を拠点にして、事業委託

図1　高知県「若者はばたけネット」の仕組み

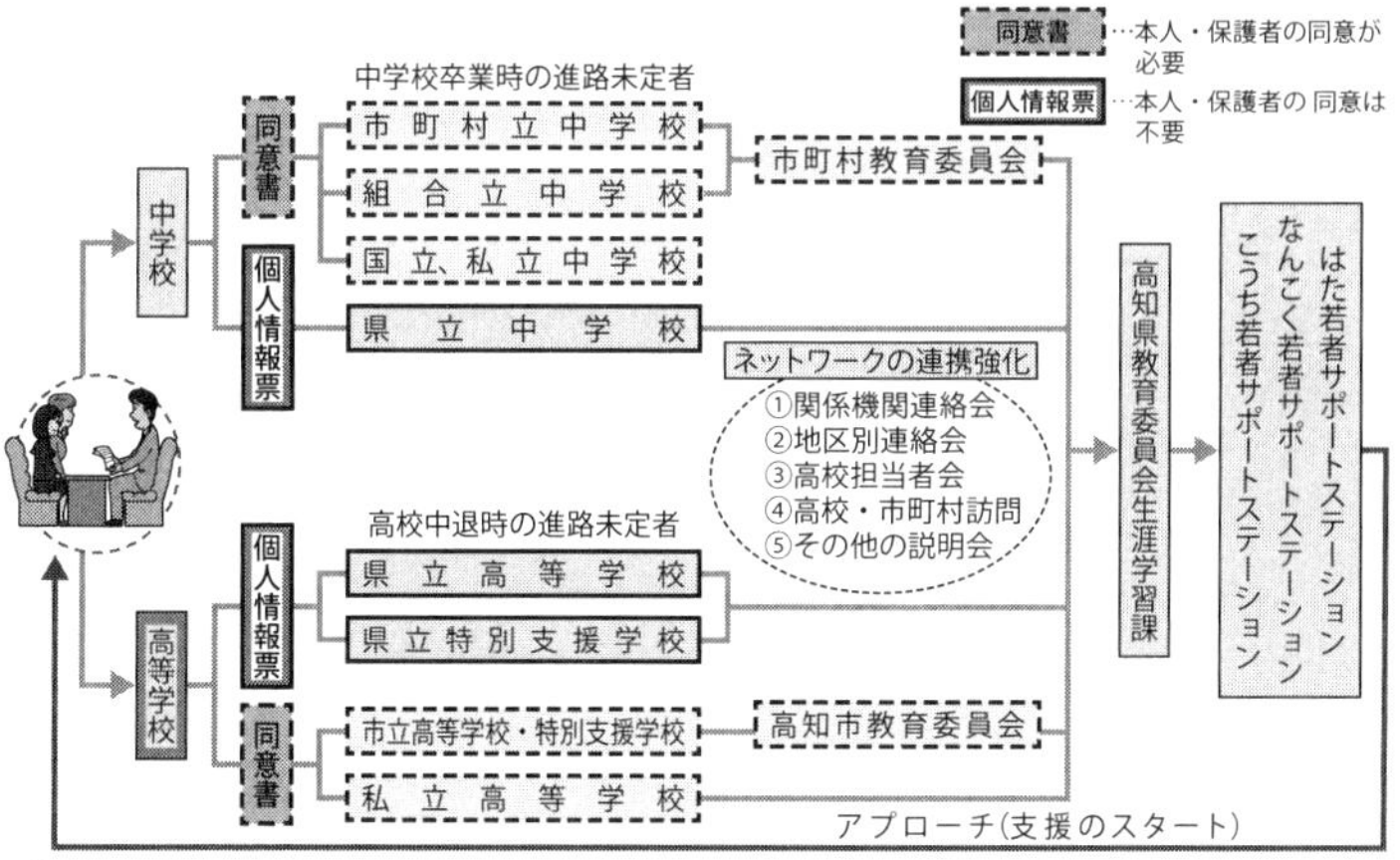

※「同意書」は、本人・保護者から学校に提出され、学校の所管を通じて県生涯学習課に提出される（個人情報の保護）。
※「個人情報票」は、本人・保護者の同意の有無にかかわらず、県生涯学習課に提出することができる（個人情報保護の例外的取扱）。
　ただし、県立学校関係以外では、個人情報の提供についての整備が必要。

業者が派遣したコーディネーターが全学校を訪問し、学校や教育委員会からの「派遣依頼」「支援要請」を受けて、学校や児童相談所、生活困窮者自立支援機関、警察などの関係機関や保護者と調整し訪問支援計画を作成し、困難ケースに対応する。そして、委託業者から派遣される訪問支援員が、不登校児童生徒等の自宅を計画的・継続的に訪問し、カウンセリングや学習支援等を行う。委託事業者が構築してきた重層的なネットワークを社会資源として、学校から社会への接続も含む義務教育段階から若者までをつなげた包括的支援システムが構築されている。県教育委員会と委託事業者との協働事業として推進されており、公立の小中高に外部のスタッフが出入りすることができ、学校教育から次の支援や進路へと切れ目のない継続的かつ包括的な支援が可能になっている（内閣府、2008：谷口、2015）。

海外とわが国における、支援対象者の早期把握と切れ目ない支援システムの模索について見たが、さらに海外の事例から学ぶべきは、若者政策が雇用政策だけでなく、自立した市民の育成（シチズンシップ教育）を基軸とした教育政策と結合したキャリア形成支援として推進されているところにある。わが国では、義務教育段階からリスクを抱えた若者の後期中等教育段階におけるキャリア形成支援はどうなっているのか、通信制高校の現実から考える。

4　リスクを抱える若者たちの社会的自立サポート

（1）増加する通信制高校は若者たちのセーフティネットになりえているのか？

学業不振・不登校・高校中退など、学校生活の継続が難しい若者を受け入れる後期中等教育機関が多様に準備されている。その中でも、冒頭で紹介したように、居場所に集まる10代後半の若者の大半が通う通信制高校の進路保障の実態について見てみる。文部科学省「学校基本統計」によれば、２０１９年度の通信制高校（通信制課程）在籍の高校生は、全国で約19万７０００人であり、これは高校生約３３６万６０００人のうち5・9％を占めており、高校生17人に１人は通信制の生徒という割合になる。全国高等学校定時制通信制教育振興会調査（平成29年度文科省委託）では、通信制課程（地域）の高校に学ぶ生徒の４８・９％、規制が緩やかで単位取得がより簡略化された広域通信制では６６・７％が、小・中学校及び前籍校における不登校経験がある生徒であると報告している。不登校数は高止まりしていて、中学を進路未定で卒業するものもいるが、大半は通信制高校

図2　通信制高校の学校数（2019年5月1日現在）

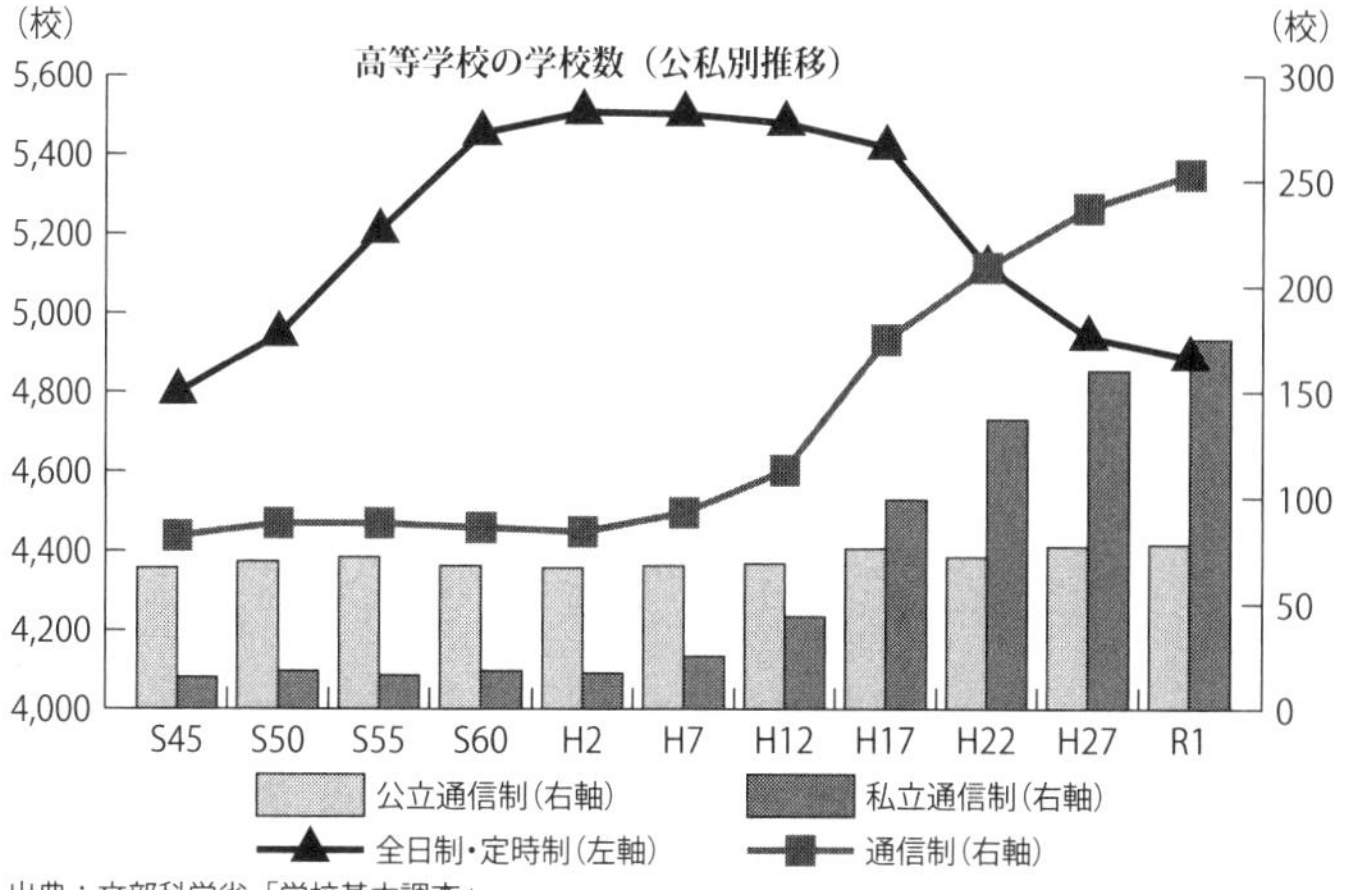

出典：文部科学省「学校基本調査」

図3　高校から卒業後の状況（2018年度）

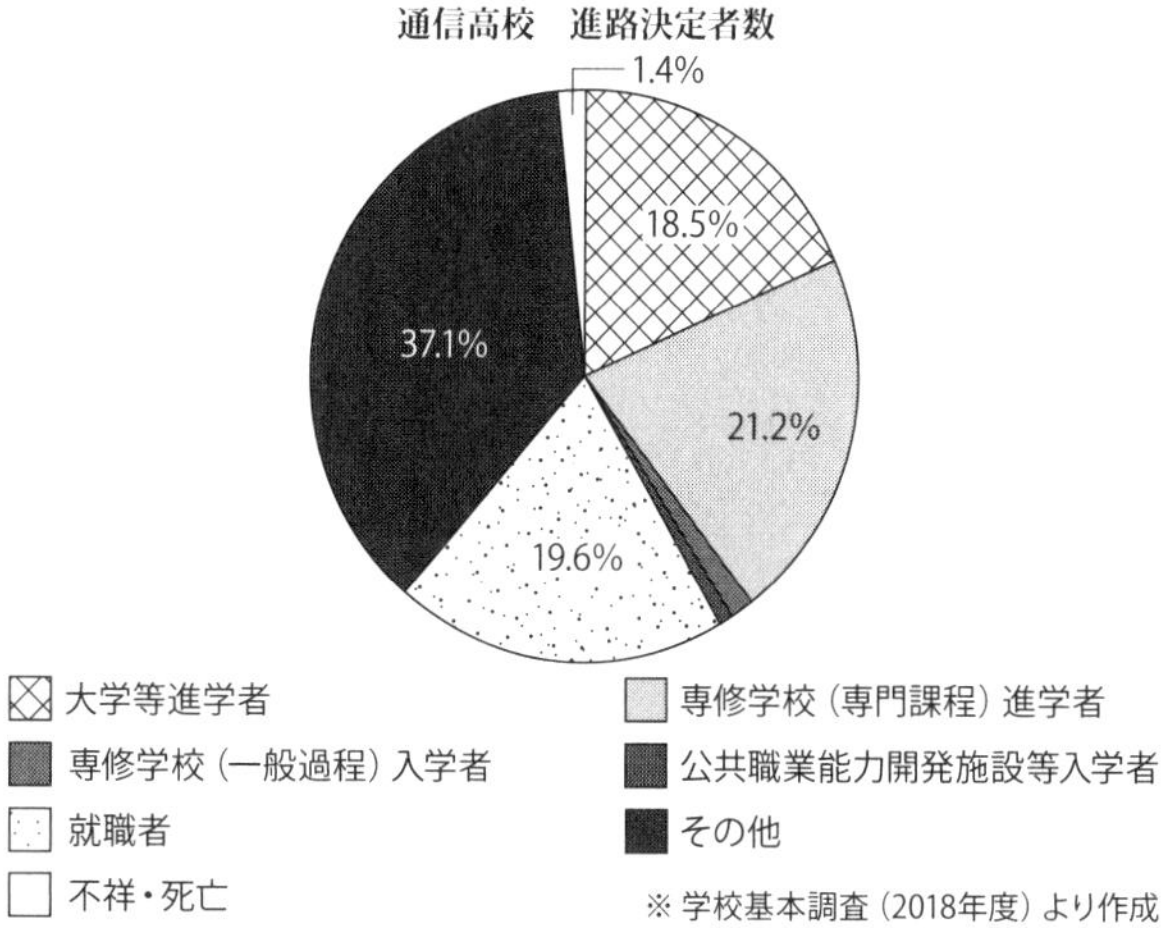

※ 学校基本調査（2018年度）より作成

の他にも高等専修学校などに進学し、さらにはフリースクールのような教育施設に籍を置くものや高校卒業認定試験をめざすものもいる。以下では、このような非主流の後期中等教育機関は、リスクを抱えていた若者たちの進路保障の機能を備えているのかを把握するため、とりわけ、近年増大し不登校経験者の主要な進学先になっている通信制高校にフォーカスして、その進路状況について見てみる。

２０１８年度の通信制高校の卒業生は「大学等進学者」１８・５％、「専修学校（専門課程）進学者」２１・２％、「就職者」１９・６％、「その他」３８・５％となっている。全日制では１１・３％、定時制でも２８・６％しかいない進路未定者（「その他」）が約4割にものぼるのは、通信制高校では卒業生の進路状況を把握できていなくて、進路指導が十分に機能していないことを示している。在学中からの仕事の継続も含まれるだろうが、現在では通信制高校に集まってくる生徒には中学校から直接進学してくる生徒や他の高校からの転編入学の生徒が多いことから考えると、「その他」が40％も存在するというのはその内容があまりにも不明であり、その中には社会への移行を達成できず、依然としてさ迷い続けている若者が多く含まれていると推測できる（國枝、２０１９）。

通信制高校などは選考に当たっては学力検査を行わない学校が多く、通学もスクーリングと試験日以外必要ないなど、不登校経験者にとっては進学しやすい。しかしながら学業達成が低く、対人不安も高く、学校生活に不適応状態であった生徒たちの学校生活を継続させることは容易ではない。後期中等教育は、仲間と出会い交流し支え合いながら自分の進路をひらいていく期間であるが、不登校やひきこもりなど孤立したまま義務教育を終えた若者たちには困難な課題である。結局は、通学することなく学籍を置くだけとなり、時々アルバイトで働くもの、ゲーム生活から抜け出られないもの、結局はひきこもり状態を継続しているものなど、義務教育段階でのリスクを克服できないまま後期中等教育を「修了」することとなる若者も少なくない。とりわけ急増している広域通信制高校の中には生徒数が１万人を超える学校もあり、学校が在籍生徒を十分に把握できていない実態がある。オンラインでの個別化された学習形態や、限られた日数のスクーリングなどではクラス集団での自治体験やシチズンシップ育成などは課題にならず、本来の後期中等教育の教育機能が空洞化していると言える。では、リスクを抱えた若者たちのキャリア形成のためにはどのような学習が保障されるべきか、社会的自立を支えるという視点から考えてみる。

(2) 社会的自立の前提となる他者関係を形成する力量

社会的ひきこもりやニートなどの若者問題を取り上げるときには、「社会的自立」と関連させて問題視されていることが多く、サポステなどの若者支援の現場でも、就労以前に社会的自立の弱さが壁になっていると指摘されている。近年の産業構造の変化や時代の変遷にともなって、かつては自明であった子ども期から成人期への移行がスムーズにはいかなくなったということを反映している。「社会的自立」はその名の通り「社会で自立して生きていく」ことであり、青少年育成推進本部（２０１３）によれば「他者との関わりの中で社会に生きる自分の存在意義を見出し社会に主体的に参画していくことである」ということになろう。この定義にあるように、社会的自立には他者との関係性を形成する力量が備わっている必要があるが、サポステなどに来訪する若者たちは他者との関わりに不安を抱き、苦手意識を感じている。若者の直接的ニーズは「何をしていいかわからない、どんな仕事があるのか、就けるのか」といった求職支援欲求であるが、潜在的（本質的）ニーズは「対人コミュニケーションへの苦手意識が深く、緊張感が強く、人の前に出られない」「他人に評価されることが苦手で恐い。否定的な読みとりをしてしまう」あるいは「人間関係が閉ざされていて、孤立している」という訴えであり、他者との関係への欲求である。多くが不登校やいじめ体験のある学校生活や不安定な生育環境のなかで他者関係がむすばれず、したがって自己肯定感も持てず、社会との接点を失ったまま青年期を迎えた若者たちである。出会いと交流を通して他者や社会への信頼感覚を回復しなければ、社会的自立も、ましてや職業的自立など叶わない。

中学、高校時代の「仲間関係」の形成や様々な集団活動や自治の経験は、社会的自立をささえる不可欠な学習機会となる。小・中学校での不登校などの負の学校体験からリカバリーするためには、高校生段階でのこうした体験的な学習をくぐりぬける必要がある。しかしながら、既述したような高校教育の空洞化の下では、その課題は未達成のままサポステなどの支援プログラムとして引き継がれることになる。

若者支援機関は、課せられた若者への就労支援を直線的には遂行できず、高校生段階での課題に取り組むことになる。若者が他者関係を経験するための居場所活動や社会参加としての仕事体験などがプログラムとして準備されている。居場所とは若者たちが出会い・交流・学びあいを通して、対話的な他者関係を体験しながら自己肯定感情を回復し、社会へとつながっていくためのベースキャンプである（佐藤、２０１７）。若者の社会参加意欲を醸成・喚起して主体的な求職活動へとつなげようとする取り組みは、制限ある時間と条件の下で推進せざるを得ない委託事業との間に矛盾や軋轢《あつれき》を生む。そこに若者支援現場のジレンマがある。やはり、サポステ来訪以前の後期中等教育段階からの社会的自立を支える学習課程が必要になる。社会的自立のポイントとなるのは他者関係をむすぶ力量であり、その土台の上に一人ひとりのキャリアを形成していく力量を獲得することである。次に、若者たちのキャリア形成を支える学習課程、いわゆるキャリア教育について考える。

5　若者の社会的・職業的自立を支えるキャリア形成プログラム

(1)　権利としてのキャリア教育の創造

「キャリア教育」は、若者就労支援策として策定された「若者自立・挑戦プラン」（２００３年）を契機に文科省によって唱導されるようになり、職場体験・インターンシップ、職業調べ、キャリアプランの作成といった取り組みが学校現場に広がった。しかしながら、就職困難は若者の意識や実行力が不足しているからだと一面的には言えず、したがって自己理解や適職探しに取り組むだけでは若者のキャリア形成をサポートすることにはならない。今日は、就職や働き方の社会的な標準が成立しなくなった時代であり、このような転換期を生きている若者たちに既存のモデルや秩序への適応を迫るだけの一面的な指導では、一層若者たちを追い込むだけである。サポステなどに来所する若者たちは、もはや崩壊しつつある「ふつう」のライフイメージから自由になれず、そこから外れている自分を叱責し委縮して動けなくなっているように思える。

では、若者たちがいまだ見通せないライフコースの入り口で立ちすくむことなく、学校から仕事の世界へと渡っていく主体へと成長することを支えるキャリア教育とはどうあるべきか。やはりここでも、職業訓練機会や就職情報だけでなく、同じ時代を生きる他者との協同的な関係性を築き、頼りになるネットワークや支援機関などの社会関係資源にアクセスし活用する力量につながる学習であることがポイントになる。必要なキャリア教育は職業意識を高めるだけでなく、市民性を育て、主権者となるための力量形成に資する政治的シチズンシップ教育*4などとも有機的に関連させて統一的に取り組まれるべき教育活動である。とりわけリスクを抱えた若者たちにとって、自らの社会経済的に不利な条件に向き合い、乗り越えていこうとする課題意識と切り結ばれた進路観を育てる「権利としてのキャリア教育」（児美川、２００７）が提供されなければならない。困窮家庭の子どもの進学保障の取り組みとして中学生のための学習支援が広がり、近年は高校生のための取り組みも要請されるようになってきているが、たんなる学歴獲得競争を下支えするだけの学習支援では社会的・経済的自立につながらない。この取り組みにおいても必要なのは、不利な社会経済的立場から自己を開放することにつながる学習である（中島、２０１６）。たんなる教科学習の補習ではなく、子どもや若者たちが自らの進路を切り拓く力量を育む権利としてのキャリア教育を含む学びにならなくてはならない。

今日の子ども・若者たちのキャリア形成（学校から社会への移行）の危機は、たんに職業的自立への困難だけでなく、仕事への移行の前提となる「社会的自立」をめぐる課題があることはすでに指摘した通りである。キャリア教育と社会的自立への学びは表裏一体の関係にある。キャリア教育として取り組まれる「働く体験」プログラムは、他者関係を学習する体験でもあり、「社会的自立」にむけたトレーニングでもある。ここでの働く体験の意味は、訓練などによって職業スキルなどを与えるという意味ではなく、他者と協同して働くことを通して、働ける自分や働く喜びを体験的に学習することにある。たとえば、筆者の団体が運営しているベーカリーでは、体験を通して、若者は他者関係（先輩や仲間）に支えられて仕事を覚えながら、自らの失った自己肯定感（自信や自尊心）や社会的機能などを回復している。*5

協働でものをつくるという体験は、職業社会に飛び立っていく希望と意欲を与える基礎的労働体験となる。こうした働く体験と切り結びながら、利潤追求の手段としての貧しい労働観を超えて、権利としての労働観を身につける学習も同時に追求される必要がある。そのためには、進路や職業についての情報や知識を得るキャリア・ガイダンス的な学習だけでなく、現代社会の産業構造やグローバル経済競争の中での階層化という厳しい現実についても知る必要がある。さらには、働く者の労働法や社会保障のしくみについての認識を深める「ふくらませた職業教育」（熊沢、２００６）を通して、現代の労働の実態について批判的に読み解くための社会認識力を身につけることが必要になるだろう。

とはいえ、やはりまだ直接的に就労する段階にない高校生の時期におけるキャリア教育は、本格的な職業教育というより労働の本質についての理解が中心になる。人間の生活に必要なモノやサービスをつくりだす労働体験は、共に働く人々との交流を通して、働くことの文化的意味や喜びを感じ取り、労働観の土台を形成する学習機会となる。とりわけ、社会参加や仕事への移行に不安を抱え立ちすくんでいる若者たちにとっては、このような「権利としてのキャリア教育」が、自らの課題と可能性の気づきの機会となり、今日の就労をめぐる厳しい現実に自ら立ち向かい、前へ進む意欲と希望を与えるものになるはずである。さらには、社会問題や地球的課題などと出会うことを通して、若者一人ひとりの中に問題意識が結ばれることができれば、生き方を支える進路観が醸成される。後期中等教育段階でのキャリア教育を経て就労コースを選択する若者もいれば、更なる専門コース（高等教育）へ進む若者もいるだろうが、すべての若者のアンダークラス化に歯止めをかける基盤を形成するはずである。

(2) 学校のキャリア教育と学校外の就労支援プログラムとの連携

キャリア教育の場は学校教育機関だけとは限らず、学校と学校外の若者支援機関や社会福祉サービス、労働市場などの多様な社会関係資源との連携で推進することが必要になる。オーストラリアに見られるように、学校教育と豊かな職業訓練機関がセクターを超えてつながりながら、10代後半の若者の学校から仕事への移行を支えるキャリア形成支援システムの構築が望まれる。高等学校へのアウトリーチによる支援サービスであるサポステの学校連携事業や、東京都の「自立支援チーム派遣事業」、民間団体が高校の中で実施する「居場所カフェ」などは、そうした課題に応えようとする試みである。[*6] 高校と若者の居場所（ユースセンター）との連携、サポステがコーディネートする仕事体験や職業訓練（講座）による学校のキャリア教育の補完などがさらに検討されてもよいだろう。

若者支援の現場では、パソコン講習やコミュニケーション・トレーニングなどの支援プログラムが多様に準備されているが、なかでも仕事現場での働く体験は若者のニーズも高く、キャリア教育的な学習プログラムをつくりだしている。軽作業やカフェやベーカリーなど自前の技能訓練プログラム（施設）を備えているところもあるが、受け入れ事業所や企業での仕事体験が一般的である。また、体験期間は数日の見学程度のものもあるが、なかには数か月に及ぶ本格的な体験もあり、職場のメンバーとして働くことを通して先輩から仕事だけでなく生き方までを学ぶインフォーマルな学習機会が生まれている。受け入れる職場（多くは中小企業）にとっても、自分たちの働き方の見直し機会となる。若者の働くことへの不安は、自分がモノのように使い捨てられるのではないかという怖れであり、若者の願いは競争的でないディーセントな働き方である。こうした若者からの視点を学ぶことで、体験を受け入れた職場も生き生きとした職場環境へと変革される契機が生まれる。支援機関からの同行支援スタッフに媒介されながら自らの体験を振り返り学びを深めるなど、そのような職場の人々との出会いや交流が若者の就労への希望と意欲を支える。*7 このように、若者支援の現場が開発してきた職場体験プログラムは、後期中等教育段階の若者のためのキャリア教育の機会をも提供するものとなっている。

通信制高校がリスクを抱えた若者のセーフティネットに必ずしもなりえていない実態についてはすでに述べたが、その一方では、技能教育施設と連携したり、フリースクールやサポート校（塾）など、学校外のノンフォーマル教育施設と連携しながら不登校体験生徒などの学び直しを支える通信制高校も存在する。わが国において、フリースクールは不登校の子どもや若者のための学習権保

図4　学校と学校外の連携によるキャリア形成支援（イメージ）

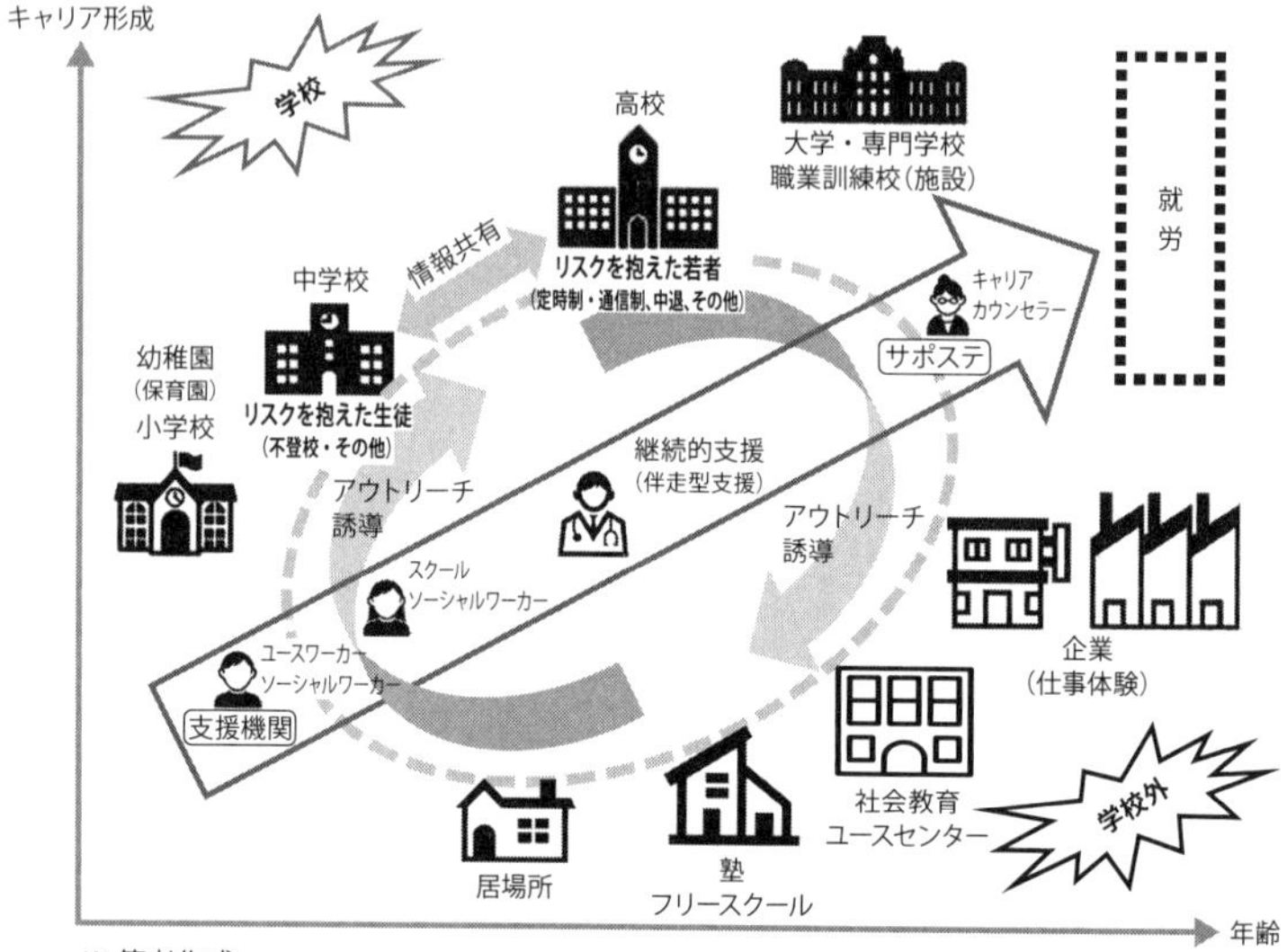

※ 筆者作成

障の場として様々な形態で運営されているが、おおむね子どもたちの自主性を大切にし自己決定やミーティングによる自治的な運営を通して、傷つけられた自己肯定感情の回復と対他者関係力量を育てることをめざす学校外の居場所である。近年、高校年齢にある若者を対象に通信制高校と連携しながら「学力保障」や「進路保障」を担い、さらには「就労支援」までつなげようとしているフリースクールも増加している。ノン・フォーマルな教育機関が、子どもや若者の居場所をつくり日々の学習と生活を支え、フォーマルな学校（一条校である高校）が教科カリキュラムの提供と評価・認定（卒業資格授与）の機関になっている実態は、そもそも学校とは何かという根源的な問いを投げかけている。とはいえ、通信制高校とフリースクールの連携によって、教育と福祉と労働が統合されたオルタナティブな後期中等教育プログラムが芽生えつつあることは確かである（阿久澤、２０１４）。子どもや若者の生きづらさへの対応から生まれたこうした取り組みの中に、後期中等教育における学習権保障と「権利としてのキャリア教育」の可能性を見ることができる。

リスクを抱えた若者が成人期への移行過程をくぐり抜けるためには、セーフティネットが必要になる。義務教育段階から次の段階へと切れ目なくつなげる継続的な支援システム、さらにはキャリア形成を支える学習機会を学校の内外に多様につくりだすことが課題になっている。

6　おわりに――10代の意見表明

若者たちは、居場所の交流・語り・学びを通して生まれる相互承認的な他者関係に支えられながら、自己肯定感情を回復し自己を再構成していく。負の体験に圧倒されひきこもっていた自分を救出し、自分の可能性に気づき、社会に向き合い歩みだしていく意欲と力量を獲得していく。

10代の若者たちの居場所のメンバー数人が通信制高校課程の単位取得を終え、次のステップに進むにあたって意見表明の会を自分たちで企画した。進路と受験、不登校、いじめ、家庭での虐待、そして性的マイノリティなど、重いテーマを当事者の若者たちが語った。彼ら彼女らを苦しめてきたのは世の中の「ふつう」への同調圧力、あるいは競争圧力であることを、それぞれが自らの体験を通して触れた。長い不登校体験を経て18歳になる女性は、「誰の人生も一緒じゃなくて、いろんな変化があって、失敗したりしながら人生は進むし、その間と間に学びがある。そこに出会いや経験があって、出会った人と自分の価値観を一面的に比較しなくても、そういう人もいるんだなって思うようになった」と、他者の生の尊重や他者と共に生きる喜びや、自分の生を自分で決めていく決意を語った。大学に進路が決まった男性は、生きづらさを克服するためには「多様性と共生」が可能になる条件が必要であるとし、たとえば学校に行かないのは自由だが、その選択を支えるために、居場所などの学習する場（権利）を保障すべきだと意見表明した。この若者たちは、居場所の狭い親密圏をベースキャンプにして次のステップに歩み出そうとしている。

武蔵野市では、10代の居場所を運営する筆者の所属する団体と行政が連携して、義務教育段階の不登校の子どものための居場所が新しく開設された。ひきこもる中学生を訪問（アウトリーチ）して、学習支援や進路相談に応じながらこの居場所にも誘導する。そして、高校生段階以後も10代の居場所活動にもつなげ支援関係を継続し、さらにはサポステの仕事体験プログラムを活用するなど、青年期を通して成人期への移行を支えるシステムの構築を目指している。

注

1　２０１８年の若年無業者総数は、15～39歳で71万人に上り高止まりしている。本格的な若者政策が開始されてほぼ15年が経過し、この間様々な支援サービスが生み出されてきたが、若者がそのサービスに十分にはアクセスできていない実態がある。全国１７７か所のサポステの２０１８年実績における新規登録者数は１万６２７１人であり、捕捉率が71万人のわずか約2・3％にすぎない。

2 コネクションズは、すべての若者を対象としたことや、パーソナルアドバイザーに多様な専門性が要求されたことなどから、その後の政府の政策転換によって国政レベルの取り組みとしては２０１０年に撤退することとなった。しかし、コネクションズの時に構築された情報把握システムＣＣＩＳｓは、現在も運用され、各地方自治体の判断の下で実施されている。

3 正規の教育コースからドロップアウトした若者たちをコースに戻すための補完的な教育機関。土木、塗装、調理、情報技術、保育、福祉、デザインなど、さらに音楽など文化活動も含めたおよそ10分野において、地域からの依頼・注文を受けて生産活動に従事し、報酬も得ながら進路選択していく職業訓練機関。在学期間は3か月から1年で、次への移行が決まれば卒業という柔軟な仕組み（大串隆吉「学校中退者、無業の若者を支えるデンマーク生産学校」『協同の発見』（２０９）２００９。佐藤洋作「学校から仕事への移行を支える」『すべての若者が生きられる未来を――家族・教育・仕事からの排除に抗して』岩波書店、２０１５）。

4 職業的自立の遷延化によって、若者の成人期への移行のメルクマールとしてシチズンシップへの関心が高まっている。しかし、日本の教育改革論議の中ではシチズンシップの政治的側面が軽視され、社会的道徳的責任や共同体への奉仕（ボランティア）が強調される傾向が強い（小玉重夫『シチズンシップの教育思想』白澤社、２００３）。

5 筆者の団体が運営する「風のすみか」というパン工房は、不登校やひきこもり経験者が働く中間的就労の場。小麦なども若者たちが生産するなど、オーガニックなパンとして地元の保育園の給食などにも提供する。地域で喜ばれるパン屋のスタッフメンバーの一員であることは若者の働く誇りにもなり、自信回復にもつながる。

6 「サポステ学校連携事業」（２０１３年～）は、サポステが高校との連携により学校を訪問してキャリアカウンセリングなどを行い、ニート化未然防止および職業的自立の促進を図る事業。「都立高校「自立支援チーム」派遣事業」（２０１６年～）も、同趣旨で教育委員会からソーシャルワーカーが派遣される事業。「居場所カフェ」は高校内で教職員ではなく外部のボランティアが運営し、飲み物を手渡したり、一緒にゲームをしたり生徒と緩やかに関係を築く空間。

7 東京中小企業家同友会の経営者と若者支援機関が共同で立ち上げた「わかもの就労ネットワーク」（２０１７年～）は、

若者が自らに合った仕事に出会い、就労に向かう支援をするＮＰＯ団体。若者のニーズに応えながら、受け入れ企業自身が働き方を見直すことで働き方改革を展望しようとしている。https://wakamono-work.net/

参考文献

阿久澤麻里子（２０１４）「後期中等教育における学習権保障の場としての通信制高校 ―― 社会的条件不利とともに学ぶ生徒を支える私学4校の取り組み」大阪市立大学人権問題研究センター編『人権問題研究』(14)

井上慧真（２０１９）『若者支援の日英比較 ―― 社会関係資本の観点から』晃洋書房

國枝幸徳（２０１９）「高校生として教育を受ける権利」教育研究全国集会報告

熊沢誠（２００６）『若者が働くとき ―― 「使い捨てられ」も「燃えつき」もせず』ミネルヴァ書房

児美川孝一郎（２００７）『権利としてのキャリア教育』明石書店

児美川孝一郎（２００８）「オーストラリアにおける若者の「学校から仕事への移行」支援の現状と課題（１）」『生涯学習とキャリアデザイン』法政大学キャリアデザイン学会紀要（５）

児美川孝一郎（２０１３）『キャリア教育のウソ』ちくまプリマー新書

佐藤洋作（２０１７）「若者を居場所から仕事の世界へ導く社会教育的支援アプローチ」日本社会教育学会編『子ども・若者支援と社会教育』東洋館出版社

塩崎正（２０１７）「コネクションズ・サービスの撤退とバーミンガム市の対応 ―― 日本における若者支援策への示唆に焦点を当てて」『東京未来大学研究紀要』(12)

塩崎正（２０１７）「困難を抱える若者の生涯学習支援システム構築の考察 ―― 学校教育終了期における取組みの日英比較を通して」『早稲田大学院教育学研究科紀要』別冊24（２）

青少年育成推進本部（２０１３）「青少年育成施策大綱」

谷口仁史（２０１５）「アウトリーチと重層的なネットワークで ―― ＮＰＯ法人スチューデント・サポート・フェイスがとりくむ子ども・若者の自立支援」『部落解放』（７１３）

内閣府（２００７）「ユースアドバイザー養成プログラム」
内閣府（２００８）情報誌『子どもと若者』（２）
中島哲彦（２０１６）「学習支援と貧困からの自己解放」『教育』（８４１）
橋本健二（２０１８）『新・日本の階級社会』講談社現代新書
宮本みち子（２０１５）「移行期の若者たちのいま」『すべての若者が生きられる未来を――家族・教育・仕事からの排除に抗して』岩波書店
宮本みち子（２００６）「スウェーデンの若者政策――社会参画政策を中心に」小杉礼子、堀有喜衣編『キャリア教育と就業支援――フリーター・ニート対策の国際比較』勁草書房
吉川実希（２０１７）「デンマークの若者支援施策についての研究」『筑波大学キャリア教育学研究』（２）
Report from the Prime Minister's Youth Pathways Action Plan Taskforce zool, Australia.

コラム1

福祉サービスの器からあふれて、サポステに流入する若者たち

白水崇真子

地域若者サポートステーション（以下サポステ）の来所者は、この1年で大きく変化したように思う。３年前のデータから相談者の入所経路を見ると、本人か親族によるアクセスが72％、ＨＷなど就労機関の紹介が24％、大学誘導が４％であった。つまり福祉からの誘導は稀だったのである。しかし今や、「単なる就労支援」では継続就労が困難なケースが急増している。たとえば、虐待家庭に育った10～30代、ＤＶで母子シェルターに入った若年母、発達障害支援機関３～５か所一通り回った結果たどり着く20～30代、保護観察中だが保護司以外の就労支援を希望する少年たち、障がい者の就労移行や継続事業所に通ったが一般就労に就きたい10～30代などである。その他、生保受給世帯の若者、多重債務に陥り即金仕事を探す若者、身体的暴力はともなわないものの夫や親に支配・搾取される30～40代女性などである。彼らの３～４割は福祉機関に紹介・同伴されて来所する。医療機関の医師や心理士、ＳＷの紹介、定時制・通信制高校や専門学校からの相談や問い合わせも増えている。

かつて、サポステのコアユーザーは「仕事に就きたいが経験や自信がなく、求人票提供だけでは就活が難しい」というニーズの若者であった。２０２０年前後、上記のような複雑な困難を抱えた

人、以前なら福祉領域でサポートが完結していたはずの人たちが、まるで福祉の器からあふれ出すように労働管轄のサポステにまで支援を求めてくる「逆流現象」が起こっている。とはいえ、相談者を福祉と労働という縦割りの論理で切り捨てれば、「ここでも欲しいサービスは受けられない」と再び社会漂流してしまう。福祉や教育現場からの紹介や連携依頼が増加する背景は、本来なら福祉制度を利用したほうが安定的に働ける人が、不況で強まる不安や自己責任論のプレッシャーで一般就労に駆り立てられ、福祉の支援に乗れないからではないだろうか。そういった意味で、福祉色のない「一般就労支援」を掲げるサポステは、最もハードルが低く利用・流入しやすい機関だと思われる。

また、最近増加し特に気になるのは、虐待やヤングケアラー状態で育った若者たちだ。一見すると就労に何ら課題がないように見える。それは見えなくさせられ、ＳＯＳを発信できない社会の結果とも言える。ここには貧困と格差が大きく関わっている。彼・彼女らは「就労経験はあるが転職回数が多い。次こそは継続就労したい」と言い、履歴書を見ると短期間繰り返し働いており、就職だけなら可能な人たちだ。だが継続就労できない背景には、生い立ちから来る愛着問題を軸に、自尊感情喪失、他者との信頼関係を結びにくい、二次障がい的な心身症などの困難を抱える人が少なくない。成長発達の時期に保護者の養護を受けられず、社会保障も権利意識も学べないまま必死に生き「なんとかなってきた」と看過され放置された人たちである。特に女性たちはその最たる被害者だ。家父長制の文化のまま、自立する力を持たされず搾取や暴力のトラウマを抱えることになる。放置される中で孤立し、長期化するほど未来への希望をなくしてエネルギーを奪われていく。私は定時制高校の就労支援員としても活動しているが、15、16歳の少女たちの困窮と困難さを目にする度、憤りと無力さを禁じ得ない。そして、今年から開始されたサポステ+《プラス》と銘打った40代（超氷河期世代）支援窓口にも、長い支配と搾取の結果40代を迎えた女性たちが訪れるようになった。

　不可視化された深刻な困難を抱える人たちの支援には、教育・福祉・労働から成る包括的アセスメント力・連携力・継続支援力が必要になる。そして、長年キャリア支援に携わった立場として、相談者の生きる希望となり得る、具体的な〝仕事〟をまずは示したい。そして、仕事と社会保障制度を組み合わせ、安心でサスティナブルな生き方・働き方を相談者と共に模索・創造していく。コロナ禍で広がる格差社会の中、若者たちの状況は厳しく、支援初動で命や未来を左右すると感じることが増えた。〝仕事〟だけでも、利用条件のある〝福祉制度〟だけでも救えない。今後、施策者も支援者も分野を超えた視点と連携力がますます求められると思う。

コラム2

コロナ禍の中で若者に何が起こったのか

濵政宏司

新型コロナウイルス感染症が拡大し始めた時期に若者に何が起こったのかを記録にとどめておくことは意味のあることだと思う。そこで、自治体の生活困窮者支援、就労支援、若者支援（高校生年代以上対象）、消費者相談に関わる中でみえてきた若者の変化について述べたい。

コロナ禍のニュースが連日報道されはじめた段階で、まず聞こえてきたのが、ひきこもり状態の若者の中で外出を始めた当事者がいるという話題であった。これは、マスクをしていても目立たない、あるいは、感染しても構わないというネガティブな動機によるものであったが、外出欲求があることは確認できた。また、面談の代替手段としてZOOMを活用したところ、これまで電話相談のみ可能であった相談者とオンライン面談が可能となったケースがあった。周囲の目を気にしなくてもよい時間や場所の工夫、オンラインの活用など、支援機関にとっては、ひきこもりの相談・支援の手法について見直す機会となった。

次に学校休業がはじまると、若者支援総合相談窓口の新規相談が減少した。これは、大学や高校に登校する必要がなくなり、学校に行かない、行けないという保護者や本人の悩み、親子間の葛藤が一時的に緩和された結果であると推測している。しかし、この間、学校現場でオンライン授業、教材の電子化や映像化等の様々な取り組みが進んだことにより、不登校の生徒であってもオンライン授業に参加できたという報告もあった。今後、学校に登校できなくてもオンライン授業への参加、欠席した授業の録画や電子教材による学習が可能となれば、学習の遅れの防止や高校の中退予防につながる可能性がある。

その後、緊急事態宣言が発令され、飲食やサービス業等の休業が始まると、若者から金銭にかかわる相談が増え始めた。学費や生活費に関するものだけではなく、インターネットの副業サイトによる詐欺被害の相談もあった。アルバイト先がなくなった学生が、少しでも収入を得ようとサイトに登録し準備のための費用を支払ったものの、仕事を回してもらえないというものである。さらに新聞報道によれば、特殊詐欺の受け子として高校生が摘発されており、コロナ禍の影響は、犯罪加害者をも生み出す結果となっている。

また、ある自治体における生活困窮者自立支援法に基づく住居確保給付金の申請状況をみると、就職氷河期世代の単身者からの申請が全体の約2割を占めた。そのほとんどが、非正規雇用で普段からギリギリの生活であったと思われる。就職氷河期世代と言えば、これまで何度も時代の波に翻弄され続け、今回も2019年に国が就職氷河期世代支援プログラムをとりまとめ、3年間の集中的な支援に取り組むことを決定したタイミングでのコロナ禍であった。

本来、住居確保給付金受給者は熱心に求職活動を行い、就労支援を受ける必要があるが、現在は、コロナ禍の影響により要件が緩和されており、本人から「自分で活動するので支援は不要だ」と言われてしまうと支援機関は積極的なかかわりが困難となる。就職氷河期世代は、これまでの経験に基づく不信感によるものなのか、支援を希望しないケースも多い。しかし、この機会を無駄にすることなく、就労支援につなげる工夫が我々支援機関には求められている。

移住支援を行っている会社によれば、コロナ禍以降、問い合わせが急増し、就労や宿泊体験ができるプログラムは常にキャンセル待ちの状態になった。また、都市部での仕事を一定程度確保しリモート業務を行いながら、地方で暮らしたいと考える若者からの問い合わせも多かった。

コロナ禍をきっかけに学び方や働き方、そして生き方の選択肢が広がった事は事実であり、自治体そして相談支援機関自身が、これまでの価値観や常識にとらわれることなく支援の幅を広げるとともに、その手法についても再検討・再構築することが求められているのではないだろうか。

第4章　若者施策としての就労支援

西岡正次

要旨

若者の就労保障について、就労支援という切り口から検討したい。就労支援の背景として、個々のキャリアイメージや就労の目標形成を阻む雇用の仕組みや慣行、キャリアの模索・検討から錬成期に対応する求職者支援機能の欠如、またこの時期を支える所得保障給付の問題、細分化する社会サービスとその付随的な就労支援について整理する。就労困難者ではなく求職準備者という対象像を設定し、キャリアや就労を見通す当事者の希望や意思を起点に就労支援をとらえ直す。拡散する既存の活動や事業や空洞化する求職者支援機能が、求職準備段階にある不安定な就業者・求職者・無業者等のニーズに向き合えない現状を踏まえ、生活困窮者自立支援法や特定求職者支援法のほか、若者支援等に対応する自治体を軸に就労支援のあり方を検討する。

1　はじめに

雇用の仕組みや慣行をめぐる不全感はますます広がり、特に若者は雇用だけでなくめざす職業やキャリアを見通すことがかつてなく困難になっている。雇用対策の充実や就労支援の強化が叫ばれて久しいが、未だ見通しが立たない。そこで就労支援とは何か。各地の支援現場を見てきた立場から何を強化すべきかを考えてみたい。就労支援を「変化する雇用の仕組みや慣行の中で[*1]、めざす就労・職業（労働権）やキャリア（権）[*2]の実現に向けて何らかの援助を要する対象者に対して行う一連の相談支援であり、多様な当事者が関係する取組みである」と定義して進めることとする。

就労支援の活動や事業を振り返ると、大きく二つの流れがある。一つは、生活保護等の所得保障給付や障害福祉等の社会サービスの中で実施されてきた。雇用や就労支援を重視してきた障害福祉分野もあるが、多くは対象別課題別に提供される主たるサービスに付随した取組みとして発展してきた。このタイプの支援を態様別就労支援[*3]と呼ぶことにする。もう一つは、教育訓練や職業紹介等の雇用保険制度をベースに提供される支援[*4]で、雇用市場に参加する求職者（失業者）・就業者に対して行われる。

90年代以降の就労支援を概観すると、二つの流れはそれぞれが依拠する法制や政策、事業の領域を守りながら、連携を模索してきた。態様別就労支援はニーズが拡大し、政策的にも強化が要請されてきたが、その活動や事業は雇用の仕組みや慣行を前提にした「就職支援」「就活支援」を超えることはなく、履歴書の書き方や面接対策などが付加的に工夫されるが、「雇用（求人）につなぐ」

ことを優先するものであった。両者の連携は「福祉から雇用へ」「福祉と雇用の一体的推進」等と強調されることもあったが、福祉等のサービスを現場で担う自治体は「雇用の仕組みや慣行、雇用対策への安易な依存」から脱することはなかった。一方、雇用保険制度をベースにした支援は非正規雇用の拡大や「ワーキングプア」などに対応する形で特定求職者支援法[*5]や若者雇用促進法[*6]、地域若者サポートステーション事業などに取り組むが、態様別就労支援とりわけ自治体との連携はお題目に終始した。二つの流れは独立した取組みに固執してきたと言える。

2　改めて就労支援の背景を問う

自治体や地域という単位で就労支援をとらえ直すため、就業・雇用の動向のほか所得保障給付や社会サービスの利用といった側面から支援対象を整理してみたい。

(1) 就業・雇用の動向と就労支援

大阪市を例に就業・雇用データをみると、総人口269万1185人のうち15歳以上人口は235万1496人で、その内訳は労働力人口118万7973人と非労働力人口73万4921人、労働力状態不詳42万8602人である（図1、表1、平成27年度国勢調査）。労働力人口のうち非正規雇用や失業の数値、そして非労働力人口では「通学・家事いずれもしていない層」に注目してほしい。派遣労働者やパート・アルバイト等の非正規雇用は30万5728人、雇用者81万6293人に占める割合は37・4％（全国平均は37・5％）である。非労働力人口には学生や専業主婦、高齢者が含まれるが、「通学・家事いずれもしていない」区分には「無業者」「孤立無業（SNEP）」[*7]と呼ばれる層が含まれる。就業者のうち完全失業者（①）と派遣労働者やパート・アルバイト等の非正規雇用者（③）に、非労働力人口のうち通勤・通学・家事のいずれもしていない人（②）を加えた数値は72万7921人となり、大阪市の15歳以上人口の31・0％を占めている。

非正規雇用の割合（全国平均）は2004年以降、雇用全体の30％台という高い数字で推移し、2019年（令和元年）に38・3％となり、その中で15歳〜44歳の割合は41・8％と高止まりの状態にある。そして、非正規雇用の増加は若年層を中心に所得格差を引き起こしている。その賃金は、正規雇用が年功的な生活給で定期昇給や賞与もあるのに対して、職務給で最低賃金を基準に勤続年数が長くても昇給はほとんどなく、安定した収入とはなっていない。しかも、非正規雇用の多くはかつての家計補助型ではなく家計主体的な雇用者である。

非正規雇用の形態は多様化が進んでいる。①雇用契約の期間（無期・有期）、②就業時間（フルタイム・短時間）、③直接雇用か間接雇用か、④「正規の職員・従業員」という呼称か否かという四つの区分で雇用形態は分類できるが、直接雇用か間接雇用かの区分③を除く三つの区分で八つの形態を整理したものが図2である。狭義の正社員・正規雇用は無期・フルタイム・正社員という形態である。狭義の非正規雇用は有期・短時間・非正社員という形態で臨時雇や日雇が典型である。その間には無期・短時間・正社員という形態に多いパート職や有期・フルタイム・非正社員に該当する専門職など、様々な広義の非正規雇用が存在する。

図 1　大阪市の労働力人口等（筆者作成）

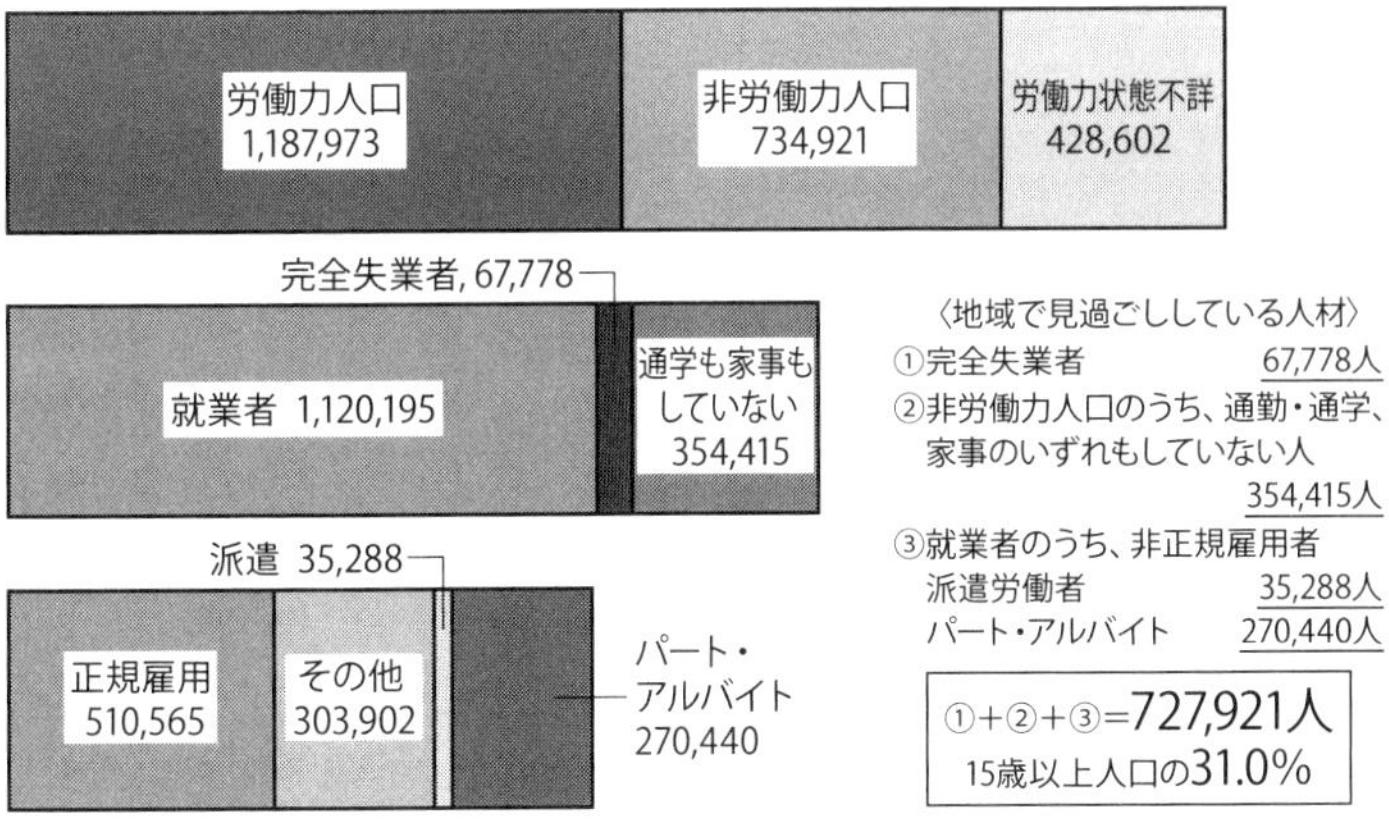

表 1　大阪市の労働力人口等（筆者作成）

		全体	15 ～ 64 歳				65 歳以上
				15 ～ 34 歳	35 ～ 49 歳	50 ～ 64 歳	
人口（15 歳以上）		2,351,496	1,682,798	611,956	601,364	469,478	668,698
完全失業者（a）		67,778	61,482	22,181	21,949	17,352	6,296
非労働力人口のうち、通勤も通学もしていない（b）		354,415	51,790	8,118	12,169	31,503	302,625
非正規雇用者	派遣労働者（c）	35,288	33,073	10,850	15,300	6,923	2,215
	パート・アルバイト（d）	270,440	228,111	70,037	78,787	79,287	42,329
問題を抱える危険性の高い人（a+b+c+d）		727,921	374,456	111,186	128,205	135,065	353,465
人口に占める割合		31.0	22.3	18.2	21.3	28.8	52.9

図2　求職者・求職準備者と就労支援（筆者作成）

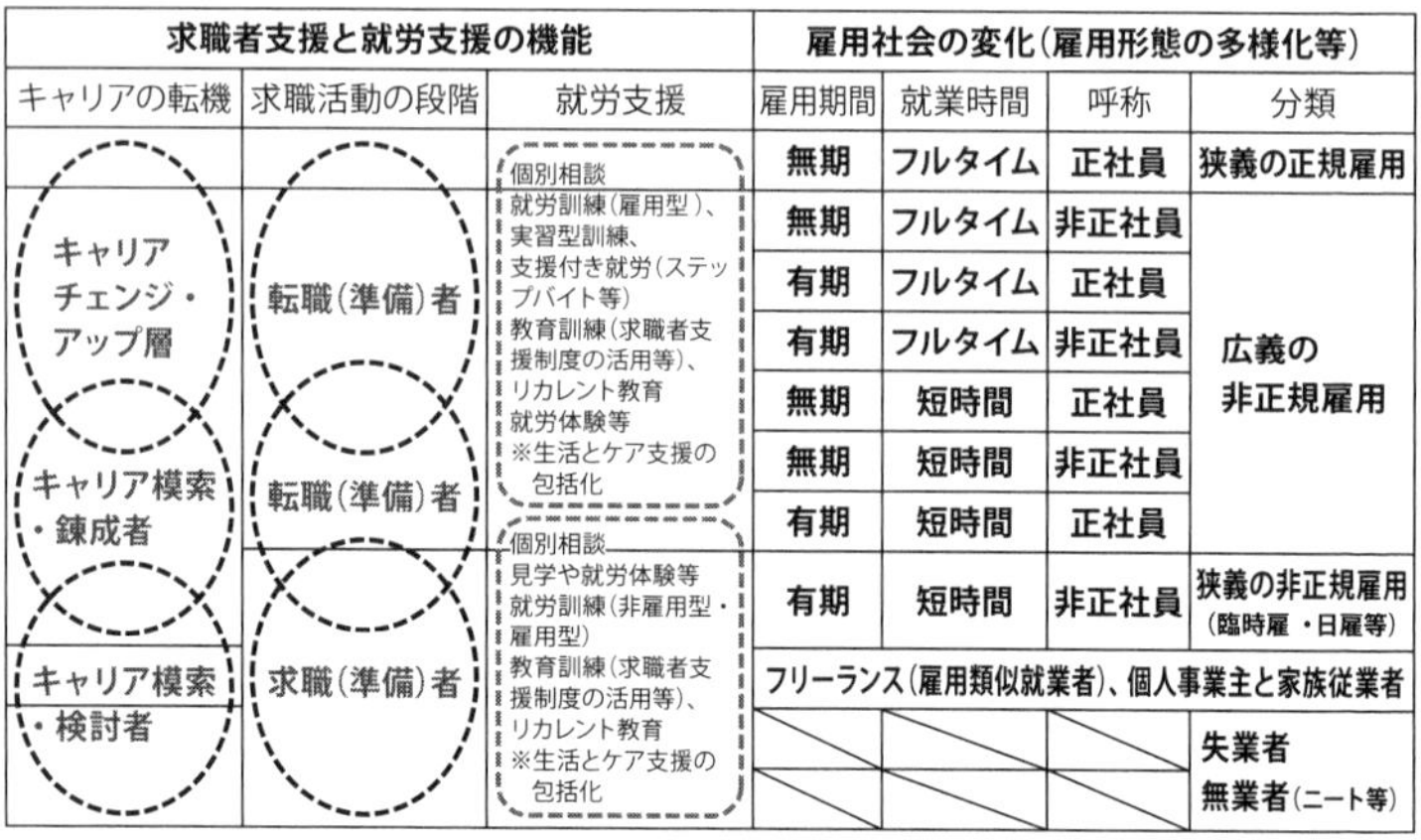

求職者支援と就労支援の機能			雇用社会の変化（雇用形態の多様化等）			
キャリアの転機	求職活動の段階	就労支援	雇用期間	就業時間	呼称	分類
キャリアチェンジ・アップ層	転職（準備）者	個別相談／就労訓練（雇用型）、実習型訓練、支援付き就労（ステップバイト等）／教育訓練（求職者支援制度の活用等）、リカレント教育／就労体験等　※生活とケア支援の包括化	無期	フルタイム	正社員	狭義の正規雇用
			無期	フルタイム	非正社員	広義の非正規雇用
			有期	フルタイム	正社員	
キャリア模索・錬成者	転職（準備）者		有期	フルタイム	非正社員	
			無期	短時間	正社員	
		個別相談／見学や就労体験等／就労訓練（非雇用型・雇用型）／教育訓練（求職者支援制度の活用等）、リカレント教育　※生活とケア支援の包括化	無期	短時間	非正社員	
			有期	短時間	正社員	
キャリア模索・検討者	求職（準備）者		有期	短時間	非正社員	狭義の非正規雇用（臨時雇・日雇等）
			フリーランス（雇用類似就業者）、個人事業主と家族従業者			
						失業者
						無業者（ニート等）

これら形態間の移行・移動に関する実証分析をみると、非正規雇用がキャリア形成の「踏み石」となるか、それとも不安定雇用の「入り口」となるかについて示唆が得られている。たとえば、「専門的技能の有無や2~5年という比較的長期の就業経験が同一企業での移行と処遇改善につながる」「学歴が高いほど移動しやすい」「国際比較によってわが国は主に同一企業内で移行が行われる」「非正規雇用の勤続年数が長いほど正規雇用への確率が低下する」「女性の場合、企業の教育訓練等が転職による正規雇用化を促進する」などである。*8 支援の現場においても、短期アルバイトに従事し教育訓練等を利用しながら次の就労を準備するといった移行ケースはよく見られる。また、生活困窮者自立支援制度で登場した訓練と就労を組み合わせた就労訓練事業*9（雇用型）などはこうした移行を積極的に位置づけたものである。

　雇用保険の役割は失業時の所得保障だけでなく、

失業の予防・雇用機会の増大・労働者の能力開発などの積極的雇用政策をあわせて行うもので、非正規雇用の対策も進められてきた。雇用保険適用の拡大（雇用保険法）のほか、賃金等の「不合理な待遇の禁止」（改正パート労働法）や有期から無期への転換ルール（労働契約法）等があり、就労支援に直接かかわる求職者支援としては、キャリアコンサルティングの推奨、日本版デュアルシステムの試行から実践型人材養成システムの検討を経て、実習併用職業訓練（職業能力開発促進法）、そして特定求職者支援制度による求職者支援訓練では企業実習と一体となった職業訓練や学び直しの支援などが工夫されてきた。[*10] 職業能力形成と実践型教育を一体で進めるジョブ・カードのほか、キャリア段位制度やキャリアパスポートなどでは職業能力の見える化が試みられ、最近では日本版Ｏ－ＮＥＴという職業情報の活用がスタートしている。これら雇用保険制度をベースにした支援は原則、被保険者に限定されているため、非正規雇用に届いているとは言えない。

非正規雇用の状態は、職業に就き実際に就労しているが生活可能な所得が得られない、あるいはキャリアの見通しがない等の理由で現在の就業状況の変更を希望している状態であり、無業の状態は失業や非正規雇用の状態の結果として、就労の希望を抱きつつも労働の意思や労働の能力を失ってしまった状態であり、就労支援を必要としている求職準備者と呼ぶことができる。彼らは雇用保険制度が想定する失業者（求職者）ではないため、その支援が利用できない「半失業」[*11]の状態にある求職準備者とも言える。

図3　支援対象を捉える（筆者作成）

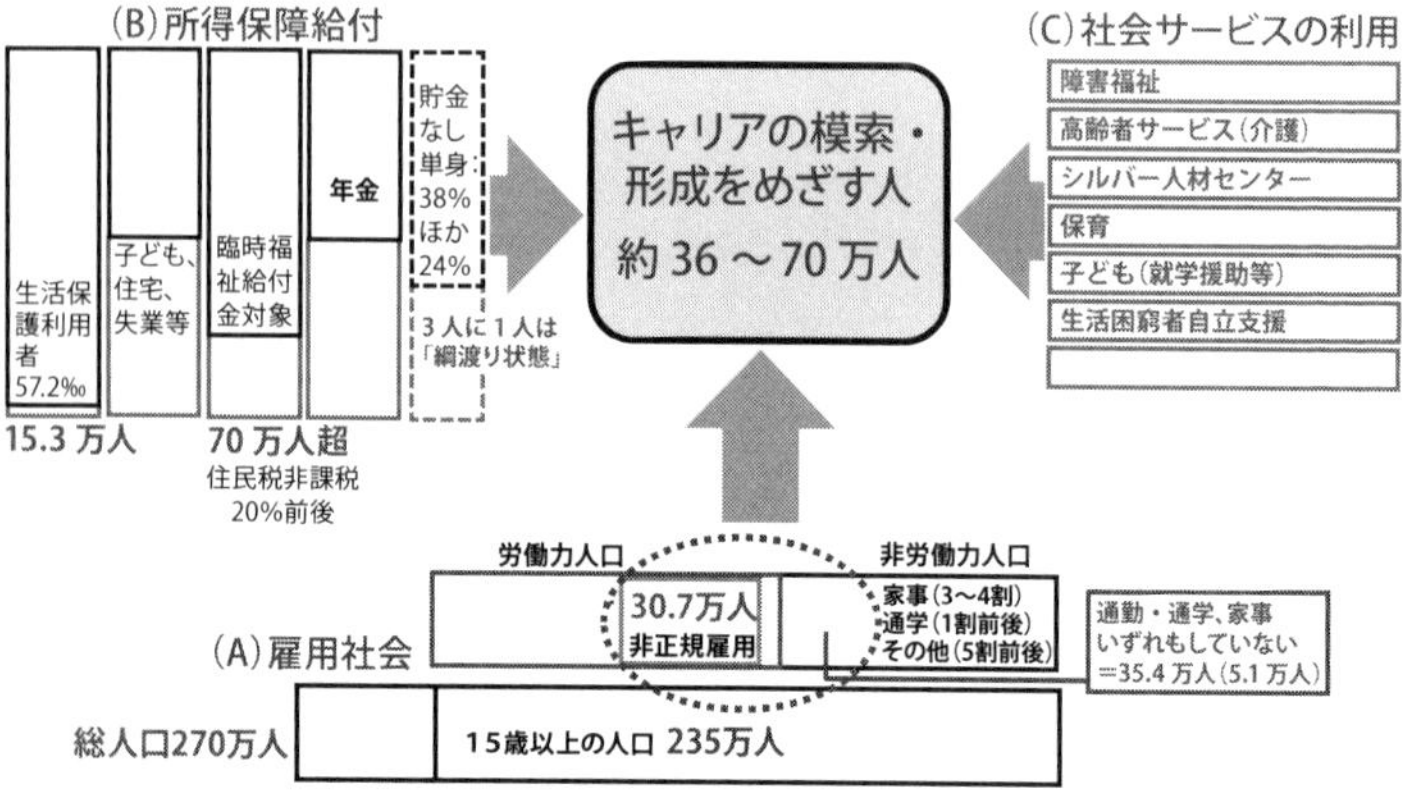

（2）所得保障と就労支援の対象

所得保障に関する都市データとしてまず思い浮かぶのは、生活保護や社会手当の利用状況であろう。代替的な所得保障として生活保護や年金等が一般的である（図3）が、大阪市の生活保護利用者は14万7327人（2015年平均）、保護率54・7‰である。全国の保護率17・0‰（利用者216万3685人）に比べかなり高いが、生活保護は捕捉率を考慮して理解する必要がある。国の資料では、所得が保護基準以下の低所得世帯数に対する生活保護利用世帯数は22・6%、資産（貯蓄が保護基準の1か月未満で住宅ローンなし）も考慮した場合で43・3%と、生活保護の利用は低く抑えられている。

一方、補完的な所得保障ともいえる給付が緊急対策だが登場している。たとえば、住民税非課税を基準に給付された臨時福祉給付金[*12]などのほか、コロナ禍の緊急対策として話題になった「臨時生活支援給付金」も同じように検討されたが、結果は一律給付の「特別定額給付金」となったことは記憶に新しい。低い勤労所得を補う給付だけでなく、子育てや就学、居住といった特別の支出ニーズを補完する所得保障など、所得保障のあり方は、ベーシックインカムや給付付き税額控除等といった給付も含め世界的に話題になっている。

ここでは臨時福祉給付金のデータに注目する。大阪市の同給付金の予算額（２０１７年度）から推計すると、同市には少なくとも70万人超（課税者ベース）の対象者が存在する。15歳以上人口に占める割合は２９・８％である。臨時福祉給付金の対象には生活保護や児童扶養手当の利用者は含まれないため、年金等に依存する高齢層と低所得の就業層ということになる。「（日本は）就業者のいる世帯においても貧困層に属する世帯が多い」[*13]とＯＥＣＤレポートが指摘したように、「就業者が雇用による収入によって経済的に自活できる」という前提は崩れてしまっている。

雇用保険による所得保障給付は完全失業の状態を対象に支給されるほか、職業に就いているが労災・傷病・障害によって就労できていない、あるいは育児や介護等によって就労できていない状態が対象である。非正規雇用の多くや無業の状態は雇用保険の対象にはなっていない。さらに、健康保険や年金などの社会保険の対象からも排除されているため、若年から壮年期に不安定な非正規雇用のまま被用者年金の被保険者とされない場合、老後の生活の安定を脅かす結果につながってしまう。健康保険の被保険者とされない期間は、私傷病による休職期間中の傷病手当や妊娠・出産・育児による出産手当などが利用できないことになる。[*14]

(3) 社会サービスの利用と就労支援

保育や教育、保健医療や介護、福祉などの多様なサービスは、私たちの日常生活に身近な存在であろう。たとえば、大阪市の障害福祉サービスでは手帳所持者数は身体障がい(13万6421人)、知的障がい(2万2725人)、精神障がい(2万7731人)で、精神障がいの数値は3年前に比べ19%増と最も伸びている。子育てでは、就学前児童(0~5歳)12万7317人(2014年)の居場所は、保育所入所4万6150人(36・2%)、幼稚園入園2万8544人(22・4%)、在宅等5万2623人(41・3%)である。子どもの貧困をめぐっては、小学5年生・中学2年生のいる世帯の相対的貧困率(貧困線119万円/年)は15・2%、5歳児のいる世帯は11・8%となっている。高齢者は66万9000人(2017年)、高齢化率25・3%。うち「一人暮らし世帯」は37・9%で全国平均22・5%を大きく上回っている。高齢者の就業は16万2000人(23・2%)で10年前に比べ3万3000人増えている。介護保険では、要介護認定者数は17万1000人(第1号被保険者認定率26・3%)で、介護サービスをはじめ高齢者向けサービス[*15]は増加傾向である。

社会サービスは一定の状態や基準に基づいて提供されるため、対象は年代や課題ごとに業務や担当部署が分かれている。社会サービスの利用が直接、めざす就労やキャリア形成につながるわけではないが、利用者は就労の課題を併せて持っていることが多い。そのため、就労支援の活動や事業は当該サービスに付随する形で工夫されてきた。障害福祉サービスの中で蓄積されてきた就労支援、生活保護利用者の就労支援のほか、ひとり親や女性、高齢者、若者、ひきこもり、出所者等、在住外国人など、対象ごとに専門的サービスに付随する形で就労支援が広がってきた。障害者総合支援法や障害者雇用促進法などの独自の支援法制が整備されている分野から、求人や訓練等の情報提供といった支援まで、内容は雑多で体系的に整理されていない。

多様化する社会サービスでは、利用者が拡大するとともに、就労支援ニーズも高くなっている。「個別積上げ方式による働きづらさを抱える者の推計[*16]（日本財団）」は、障害者やフリーター、引きこもり、ホームレス等の23の属性別に就労支援ニーズを推計している。高齢者（65～69歳）を加えた対象総数２４６４万人のうち無業者１０２０万人、その中で就業増加期待数は４４７万人としている。

以上、三つの区分による都市データから就労支援の対象をみたが、めざす就労やキャリアの準備段階にある求職準備者が拡大し、所得保障給付や社会サービスを利用しながら就労を準備する層が潜在的にも増大している。そこに浮かび上がる求職準備者の姿は、①無業状態で求職活動には至っていないが就労への希望を抱く「キャリアの模索・検討者」、②離職・転職等の転機に直面する「キャリアの模索・検討者」、非正規雇用に従事しながら目標とするキャリアをめざす「キャリアの模索・錬成者」、③転職を通じてキャリアチェンジをめざす「キャリアの錬成者」など様々である。新卒採用市場の渦中で「採用後の仕事がイメージできない仕組みはこわい」と悩む学生、未だキャリアをスタートできない「就職氷河期世代」の若者、定年後のセカンドキャリアの入口で改めて職業や職務（ジョブ）の選考で悩むシニアなど、わが国の雇用の仕組みと慣行が生み出す求職準備者の典型的な姿であろう。

3　就労支援を理解し直す

　筆者は、かつて自治体職員として2006年から2014年まで雇用・労働担当部署に所属し、当時自治体の仕事としては珍しく態様横断的な就労支援に従事した。[*17] その後、2015年から大阪地域職業訓練センター（Aワーク創造館）に移り、生活困窮者自立支援制度をはじめ若者支援やシニア支援、障がい者支援などに関わり、就労支援あるいは産業振興や地方創生等における人材や労働力問題などに対応してきた。その経験から、就労支援の現状とその施策の考え方について整理してみたい。

（1）増大する求職準備者の就労支援

　「貧困層に属する就業者が多い」というわが国では、所得保障給付や福祉等の社会サービスを利用しながら就労あるいは就労継続を図り、キャリア形成をめざす者への支援が注目されてきた。しかし、就労支援のニーズは無業状態でキャリアを模索する者や、非正規雇用を繰り返しながらキャリアを模索・錬成する者、40歳代の早期退職・希望退職を契機にキャリアチェンジに直面する者、定年後のセカンドキャリアを模索するシニアといった求職準備者に広がっている。コロナ禍の影響が深刻化する中で、2008年秋のリーマン・ショック後の社会を思い起こす人も多いだろう。当時、派遣切りや雇止めなどの形で、不安定な求職準備者のリスクが一気に顕在化した。政府は緊急雇用創出事業（公的就労事業）をはじめ、住宅手当緊急措置事業（厚生労働省。その後住居確保給付金として制度化）や緊急人材育成支援事業（基金訓練、訓練・生活支援給付金。後に特定求職者支援法に）を含む一連の緊急対策を実施した。そのねらいは、仕事（雇用）づくりと就労支援を組み合わせた求職準備者の支援であった。

若者支援の分野では、「若者自立・挑戦プラン」（2003年）を契機に始まっていた「ジョブカフェ」や「地域若者サポートステーション」の取組みにおいても、求職準備者としての若者支援が意識されはじめていた。雇用対策では特定求職者支援制度が創設され[*18]、社会保障分野では新たな個別支援を志向した「パーソナル・サポートサービス・モデル事業」（内閣府）の展開を経て、「生活困窮者自立支援制度」が生まれた。同制度は「（相談者が抱える）多様で重複した困難や課題を包括的に受け止め」継続的な個別支援を打ち出し、既存の社会サービスや所得保障給付に関わる相談支援を「つなぐ」、さらに不足するサービスや支援は「つくる」といった意欲的な制度運営をめざすものであった。特定求職者支援制度と生活困窮者自立支援制度は、合わせて「第二のセーフティネット」と呼ばれ、態様横断的で包括的な求職準備者支援、そして就労やキャリア形成に関わる新たな支援の展開を予感した人も多いだろう。その後の経緯は未だ改革の途上にあり、求職準備者の典型である就職氷河期世代の支援は始まったところである[*19]。

（2）就労支援の模索 ── 生活困窮者自立支援や地域若者サポートステーション

生活困窮者自立支援制度（以下、生活困窮制度）や地域若者サポートステーション事業（以下、サポステ事業）の登場は、従来の就労支援を見直す契機[*20]になった。とくに生活困窮制度は、自治体を実施主体に設定し、態様横断的に支援対象を捉える制度設計がなされ、就労準備支援や中間的就労による支援、無料職業紹介の活用、定着支援などが推奨された。

制度の運営をみると、相談者へのインテークを経て二つの方向に分けられる。求人に向けて活動できる状態であるかどうか、すなわち病気や障害、子育てあるいは意欲などの就労阻害要因に注目した状態像が判断される。そして、①一般就労をめざす支援を利用する「就労支援対象者」と、②直ちに一般就労をめざすのではなく「就労準備支援や就労訓練等の支援を利用する者」に区分され、支援が継続される。前者では、従来型の「雇用（求人）につなぐ」支援としてハローワークへの同行などが行われる。後者では、課題とされる状態像の改善や解決を企図した日常生活自立や社会生活自立、就労自立といった名目の支援が推奨された。状態像の変容にこだわったためか、職業やキャリア形成にかかわる求職者支援機能は軽視されることになった。就労支援は、またもや従来の付随的な活動・事業になってしまった[*21]。制度の主旨を捉えて、相談者のキャリア形成や就労の目標にこだわった就労準備段階の支援を重視する自治体や、協力企業の開拓や仕事の職務分析を踏まえた就労体験などに取り組む自治体、就労訓練事業（雇用型）の推進や無料職業紹介の活用に力を入れる自治体なども出ているが、まだ少数である。とはいえ職業安定法の規制緩和によって、自治体は無料職業紹介を活用しやすくなったほか、早期離職の問題に対応して、就労後の「定着支援」や就労継続支援の重要性が国から通知されるなど、企業との関係づくりが話題になるようになった。

さらに、就労支援とは何か、従来の付随的な就労支援を問い直す論点が明らかになってきた。たとえば、①「求人につなぐ」だけの支援では、継続した就労やキャリア形成にはつながらないという反省を踏まえ、改めて②個別の相談支援を重視する活動が見直され、就労支援員やキャリアカウンセリング等の相談員が配置されるようになった。③就労準備段階の支援として独自の教育訓練が工夫されはじめた。なかでも、④職業の興味や価値観、性格スキル等の自己理解を促す検査、自己有用感を高める居場所や就労体験などが工夫されたほか、⑤キャリアイメージを探る啓発的体験として就労体験や支援付き就労が展開されたほか、「働き（稼ぎ）ながら、次を準備する」支援メニューとして中間的就労も工夫された。また、⑥スキルや興味等のアンマッチや早期離職のリスクを減らそうと就労体験や支援付き就労が促進され、協力企業群の組織化も課題となってきた。⑦キャリアアップやキャリアチェンジをめざす求職準備者向けに、短期の雇用と適職相談や教育訓練を組み合わせた「働きながら、学ぶ（準備する）」支援も工夫されている。⑧個別相談や就労準備段階の支援と一体となった職業紹介、特に自治体による無料職業紹介の活用[*22]が注目されるようになった。

就労支援は、個別相談に始まり就労準備段階の支援、就労体験や教育訓練等を通じた就労とキャリアの模索段階の支援、求職活動から職業紹介を経て採用後の定着支援、さらにキャリアの錬成期に対応した教育訓練や転職支援までの一連の活動や事業として理解できるようになった。また、支援の包括化という意味では「福祉や医療等の社会サービスを利用しながら、働く・準備する」支援や、所得保障給付が十分ではない状況では就労訓練事業（雇用型）等を利用した「働き（稼ぎ）ながら、学ぶ・準備する」支援が注目されはじめている。

（3）めざす職業やキャリアにこだわった就労支援 ── 自治体の無料職業紹介事業

「支援の甲斐あって就職できた。定着できるように相談者を継続して支援したい」という相談支援員の訴えをきっかけに、筆者は自治体による無料職業紹介事業を始めた。相談者がハローワーク等の仕組みを利用した場合、求人者である企業から支援（者）機関の姿や役割は認知されることがなく、採用後のフォローアップが難しい。そのための職業紹介の権能を取得し、支援機関自らが企業と関係を築く仕組みをつくった。そして、求職者の紹介だけでなく職場見学や就労体験、短期の支援付き雇用など、企業との関係は広がった。その結果、「面接・履歴書に頼らない」求職活動支援が可能になった。相談者、受入れ企業、支援者の三者が合意して進める見学や就労体験はお互いを評価するプロセスやとして機能することになった。相談者は、体験を通して職業興味や大事にしたい価値観（性格スキルを含む）[*23]、技能等について理解を深めるほか、企業も従来の書類審査や面接だけでは見逃していた多様な人材、必要な労働力を明確にする意味に気づく。就労支援の取組みは、個々の支援を通じて企業の採用や人事管理にも影響する側面があり、企業への支援が就労支援の効果をさらに拡大することになる。

「働くことが就労の意欲や技能を育む」と言われるように、サポステ事業や生活困窮制度の取組みの中でも、企業等と連携し就労準備段階からキャリア初期の支援に工夫を凝らしてきたが、それらは従来の態様別就労支援や雇用保険制度をベースにした支援が避けてきた課題を明らかにしたと言える。

（4）キャリアの模索・検討段階の求職準備者と企業、支援者の「三者間の交渉・調整」

一般的な就職活動は、求人者（企業）が発信する求人情報を頼りに、求職者が求人情報を選び企業と交渉・調整して（通常、履歴書と面接という手段が使われる）、就職を実現する「二者間の交渉・調整」の活動である。求人者・求職者の需給を仲立ちし調整しているのが、ハローワークや人材サービス企業だ。一方、就労支援では、求職準備者が個別相談を踏まえて、めざすキャリアイメージや就労の目標を探りながら職場見学や就労体験、就労訓練等の利用、さらに求人への応募などの行動を起こしていく。それぞれの段階で相談者本人と支援者（自治体等）、受入れ（雇用）企業の「三者による交渉・調整」（図4）が行われる。相談者の希望や目標、技能等と、企業側の希望や仕事、体制等がすり合わされ、お互いに理解・評価するプロセスが工夫される。さらに、採用から定着の段階においても三者の調整関係は一定の期間続くことになる。企業が働き始めた相談者を理解しようと支援機関に何度も連絡してくる経験をした支援者は、三者の交渉・調整の役割を実感するという。そして、ここから企業支援につながっていく契機も見出せる。

求職準備者のキャリア形成をみると、パート・アルバイト等の求人、いわゆる転職・中途採用の労働市場[*24]でキャリアを（再）スタートさせるチャンスをつかみ、限定された

図4　相談者・企業等・支援者三者の関係

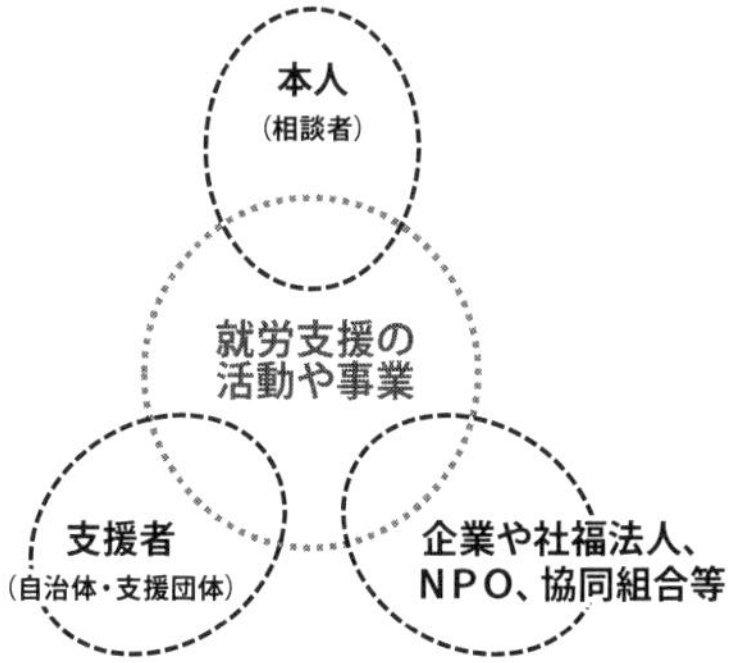

職務に従事しながら経験を重ね、同一企業内あるいは転職によってキャリアの模索・形成の道筋を辿る。しかし、わが国では外部労働市場が未整備であるほか、メンバーシップ型の雇用システム[*25]が浸透する企業では従事する職務について、採用の場面あるいは採用後に具体的に交渉・調整されることはなく、必要な教育訓練が労使間で協議されることも少ない。求職準備者が就労から就労継続へと順調に進む上で企業と協働した「三者による交渉・調整」を通じた支援が問われている。

(5) 変化する仕事とキャリアを理解し行動する指針となる職業情報の整備

わが国の雇用システムは、職務を限定せずに一括して雇用契約する、主に正規雇用に適用される「メンバーシップ型」として普及・定着してきた。労働者は特定の職務にのみ熟練するのではなく、企業内の様々な職務を経験し熟練していくことを要求される。「企業の中の労働をその種類ごとに職務（ジョブ）として切り出し、その各職務に対応する形で労働者を採用し、その定められた労働に従事させる」他の先進国が採用するジョブ型雇用システムとは異なっている。[*26]

言い換えれば、職務の切出しや定義が必要とされてこなかったため、求職準備者が適職を見極めたり求人を選考する場面や、求人への応募等の段階で参照する職業情報が少なく、さらに採用後に従事する職務を事前に判断する情報が整っていない。求職準備者は学校教育や就労支援を通してキャリアに関わる自己理解や職業理解を深め適職をめざし能力開発を行うが、その時に参照できるのは求人情報や企業紹介の類である。雇用条件や職務全般を解説したものや典型的な職務の紹介などが多い。採用され従事する仕事や職場が決まるときに、具体的な職務の情報に接することになる。

ジョブ型雇用システムでは職務分析やジョブの定義が慣行となっているが、わが国ではジョブをベースにした採用や人事管理の慣行は未だ普及していない。既存の求人情報や就職メカニズムの下で、求職準備者が職業の目標を見通したり仕事や環境の特徴を見極めようとすると不安にならざるを得ない。早期離職の多発をはじめ、「いじめ」や「職場のハラスメント」に関わる個別労働紛争の増加、職場のメンタルヘルス問題などはその二次的な問題事象であろう。

かつて、ジョブ・カード制度は求職準備者を対象とした取組みとして期待されたが、実施体制から自治体を外したことで、支援対象を見失うとともに継続した支援機能の整備には至らなかった。[*27]同制度は、有期実習訓練と定着支援あるいは転職支援を組み合わせた就労支援と、そのフィールドとなる地域企業や協力企業群の組織化という難しい課題への挑戦であったが、実施体制は従来の雇用保険事業や職業能力開発の枠組みの中で整備された。

一方、生活困窮制度も就労準備段階の支援機能の強化を目論んだが、想定通りに進んでいない。[*28]就労支援員やキャリアコンサルタント等の専門的な人材配置や相談技術の問題だけではなさそうだ。「三者の交渉・調整」を有効にする情報、職務（ジョブ）をベースにした職業情報とその活用ガイド等の不足が大きく影響している。具体的な職務（ジョブ）の定義や環境等の分析を踏まえた職業情報や独自の求人等が整備されていない状況では、相談支援は一般的な職業講和や経験談の域に留まり、安易に既製求人に頼った支援になってしまう。

企業との関係づくりも模索が続いている。「求人を取ってくる」段階[*29]から求人に含まれる職務や作業、就業条件等に関する交渉・調整を行う「求人のアレンジ」を経て、職場見学や就労体験、就労訓練事業等の協力企業の開拓、さらに体験等で従事する職務や作業を分解し、作業特性や問われる遂行能力、職場コミュニケーション等の環境要因などを調整する活動も現れつつある。職務や職場環境等の内容や特徴を言語化し、シートとして整備する団体もあるが、まだ少数である。かつてハローワークでは「一人一社の適格紹介」の原則の下、求職者の支援とともに企業との関係づくりが重視され、職務分析によって具体的な職業情報が整備されていたというが、改めて丁寧な求職者支援機能の復活に期待したい。[*30]

(6) 求職者支援機能の空洞化――「問題志向」と「解決志向」

態様横断的就労支援はなぜ進まないのか。生活困窮制度によって全国900余の自治体に相談拠点が整備され就労準備支援などが打ち出されたが、増大する求職準備者に対する支援の効果は上がっていない。原因の一つは相談者と支援者の関係性にもあるようだ。就労を含む包括的な相談支援を打ち出した同制度は福祉等の社会サービスを調整するため、インテークではまず困難な状態や原因等から支援の必要性を判断する、いわゆる「問題志向の相談支援」といわれる援助関係がとられる。一方、就労をめぐる困難な状況や態様は様々で、影響する問題や原因、いわゆる就労阻害要因も探せばいろいろ考えられる。普段、私たちは問題が起こった時、何かうまくいかないことに出会うと「何が問題だろう?」「なぜこうなったのか?」「何がいけなかったのか?」と問題に注目し原因やダメなところを探すのとよく似ている。問題や原因を聞き取り理解することはもちろん、一連の相談支援、特に必要な社会サービスの認定、あるいは就労等に向けた具体的な行動に移る段階でその対処方法等を用意することは欠かせない。しかし、就労の相談支援では問題や原因を追究したり阻害要因に注目したりするだけでは、解決の方向を見出すことは難しい。

就労支援では「解決志向」という援助関係が問われる。相談者と支援者の関係はめざす就労やキャリアイメージ、そしてそこに至る具体的な目標・ゴールを話し合い一緒に探り発見する援助過程となる。相談者が思い描くイメージや「どう変わったらいいのか」の一歩となる変化や行動を紡ぎだす相談技術と、それを可能にする就労準備支援や教育訓練などの求職者支援機能が欠かせない。[*31]

生活困窮制度は就労支援の機能強化を打ち出したが、援助過程の特性や求職者支援機能への踏込み不足で態様別就労支援の限界を引きずってしまった。たとえば、国は同制度を推進するために地域福祉サービスの供給等を定める地域福祉計画の中で自治体の役割や活動を規定することとしたが、その結果は就労支援を福祉サービスに付随する活動に閉じ込めてしまい、変化する仕事やキャリアに寄り添う継続的な個別支援が迫られてきた態様別就労支援の改革をも遅らせることになった。

4　若者支援と就労支援――求職準備者支援の基盤づくりから

雇用保険制度をベースにした支援において求職者支援機能は整備されているかに見えるが、現状は増大する多様な求職準備者に向き合って効果的な支援を提供するには至っていない。また、既存の特定求職者支援の事業は民間教育訓練機関に発注される場合が多く、多様なニーズをもつ求職準備者の発見だけでなく、そのニーズに対応した包括的な相談や柔軟な教育訓練の組立て、実習等に関わる企業の組織化は手つかずの課題になっている。一方、求職準備者に接する機会が多い態様別就労支援の現場、主に自治体や支援団体の現場には、求職者支援のノウハウや経験等が決定的に不足している。わが国の就労支援における求職者支援機能は空洞化した状況にあるといえる。

若者の就労保障もこうした状況と無縁ではない。加えて、若者を対象にした社会サービス自体も対象別課題別に提供されており、その活動や事業はさらに分散し関与する関係機関や団体も多様である。就労支援の活動や事業は、内容に濃淡はあるが総じて付随的であると言える。また自治体をみると、若者支援に関わる部署は学校教育等における進路支援を除くと就労支援の経験も浅く、保健医療や福祉、労働などの社会サービスとの連携も弱いといった事情がある。キャリアをスタートさせる段階にある若者の状況を考えれば、改めて求職者支援機能の整備や自治体や地域をベースにした態様横断的な支援の仕組みや活動が問われている。そこで、最後に自治体が若者支援における就労支援を推進する場合の課題を考えてみたい。

まず、包括的で継続した個別相談支援の仕組みや活動であろう。キャリアの模索・形成を支える指針やビジョンを話し合い、紡ぎだす相談支援である。なかでも、経験や適性の理解を促進する適職診断や職業情報の活用、メンタルヘルス等を含む包括的支援などは欠かせない。

二つ目に、就労準備段階の支援である。就労体験や就労訓練、支援付き短期雇用のほか「学び直し」や教育訓練が様々な支援団体が共通の資源として利用できるようにしたい。

三つ目に、相談者と支援（者）団体と企業の三者の交渉・調整を可能にする活動や事業である。特に働く現場や働き方が大きく変わろうとしているとき、企業との関係づくりは特に重要である。

四つ目に、職業情報の開発と活用が急がれる。すでに企業や企業団体と連携した体験等の活用は広がりつつあるが、その言語化や見える化と、相談支援に活用できる情報に仕立てることが問われている。

五つ目に協力企業群の形成である。個別支援にかかわるネットワークは従来から話題になっているが、企業群というネットワークそのものを目的とした取組みが問われている。

これら仕組みや機能の整備には次のようなステップが考えられる。求職準備者の典型である若者に関係する部署は多く、支援団体の活動も多様に広がっている。それらを一次相談とすると、まずその段階で適職相談のほか就労準備段階の教育訓練や就労体験、就労訓練などの支援情報を利用した相談支援を分担し、次のステップを案内することを可能にしたい。そのためには、関係部署や地域活動において、キャリアの模索・形成に寄り添うという観点にたって若者のニーズを聞取り理解する相談技術やそのサポートが欠かせない。さらに「働きながら、学ぶ・準備する」支援を進めるために、機動的な教育訓練等の提供や協力企業の組織化などを進めたい。「社会サービスを利用しながら、学ぶ・働く」支援には、専門支援機関の連携が欠かせない。発達障害やメンタルヘルス等に関わる相談支援と就労支援の連携や、企業による在職者を含む人材開発と就労支援の連携は相乗効果が期待される。様々な支援団体の持ち味を活かす協働の仕組みや公的事業の受発注の手続きなども、重要な改革課題となる。

雇用保険制度による特定求職者支援等を利用する場合、そのスキームに対応した地域の実施体制等を工夫する必要があるが、一方で自治体による職業訓練と職場実習を組み合わせた支援を可能にする特定求職者支援制度の改革や、自治体がジョブ・カード制度を活用した有期実習訓練を展開するなどの方策も考えたい。以上の取組みだけでも関係する部署や機関、団体との交渉や調整など、プロジェクトの企画から実施までを想定すると、かなり複雑な事務事業の遂行とガバナンスが問われる。すでに「就職氷河期世代支援に関する行動計画２０１９」（２０１９年12月）は地域のプラットフォームを核とした新たな連携を打ち出しているが、自治体は独自の求職者支援計画を含む就労支援の改革方針で応える時期に来ているのではないか。

注

1　就労支援の現場では、フリーランスといった雇用類似の働き方も含めて支援することが多い。

2　働く人が自分の意欲と能力に応じて希望する仕事を選択し職業生活を通じて幸福を追求する権利と言われている。諏訪康雄（２０１７）『雇用政策とキャリア権 ―― キャリア法学への模索』弘文堂。

3　所得保障給付や社会サービスに付随した就労支援の活動や事業の総称。主な支援はハローワーク等との連携による求職活動支援である。

4　主に被保険者を対象とする雇用保険制度をベースにした支援も、所得保障給付に付随した支援や福祉等の社会サービスに付随した支援と同様に、態様別支援の側面を持っている。

5　２０１１年11月施行。雇用保険を受給できない求職者に対して職業訓練の受講と一定の要件を満たした場合、所得保障給付（職業訓練講座受講給付金）を行う。実施体制に自治体が入っていないため、広く求職準備者のニーズをとらえ支援できていない。

6　青少年の雇用促進を規定。１９７０年施行の勤労青少年福祉法が２０１５年10月に改正され、現代名の若者雇用促進法となった。

7　新しいタイプの未婚無業者。玄田有史（2013）『孤立無業（SNEP）』日本経済新聞出版社。

8　玄田有史（2008）「内部労働市場下位層としての非正規」『経済研究』（59-4）、一橋大学経済研究所。同（2008）「前職が非正社員だった離職者の正社員への移行について」『日本労働研究雑誌』（580）。同（2009）「正社員になった非正社員」『日本労働研究雑誌』（586）。同（2017）「労働契約・雇用管理の多様化」川口大司『日本の労働市場』有斐閣。同「呼称から契約へ ―― 多様化する労働市場」『Business Labor Trend』2018年1～2月号。鶴光太郎（2011）「非正規雇用問題解決のための鳥観図」同『非正規雇用改革 ―― 日本の働き方をいかに変えるか』日本評論社。奥平寛子ほか「派遣労働は正社員への踏み石か、それとも不安定雇用への入り口か」同上所収。佐藤博樹（2004）「若年者の新しいキャリアとしての「未経験者歓迎」求人と「正社員登用」機会」『日本労働研究雑誌』（534）。島貫智行（2011）「非正社員活用の多様化と均衡待遇」『日本労働研究雑誌』（607）。四方理人（2011）「非正規雇用は「行き止まりか」」『日本労働研究雑誌』（608）。西村孝史（2008）「就業形態の多様化と企業内労働市場の変容」『日本労働研究雑誌』（571）。労働政策研究・研修機構（2013）「雇用の多様化の編成〈その3〉」『労働政策研究報告書』（161）。

9　同法により就労訓練事業所（雇用型・非雇用型）を認定。相談者が支援プランに基づき訓練付き就労を従事するもので、中間的就労による支援と呼ばれる。

10　これら事業には、教育訓練給付や職業訓練受講給付金（求職者支援法）などの政策的給付があるのも特徴である。

11　矢野昌浩（2013）「半失業と労働法」根本到ほか編『労働法と現代法の理論』（上）、日本評論社。

12　消費税引き上げによる低所得者への影響を緩和するための所得保障給付。2014年から4年度間実施された。

13　OECD（2010）『格差は拡大しているか ―― OECD加盟国における所得分布と貧困』小島克久ほか訳、明石書店。

14　労働政策研究・研修機構（2013）「雇用の多様化の編成〈その3〉」『労働政策研究報告書』（161）。

15　介護予防、さらに地域包括支援でも参加支援や就労支援がテーマとなっている。

16　日本財団WORK！DIVERSITYプロジェクト2019年度「経済・財政・社会保障収支・労働需給バランス」

17 『検討部会報告書』2020年3月。
18 西岡正次（2017）「就労支援は地域政策になるか」五石敬路ほか編『生活困窮者支援で社会を変える』法律文化社。
19 前掲5参照。
20 「就職氷河期世代支援に関する行動計画2019」が2019年12月に公表され、都道府県プラットフォームの設置のほか自治体による取組みを強化する方向が打ち出された。自治体は既存事業との整合や担当部署の位置づけなどをめぐって迷走状態に陥るが、コロナ禍の緊急対策が重なり取組みは一時休止状態になる。
21 特定求職者支援制度は雇用保険による支援が利用できない層に支援対象の拡大を指向した。
22 厚生労働省「就労準備支援事業の手引き」。
23 A´ワーク創造館『自治体の就労支援の進め方と「無料職業紹介事業の活用」手引き』2018年3月
24 鶴光太郎（2016）「性格スキルの向上」『人材覚醒経済』日本経済新聞出版社。性格スキルはキャリア初期の就労継続に影響する。その自己理解や評価を助ける適職診断やキャリアカウンセリング等の活用、また企業の採用や人事管理におけるセルフキャリアドック等に関係している。
25 内部労働市場は企業内部にあるとされる労働市場。労働者は企業内で能力や経験を積み、昇進や配置転換を繰り返す。外部労働市場は一般的な労働市場で、正社員やアルバイト・パート等の需給調整が行われる。求職者にとっては転職市場。
26 「内部労働市場中心の法政策にあっては、（中略）企業内配転で職務は不安定でも雇用が安定していればいいのだから、職務分析などは必要なかった」濱口桂一郎（2018）『日本の労働法政策』労働政策研究・研修機構、136ページ。
27 濱口桂一郎（2011）『日本の雇用と労働法』日本経済新聞出版社。
28 ジョブ・カード制度は2008年4月から実施された。正社員経験が少ない人を対象に職務経歴や訓練の経験などをジョブ・カードにまとめ、企業における実習と教育訓練機関における学習を組み合わせた職業訓練によりキャリア形成を支援する。
2015～2018年度の支援実績をみると、新規相談件数は22万7000件から23万8000件、うちプラン作成は5万6000件から7万8000件、就労支援対象者は2万9000人から3万4000人、就労準備支援事業の利用は

１８０３人から４０８２人、就労訓練事業の利用は１６１人から４８８人という推移で、就労準備段階の支援はほとんど進んでいない。就労支援の魅力がないためか新規相談件数も漸増である。

29　無料職業紹介事業の活用。前掲注22参照。

30　濱口桂一郎（２０１２）「雇用ミスマッチと法政策」『日本労働研究雑誌』（６２６）。

31　A´ワーク創造館『就労準備支援や就労訓練等を利用した相談支援の進め方 ―― 手引き』２０１９年３月。丸谷浩介（２０１５）『求職者支援と社会保障』法律文化社。

第5章　アンダークラスを支える

——弱者の技法としての静岡方式

津富宏

要旨

NPO法人青少年就労支援ネットワーク静岡は、静岡方式という、相互扶助の地域づくりによる就労支援を行っている。静岡方式は、個別の若者の就労支援から出発した（第一世代の静岡方式）が、コミュニティ・オーガナイジングの影響を受けつつ、生活困窮者の就労支援に取り組み始めた（第二世代の静岡方式）。本章では、静岡方式の発展の歩みに沿って、静岡方式が、どのような理念に基づき、地域の編み直し（リ・オーガナイズ）を進めているか、ついで、静岡方式が、どのようにアンダークラスの人々を支えているかを述べる。静岡方式は、弱者である私たちが、相互扶助の地域を創り出すための技法である。

アンダークラスの若者を誰がどのように支えるのか。宮本（第一章）が示しているように、グローバル化、ポスト工業化、新自由主義化が進展する社会では、国家、企業、家族による支えが弱体化し、とりわけ、雇用の劣化によって、アンダークラスの若者が困難に陥っている。静岡での取り組みは、国家、企業、家族ではない第四のよりどころとして「地域」を位置づけ、これを足がかりにして、若者のライフチャンスを高めようという取り組みである。

本章が対象とする、NPO法人青少年就労支援ネットワーク静岡は、筆者が代表を務める団体である（津富宏、NPO法人青少年就労支援ネットワーク静岡、2011；2017）。2002年にボランティア組織として発足し、2004年にNPO法人化した。現在、地域若者サポートステーション事業、生活困窮者自立支援事業、子ども若者支援相談窓口事業などを受託しつつも、ボランティア団体としてのアイデンティティを維持している。この団体が、若者支援から出発しつつ、発足して9年目から、生活困窮者の支援に取り組み始めたのも、この間の若者のアンダークラスの進行を反映している。

1　地域を編み直す——コミュニティ・オーガナイジングとの出会い

今の日本社会を構成する三つの社会制度（国家、市場（企業）、家族）は、人々をうまく支えられず、アンダークラスの若者を生み出すこととなっている。このような状況において、就労支援は、市場（企業）から排除された人々を再度、市場に結び付ける取り組みである。

しかしながら、就労支援の隘路のひとつは、支援が、地域における雇用市場における回転ドアを回すことにしかならず、アンダークラスの若者がその立場から脱出できないことである。回転ドアを通って一回向こう側に行った（つまり、仕事に就く）としても、就労支援の結果、就くことができる仕事も、非正規労働が一般的であり、ディーセントワークとは言えない。その結果、職場に定着できず、再び、回転ドアのこちら側に戻ってきてしまう。

こうした状況を変えていくには、個別に就労支援を行うだけではなく、地域全般の雇用のありようを変え、地域の「包摂力」を上げていくことが必要である。このような問題意識を持っていたときに知ったのが、アメリカのワーカーセンターによる移民労働者の支援活動（遠藤ほか、２０１２）である。移民労働者は、最低賃金を割って雇用されることも多い、アメリカの典型的なアンダークラスである。ワーカーセンターについて学ぶうち、山崎（２０１４）を読み、支援団体の運動の方法としてコミュニティ・オーガナイジングに出会った（cf. Bolton, 2017）。

同書には、アメリカのコミュニティ・オーガナイジングスクールである、ミッドウェストアカデミー（http://www.midwestacademy.com/）が紹介されており、私は、２０１５年夏、同アカデミーのコースに参加し、ソウル・アリンスキーに源流を持つ、コミュニティ・オーガナイジングの方法について学ぶことができた。その根本には、立場が異なっても、相手の利害に沿って、ＹＥＳと言ってもらうことは可能であるという考え方がある。多様な立場にあるボランティアの参加を前提とする、青少年就労支援ネットワーク静岡にとって、この考え方を学んだことは大きかった。

この研修では、老朽化した住宅の入居者をオーガナイズして家主と交渉する活動や、産廃施設を抱える貧しい山間地域の人々をオーガナイズして規制を勝ち取ろうとする活動、刑務所を出所した人々の権利回復のための活動など、社会的に排除されている様々な人々をオーガナイズする活動を行っている人々と出会い、弱者連帯の力を感じることができた。アンダークラスであっても連帯すれば、社会正義を実現することができるというのが、コミュニティ・オーガナイジングのメッセージである。

2 静岡方式とは

静岡方式とは、NPO法人青少年就労支援ネットワーク静岡の基本となる就労支援の方式である。静岡方式は、個別支援を中心とする第一世代から、コミュニティ・オーガナイジングを取り入れ、地域づくりを中心とする第二世代に進化してきた。

第一世代の静岡方式

第一世代の静岡方式は、保護司による支援がモデルで、一対一の支援－被支援関係を基本とし、支援者同士がネットワークを組むというものである。一人ひとりの支援者が、それぞれに若者を担当し、個別支援のために、毛細血管のように広げたインフォーマルなネットワークを通じて、本人を社会資源につないでいく。この時点では、対象として、明示的に、アンダークラスの若者を意識したものではなかったが、対象とする若者や保護者には金銭的に余裕がないだろうという議論がな

表1　静岡方式の特徴

①	場（居場所）をもたない 地域を居場所と考える
②	ゴールに一直線 直ちに職探しをして、できる範囲の就労体験を始める
③	人は働けるという信念をもつ 支援を前置することで、働き始めることを妨げない
④	相談は禁止する 行動（経験）を通じてのみ、人は変わる

され、私たちは、本人や保護者から対価を求めない、純粋な無償のボランティア活動をすることとした。

静岡方式の特徴は、伴走型支援を中心とし、場（居場所）を持たないことを基本としたことである。居場所を持たない理由は、居場所を持つことで、若者の足を止めさせてしまうこと（いわゆる、滞留させてしまうこと）を恐れるからである。居場所という言葉を使うなら、静岡方式にとっては、地域こそ居場所である。

居場所に代わり、静岡方式では「ゴールに一直線」を強調する。ゴールとは実際に仕事が行われる場であり、支援にあたっては、余計なステップ／障害物を設けずに、ダイレクトに職場へと伴走する。ただし、直ちにフルタイムの就労を目指すわけではなく、実際に人につながり、できる範囲の就労体験を始めることを重視する。「ゴールに一直線」を強調する背景には、「若者は働ける」というポジティブな信念がある。すなわち、静岡方式は、自己成就的予言の実現を意図する。また、静岡方式では「相談禁止」を掲げてきた。変容は、行動を通じて得た「手ごたえ」を通じてのみ起きるという信念の現れである。

２００５年ごろ、静岡方式は、精神障がい者の就労支援手法であるＩＰＳ（Individual Placement and Support）（Becker et al., 2001）に出会う。ＩＰＳの根本理念はストレングスモデルである。ストレングスとは、他者との比較による優位という意味での「つよみ」ではない。ストレングスのコア概念は「好み」（preferences）である。つまり、ＩＰＳは、本人を支援の客体として長所を診断するのではなく、本人を主体として本人の好みに基づいて支援を展開する。同様に、静岡方式の伴走型支援では、あくまで、本人が「主」、支援者が「従」であり、本人の好きなこと、好きなもの、好きな人に導かれて伴走を行う。

一方、ＩＰＳと静岡方式の最大の違いは、担い手の違いである。ＩＰＳは支援専門職が担い、静岡方式は一般市民が担う。静岡方式は、本人に寄り添う専門性を、特定の専門職が独占することを許さない。このように、静岡方式は地域に根差す。地域は、支援者と被支援者が混ざり合い、助け合いを形成する場である。静岡方式は、専門職が「アウトリーチ」する方式と比べて、地域の人々が自ら支援に参加することでアンダークラスの若者に出会える確率を高める仕掛けでもある。

第一世代から第二世代の静岡方式へ

本人を「主」、支援者を「従」とする伴走型支援は、支援‐被支援関係という権力性の問題をのりこえるために意図されたものであるが、支援者と被支援者という役割がある限り、この関係の解体は道半ばである。そこで、静岡方式では、ある時点で働けていない人を「被支援者」を固定するのではなく、地域という場における人生という道行きを支援－被支援という立場を入れ替えながら歩く「仲間」として捉え、「相互扶助」をめざすこととした。

こうして、第二世代の静岡方式は、地域の自己組織化を課題とするようになり、「地域を編み直す」という表現を用いるようになった。支援者－被支援者にこだわらず、人々の関係性を地域という編み物として編みあげていくというイメージである。このイメージは、日々の活動が社会関係資本の創造につながることを表現している。

第二世代の静岡方式の発展は、私たちが、生活困窮者の支援にかかわりだした時期と重なっている。この進化により、年齢的にも、階層的にも、より多様な状況に置かれた人々（たとえば、シングルマザー、ホームレス、年長のひきこもりなどの方々）に出会えるようになり、地域全体をとらえることが可能となった。生活困窮の背景にある社会的孤立の問題と向き合い始めた結果、関係性の形成にシフトしたともいえる。若者支援について言えば、貧困や虐待などを抱えた家庭で育ち、離家をせざるを得ない若者など、アンダークラスの若者に出会うことも多くなった。たとえば、このような若者である。

25歳男性：発達障がいがある。幼いころ両親が離婚。父親に引き取られるが、父親はギャンブルにのめりこみ、暴力を振るう。学校へ行くことができず、就職もままならず人間関係を構築することができないまま成人。サポーター（50代女性、会社員）から多くのサポーター仲間を紹介され、幅広い人達と話すことができるようになり自尊心が回復。現在は生活保護を受けつつ、サポーター（30代男性、ＩＴ関連企業社員）にＩＴ技術を学ぶ。会話をすることでコミュニケーション能力を向上させ、ＩＴ関係の仕事につきたいと話し企業の面接を受ける。今回は不採用だったが、サポーター（30代女性、派遣会社社員）のアドバイスを受け次にチャレンジしている。

もう一つ、第二世代へ移行のきっかけとなったのは、青少年就労支援ネットワーク静岡が、行政の委託事業を受託したことである。受託は二つの「問題」を引き起こした。一つは、委託事業に伴い物理的な場を手にしたため、居場所を否定してきた静岡方式にとって、この場をどう位置づけるかが、大きな「問題」となった。もう一つは、無償の活動を原則としてきた静岡方式にとって、有償のスタッフをどう位置づけるかが、大きな「問題」となった。有償と無償という立場の違いは、団体内におけるフラットな関係を崩しかねず、有償スタッフの役割をどうするかや、有償と無償の関係をどう位置づけるのかを考えざるを得なくなった。

まず、第一の「問題」を解くために、私たちは、「場」を静岡方式らしく活用しようとした。場は、就労につながらないまま人を滞留させるような「居場所」であってはならない。そこで出会った概念が、南方熊楠《みなかたくまぐす》の萃点《すいてん》である。南方は、この宇宙を南方曼荼羅《まんだら》と呼ばれる図で表現したが、その真ん中にあるのが萃点（図1の「イ」点）である。鶴見（２００１：１６５）によれば、萃点とは、「さまざまな因果系列、必然と偶然の交わりが一番多く通過する地点……そこから調べていくと、ものごとの筋道は分かりやすい。……そこですべての人々が出会う出会いの場、交差点みたいなも

図１　南方曼荼羅（南方、1971）

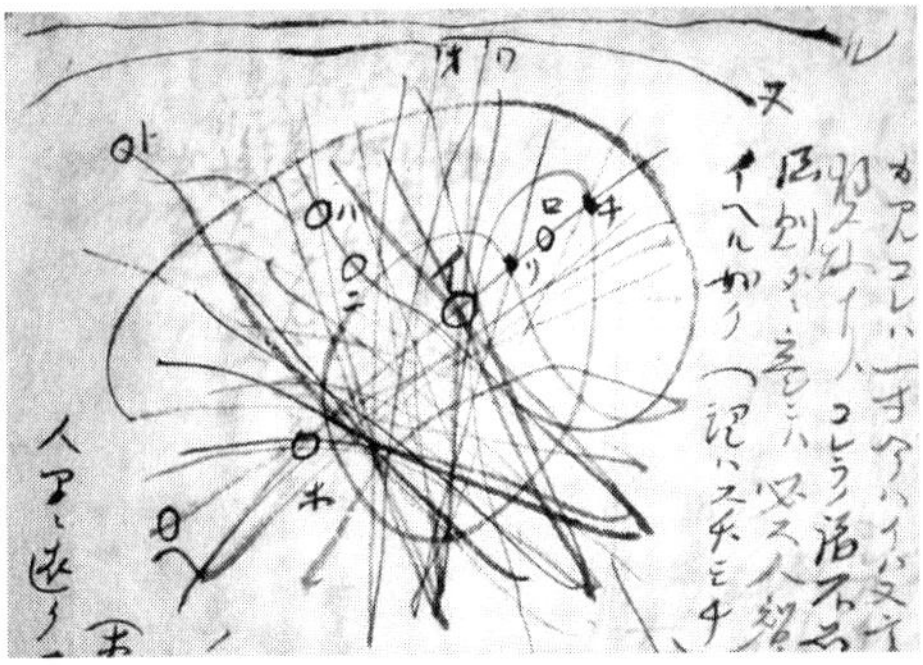

の……非常に異なるものがお互いにそこで交流することによって、あるいはぶつかることによって影響を与えあう場」である。

萃点に示唆を受け、静岡方式では、物理的な場所を、そこから偶発的に伴走が始まる交差点として位置づけることとした。以下は、当団体の職員の発言である（津富、２０１９）。

職員Ａ：気がついたら巻き込まれてるっていう。マラソンもそうだし、うちの若者は15歳からなので不登校の子も来ているし、引きこもって慣れるために来てるって子もいるし、働きたくないけど親に何してるんだって言われるのが嫌で来てる子もいる。で、働きたい子に企業に見学行ってみようかっていう時に、他の子に一緒にドライブに行かないって誘うんですよ。するとうっかり次の日から働いてたりするんですよね（笑）。なんか行ってて働く気になっちゃうってね。働きたいって言ってなかったよねって。その子が面接しちゃったりうっかり巻き込まれるんですよね。

職員B：巻き込まれて働いちゃった子に「なんか働いてるらしいじゃん」って言ったら「そんなつもりはなかったんですけど……なんかいつの間にか働いてたんですよ」って（笑）。

私たちは、このような場を「ごちゃまぜの場」と呼ぶ。「ごちゃまぜ」というのは、この場がうちそとへ開かれており、出入りが絶えず起きていることをイメージしている。結果として、以下のような展開が起きる。

19歳女性：定時制高校在学時、母の再婚を機に家庭内に居場所をなくして、自宅の納戸で過ごす。継父から卒業したら生活費は一切出さないと言われ、自力就労を目指す。サポーター（40代女性、製造業）のもとでアルバイトをしながら、サポーター（30代男性、製造業）の伴走で、転居を伴う異動のない製造業を中心に見学。さらに、住居探し（70代女性、自営業：40代女性、自営業：50代女性、団体職員）や家財の寄付（30代男性、公務員：40代女性、団体職員）、廃店になる店舗在庫の生活用品や原付の寄付（30代男性、自営業）、名義変更の伴走（30代女性、自営業）、印鑑の寄付（30代男性、製造業）を受けて、一人暮らしを始める。

38歳男性：北海道で生まれる。9人きょうだいの長男。両親が早くに亡くなり自分が稼ぎ頭になるが養うことはできず一家離散となる。大都市を転々としながら静岡にたどり着く。住むところも失い路上生活となる。食事をしていなかったため、支援につながった当日に倒れて、救急搬送。点滴のみで退院。サポーター（40代男性、市議会議員）が、サポーター（50代女性、会社員）と交代しながら生活保護の受給、住居確保の支援のための伴走支援、特別定額給付金も受け取る。現在は山歩きができるほどに回復、仕事もしている。

42歳女性：知的障害をもつ。さらに、幼少時の父親の虐待の影響で聴覚や視覚に困難を感じているとのことで、サポーター（70代女性、団体職員）が病院同行と身体障害手帳の取得に伴走。どうやって子どもと関わっていいかわからず、サポーター（30代女性、サービス業：50代女性、医療関連）が、母親として応援し、一緒に子ども同士を遊ばせたり、ファミリーサポートや保育園、義母との関係に悩んだときも間に入って話をすすめたりした。子どもの参観に行きたいと目標を定めたが、性風俗で働いていた際にほぼ全て抜歯しており、歯科医院の経営をしているサポーター（50代女性、自営業）が相談に乗っている。

ついで、第一の「問題」の解決と関連させつつ、第二の「問題」を解くため、私たちは、有償のスタッフの役割を、就労支援ではなく、地域の組織化であると考えるようになった。有償スタッフは、上記の職員A、Bのように、萃点をホールドする者であり、地域の自己組織化の触媒の「核」であり、各地域で自己増殖するネットワークを、下支えする存在である。彼らは、コミュニティ・オーガナイジングにおける、コミュニティ・オーガナイザーであり、静岡方式では「市民社会の専従」と呼ぶ。ただし、静岡方式で行っているオーガナイジングは、内外境界のはっきりした組織へ

図2　ペストフの三角形（畑仲、2009）

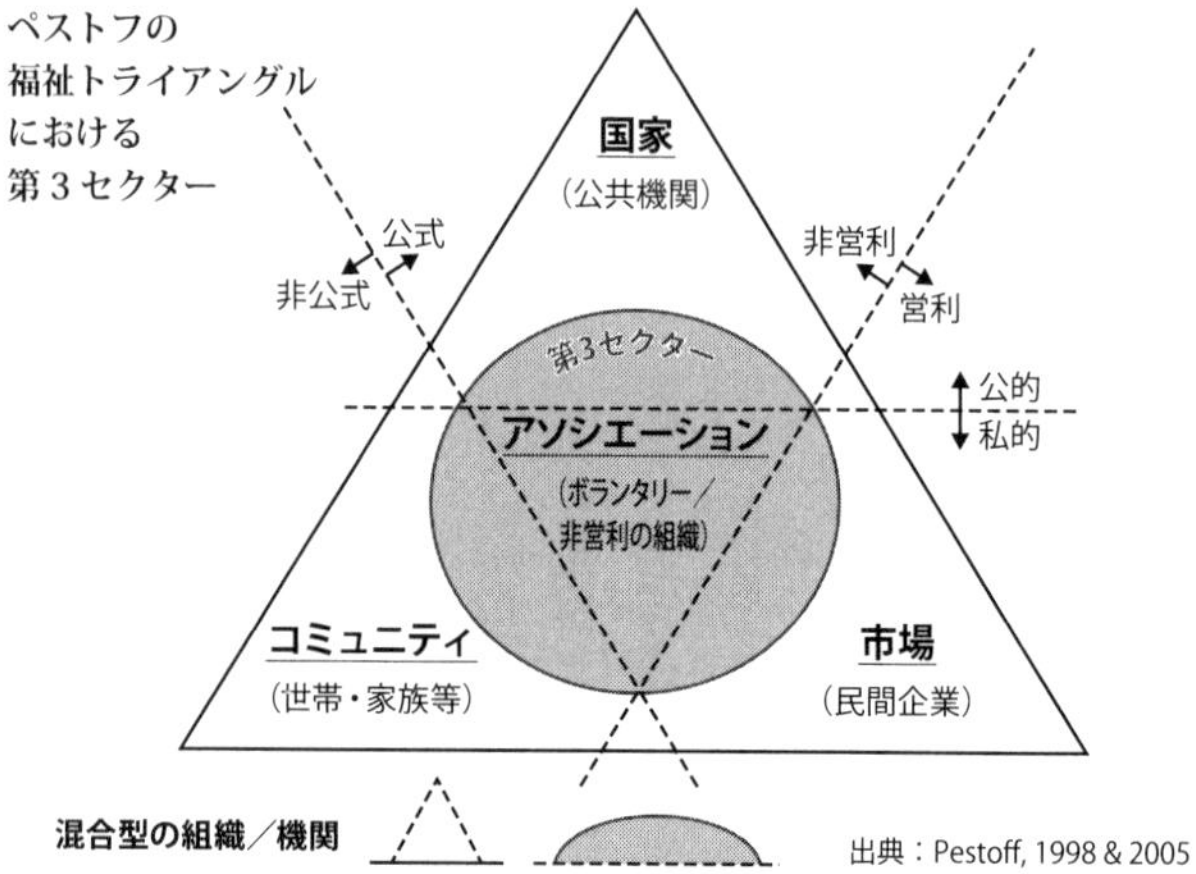

の取り込み、いわゆる「オルグ」ではない。むしろ、組織境界をあいまいにしたまま、地域に水がしみわたっていくようなオーガナイジングをイメージしている。地域の冗長性を高めることで、レジリエンスを強化するオーガナイジングといってもよい。キーワードは「お互いさま」。「縁」の結いなおしによる相互扶助の再活性化である。

第二世代の静岡方式の結合原理

私たちは、現代の社会の根幹にある問題を、社会的孤立であると考えている。働けないとは、つまるところ、他者の力をうまく借りて仕事につながることができないということである。静岡方式では、社会的孤立を、ペストフの三角形（図2）を用いて理解している。

ペストフの三角形は、福祉国家における自発的結社（図2では、アソシエーション）の意義を示すために提示されたものである。自発的結社は、この三角形の真ん中の、政府、共同体（世帯、家族）、市場によって保障されない空隙《くうげき》を埋める。しかしながら、現代の日本では、この空隙は覆われることなく、アンダークラスを典型とする社会的に孤立した人々が放り出される空間となっている。静岡方式は、自発的結社ではなく、アンダークラスの人々を含む緩やかな市民連帯によって、この空隙を覆いつくす取り組みである。

ペストフの三角形では、結合原理の異なる三つの主体、すなわち、再配分に基づく政府「公」、互酬に基づく共同体「私」、交換に基づく市場「民」が、社会のコーナーストーン（礎石）となっている。真ん中の空隙は「共」が占める。

新自由主義のもとでは、様々な関係が交換に基づくものに組み替えられ、たとえば、再分配すら、公共事業の委託化によって交換原理に組み替えられる。そして、交換関係への参加が妨げられている人々の孤立化が進展する。静岡方式は、そのような動きに抵抗し、市民連帯による相互扶助を進展させ、「共」を互酬性の原理で組みなおす。カール・ポランニーに沿っていえば、経済を社会に埋め込み直す動きである（Polanyi, 2001）。

青少年就労支援ネットワーク静岡の活動では、アンダークラスに相当するであろう様々なしんどい人々に出会う。そして、一人ひとりのストーリーには、多様なサポーター（ボランティア）が登場する。これが静岡方式である。支援をされていた人もいつの間にか支援をする側に回っていく。私たちはお互いのストーリーの登場人物を増やしあう。アンダークラスの支援は地域の総力戦である。

3 最後に

青少年就労支援ネットワーク静岡は、若者支援から出発した団体でありながら、個々の若者を支援することではなく、社会的孤立を乗り越え相互扶助の社会をつくることを目指すようになった。私たちは、地を這いながら、交換に基づく社会を互酬に基づく社会に変えていくために、地域の人間関係を絶えず編み直して（リ・オーガナイズして）いる。静岡方式は、このチャレンジのための弱者の技法である。

参考文献

遠藤公嗣、筒井美紀、山崎憲（2012）『仕事と暮らしを取りもどす――社会正義のアメリカ』岩波書店
津富宏、NPO法人青少年就労支援ネットワーク静岡（2011）『若者就労支援「静岡方式」で行こう!!――地域で支える就労支援ハンドブック』クリエイツかもがわ
津富宏、NPO法人青少年就労支援ネットワーク静岡（2017）『生活困窮者自立支援も「静岡方式」で行こう!!2――相互扶助の社会をつくる』クリエイツかもがわ
津富宏（2019）「困りごとをまんなかに地域をつくる」『Yokohama Eye's 2018』4～7ページ
鶴見和子（2001）『南方熊楠・萃点の思想――未来のパラダイム転換に向けて』藤原書店
畑仲哲雄「ペストフの三角形（備忘録）」『論駄な日々』2009年3月17日：http://hatanaka.txt-nifty.com/ronda/2009/03/post-a049.html
南方熊楠（1971）『南方熊楠全集7』平凡社

山崎憲（２０１４）『「働くこと」を問い直す』岩波書店

Becker, Deborah R. and Drake, Robert E. (2001) *A Working Life for People with Severe Mental Illness,New York*: Oxford University Press：大島巌、松為信雄、伊藤順一郎監訳（２００４）『精神障害をもつ人たちのワーキングライフ――ＩＰＳ：チームアプローチに基づく援助付き雇用ガイド』金剛出版

Matthew Bolton. (2017) *How to Resist: Turn Protest to Power*, Bloomsbury Publishing：藤井敦史、大川恵子、坂無淳、走井洋一、松井真理子訳（２０２０）『社会はこうやって変える！――コミュニティ・オーガナイジング』法律文化社

Polanyi, Karl. (2001) *The Great Transformation: The Political and Economic Origins of Our Time.*Beacon Press.：野口建彦、栖原学訳（２００９）『新訳　大転換』東洋経済新報社

第6章　社会的連帯経済と若者支援

藤井敦史

要旨

若者の就労支援に従事する社会的企業の多くは、就労訓練や企業とのマッチングによって、企業に若者を送り出すことを前提とした活動を基本的に展開してきた。しかし、今後、労働市場そのものが縮小していくことが予想される中で、地域社会において新しい経済のあり方を創り出していくことが必要になるだろう。その際、人々の多様な形の連帯を基盤としながら「共」的な領域としてのコモンズを拡大し、生命や生活を支える持続可能な経済のあり方として「社会的連帯経済」と呼ばれる運動潮流が国際的に広がってきている。本章では、社会的連帯経済とは何なのか、若者支援にとってどのような意味を持っているのか、また、そこでの連帯を紡ぎ出す技術としてのコミュニティ・オーガナイジングについて論じることにしたい。

1　コロナ危機と社会的連帯経済

　今日、私たちは、コロナ危機の真っただ中で不透明な世界を生きている。2020年8月12日現在、世界の新型コロナ感染者数は2000万人、死者は73万人を越え、日本での感染者数も5万人に上っており、終息の目途はたっていない。[*1] コロナ危機は、徐々に経済危機としての姿も現し始めている。厚生労働省によれば、7月30日時点で、コロナによる解雇や雇止めは4万人を越えた。[*2] 5月段階での休業者数は423万となっていたが、今後、景気悪化が続けば休業者は失業者へと変わり、2021年前半には、216万人の失業、失業率6・1％の「大失業時代」が訪れるという予測もある。[*3] 以上のようなコロナ危機は、実際には、新自由主義的な資本主義のグローバルな展開の帰結として生じたものであると同時に、その限界性を浮き彫りにするものだということができるだろう。

　しかし、こうしたコロナ危機に直面しながらも、世界中の市民社会では、NPO、協同組合、社会的企業がネットワークを形成しながら、人々の生命や生活を守るために、多様な実践が行われている。そこでは、新自由主義に対するオルタナティブな経済、すなわち、人々の多様な形の連帯を基盤としながら「共」的な領域としてのコモンズを拡大し、生命や生活を支える持続可能な経済のあり方を志向する動きが顕著に見受けられる。こうしたオルタナティブな経済のあり方は、今日、社会的連帯経済と呼ばれている。[*4] 本章では、社会的連帯経済が、若者の自立支援に携わるNPOや協同組合にとってなぜ重要であるのか、また、社会的連帯経済の「連帯」を紡ぎ出す技術として、本書第5章で扱われている青少年就労支援ネットワーク静岡の事例とも関わるコミュニティ・オーガナイジングについて解説することとしたい。

2　若者支援と社会的連帯経済

若者支援の文脈で、社会的連帯経済は、どのような意味を持っているのだろうか。今日、若者支援、とりわけ就労支援の現場では、いくら手厚く就労経験の場を用意したところで、送り出す先の労働市場自体の間口が狭ければ、結局のところ、非正規雇用の職場、あるいは、正規雇用であっても劣悪な労働環境で低賃金の職場にしか送り出す先がないといった問題について語られることが多い。こうした状況において、労働市場のあり方自体を変え、就労困難な若者に対して包摂的な職場を作り出すために、多くの社会的企業が、地域の中小企業等とのネットワークを広げながら、若者と企業の間のマッチングに力を入れたり、自ら、若者がサポートを受けながら働ける職場を作り出すために起業したりしている。こうした取り組みが重要であることは間違いないが、一方で、若者支援を、「若者が何らかの企業に就職することで、市場経済の中で経済的に自立すること」とする単線的なゴール設定には、どうやら限界があるように思われる。単一の企業に現金収入を依存できるようになるだけでは、若者が抱えている多様な問題が解決するわけでもないし、就職した企業の経営が傾けば、また失業して路頭に迷うリスクは免れないからだ。実際、コロナ禍による大失業時代が迫り、ＡＩによる技術革新で労働市場が縮小し、完全雇用が到底不可能な社会目標になる中で、若者支援のゴールである「経済的自立」の姿そのものを考え直す必要があるのではないだろうか。このように考えた時、社会的連帯経済は一つの重要な方向性を指し示しているように思われる。

第一に、社会的連帯経済の視点で若者支援を考えるということは、若者支援の目標を単なる企業就職とするのではなく、若者が生活していくことのできる包括的な「経済」を地域でいかにして作っていくかという方向に切り替えることを意味しているように思う。つまり、若者の生活を支えているのは仕事だけではない。仕事は生活を支える重要な軸ではあるが、同時に、居住の領域、食の領域、ケアの領域、文化や教育の領域等でも、地域に社会的連帯経済を作っていく必要がある。たとえば、住宅協同組合、コレクティブ・キッチン、コミュニティ・ガーデン、地域通貨、民衆教育の学びの場など、多様な社会的連帯経済が地域に存在することで、多様な問題を抱えた若者に対して、多様なエンパワーメントのプロセスを提供することができ、かつ、可処分所得が少なくても、生活コストを引き下げ、ソーシャル・キャピタルを基盤に、豊かな交流や親密圏が生まれることで、人間らしい生活を営むことができるようになるのではないか。

第二に、若者が社会的連帯経済を基盤に生きていくということは、若者個々人も、ある意味で多元的経済化していくということだ。それは、一つの企業に現金収入を依存する生き方ではなく、従来から論じられてきた「半農半X」や「なりわい」といった議論と同様に、多様な仕事や活動を通して生きていくという方向性を含意している（伊藤、2012）。ただし、大事なことは、単純に複数の仕事を掛け持ちするということではなくて、市場経済にだけ頼るのではなく、互酬性（相互扶助的な諸活動）や再分配の経済をも基盤に生きていけるようなあり方である。今日、コロナ禍において、日本でも特別定額給付金として一律10万円が支給されたが、ベーシック・インカムの導入に関する議論が急速に浮上している。こうしたベーシック・インカムの議論は、新自由主義的な発想から生じているものもあり、慎重な検討が必要だと思われるが、山森亮によれば、ブラジル・マリカ市、スペイン・バルセロナ市のように、地域通貨としてベーシック・インカムを発行し、同時に地域の経済循環を促進する「連帯経済としてのベーシック・インカム」と呼べるような取り組みも生まれているという（山森、２０２０）。いずれにせよ、市場経済だけではなく、互酬性や再分配の経済にも軸足を置きつつ、頼れる先を多元化し、多様な関係性の中で自立を図るような生き方、そこに新しい豊かさを見出せるような文化を作っていく必要があるのではないだろうか。そして、このような実践の試みは、日本の多くの若者支援団体において、既に始まっているのではないだろうか。

３　「社会的経済」と「連帯経済」の合成語としての社会的連帯経済

それでは、上記の社会的連帯経済とは、そもそも、どのようなものなのだろうか。今日、社会的連帯経済は、欧州や南米を中心に制度化が進んでおり、たとえば、２０１１年にスペインの社会的経済法、エクアドルの民衆連帯経済法、２０１２年にメキシコの社会的連帯経済法、韓国の協同組合基本法、２０１３年にポルトガルの社会的経済法、カナダ・ケベック州の社会的経済法、２０１４年にフランスの社会的連帯経済法等、多くの国で社会的連帯経済に関わる法人制度が生まれている。また、国連においても、2013年にILOや社会開発研究所などが主導する社会的連帯経済タスクフォース（TFSSE）が成立し、国連総会で採択されたSDGsの重要な担い手としても社会的連帯経済への期待が強調されている。このように、社会的連帯経済は、一つの大きな国際的な潮流になっているが、その内容は極めて多様な組織や運動から構成されている。なぜなら、社会的連帯経済は、国や地域ごとに、制度、文化、宗教、社会運動、加えて社会問題そのものの性質を含む多様な文脈の中から発展してきたからだ（藤井、2019）。

こうした社会的連帯経済を理解しようとする際、まず注意しなければいけないのは、この言葉が、「社会的経済」と「連帯経済」という二つの言葉から構成されていることだ。これらのうち、前者の社会的経済は、一人一票による民主的な組織ガバナンスを重視しつつも、グローバルな市場経済に適応しながら、事業化と同時に大規模組織化を進め、機能的に分化しながら成長してきた諸々の協同組合や共済組合を中心的な担い手とする組織概念、或いは、組織の集合としてのセクター概念と言える。一方、後者の連帯経済は、新自由主義的な資本主義に対抗して、地域で自治的な公共空間を拡大しつつ、オルタナティブな経済のあり方を志向する運動概念としての性格が強い。社会的連帯経済は、これら二つの概念が結びついた合成語であり、二つの言葉の関係性や軽重によって、国ごとの用語の違いも生じている。たとえば、I・ポワリエによれば、フランスでは、社会的連帯経済としてSocial and Solidarity Economyが用いられているが、そこでは、社会的経済と連帯経済の並列と緩やかな連帯が含意されている。一方、カナダのケベック州では、社会的連帯経済として Social Solidarity Economy（二つの言葉の間のandがない）が用いられ、社会的経済の連帯経済的再編が志向されているという。加えて、南米や北米では、社会的連帯経済ではなく、連帯経済が使われ続け、逆に、韓国では、左翼を連想させる「連帯」という言葉に対する忌避から、むしろ社会的経済が使われている（Poirier, 2014）。

4　社会的連帯経済の本質は何か

それでは、我々は、社会的連帯経済の本質をどのように理論的に捉えることができるだろうか。ここでは、オストロムのコモンズ論、ハーバーマスの公共空間論、ポランニーの多元的経済論等を接合させることで、連帯経済の理論的枠組みを構築してきたジャン＝ルイ・ラヴィル等による連帯経済論を参照しつつ、我々が、社会的連帯経済をどのように把握することが可能なのか検討してみたい（Ｊ・Ｌ・ラヴィル、２０１２：Laville, J-L 2013; Laville, J-L 2015; Laville, J-L and Salmon, A. 2015）。

第一に、社会的連帯経済の理論枠組みを議論する前提として、そもそも、ここでの「連帯」とは何を意味するのだろうか。ラヴィルとサラモンは、社会的連帯経済における連帯を「民主的連帯」と規定した。この民主的連帯は、アソシエーショニズムと密接に結びついているという。ここでのアソシエーションとは、平等で対等な個人が、自由な意志により、共同の目的を実現するために結合した自発的結社であり、こうしたアソシエーションが社会的連帯経済を構成する担い手となる。したがって、民主的連帯とは、連帯と言っても、多くの場合、世代間やジェンダー間の不平等や権力関係をともなう伝統的共同体に見られる連帯でもなければ、不平等を再生産しかねない一方向的に固定化された他者への奉仕としての慈善的な連帯（フィランソロピー）でもないのである。

そして、このような民主的連帯は、共的な領域としてのコモンズを形成（コモニング）し、広げていくという特徴を持っているが、それは、組織内部に閉じられた閉鎖的なコモンズを指すわけではない。民主的連帯においては、連帯を地域社会における開かれた連帯、開かれた協同として広げていくことが重視されている。すなわち、民主的連帯には、地域社会における社会的なつながりを強め、参加民主主義や自治を拡大していこうとする社会運動としてのベクトルが内包されているのである。その意味でも、社会的連帯経済は、経済的な活動に限定されたものではなく、政治性を帯びた社会運動であり、オルタナティブな経済を実現するために、地方自治体を中心とした政府の公共政策の変革を目指す存在なのである。

第二に、以上のような民主的連帯を軸とする社会的連帯経済の目的を、ラヴィル等は、コモン・グッド（共通善）と表現している。中野佳裕によれば、コモン・グッドとは、「共同体で共有される善の観念、および善く生きるための共通の生活基盤」であり、ラテン語圏では、共有財としてのコモンズをも意味するという（中野、２０１７：１３９）。それでは、社会的連帯経済におけるコモン・グッドの内実は、具体的には、どのようなものと考えられるだろうか。こうした問いは、各国の社会的連帯経済がいかなる時に発生し、発展しているのかを考えるとわかりやすい。実は、社会的連帯経済は、その多くが、経済危機に対して、自らの生活や生命を守るための運動として始まっている。たとえば、欧州や北米における社会的連帯経済は、リーマン・ショック後の失業の拡大、政府による緊縮財政による社会保障の後退といった状況の中で、ネットワークが一気に拡大した。

工藤律子によれば、スペインでは、政府の緊縮財政に怒った人々による15Ｍ（キンセ・エメ）運動の中から数多くの社会的連帯経済の取り組みが生まれたという（工藤、２０１６）。こうしたことから、社会的連帯経済におけるコモン・グッドとは、新自由主義的な資本主義に対して、人々の連帯を基盤に、人と人、人と自然の共生を重視し、生命や生活を支えること（サブシステンス）にほかならず、その意味で、社会的連帯経済とは、一言でいえば、サブシステンス・エコノミーだということができる。[*5] このようなサブシステンス・エコノミーは、内橋克人のいうＦＥＣ（食（food）やエネルギー（energy）やケア（care））を中心とした、人々の生命や生活に密着し、自然環境とも調和した持続可能な「共生の経済」とも通底する概念であり（内橋、２０１１）、コロナ危機の今日的な状況で考えれば、エッセンシャル・ワーク（キー・ワーク）とも結びつく。

第三に、社会的連帯経済は、以下の図1のように、経済循環のあらゆる局面、出資・融資、生産・再生産、交換・分配、消費・利用等において、多種多様な形態の連帯関係を組み込み、経済を社会に埋め込み直そうとする運動である。

この時、経済としての社会的連帯経済の基底にあるのは、市場交換ではなく、互酬性である。長期的な時間軸の中で、相互に承認しあい、贈与しあう関係性としての互酬性は、地域社会においてソーシャル・キャピタルを紡ぎ出していく起点となる。そして、このようなソーシャル・キャピタルは、社会的排除や社会的孤立の克服をめざす社会的連帯経済にとって、人々が地域で生きていくための豊かな関係性の創出そのものであり、ソーシャル・キャピタルの構築自体が、その重要な目標だと言えるだろう。また、社会的連帯経済の担い手である諸々の組織にとっても、ソーシャル・

図1　RIPESSによる社会的連帯経済のイメージ図

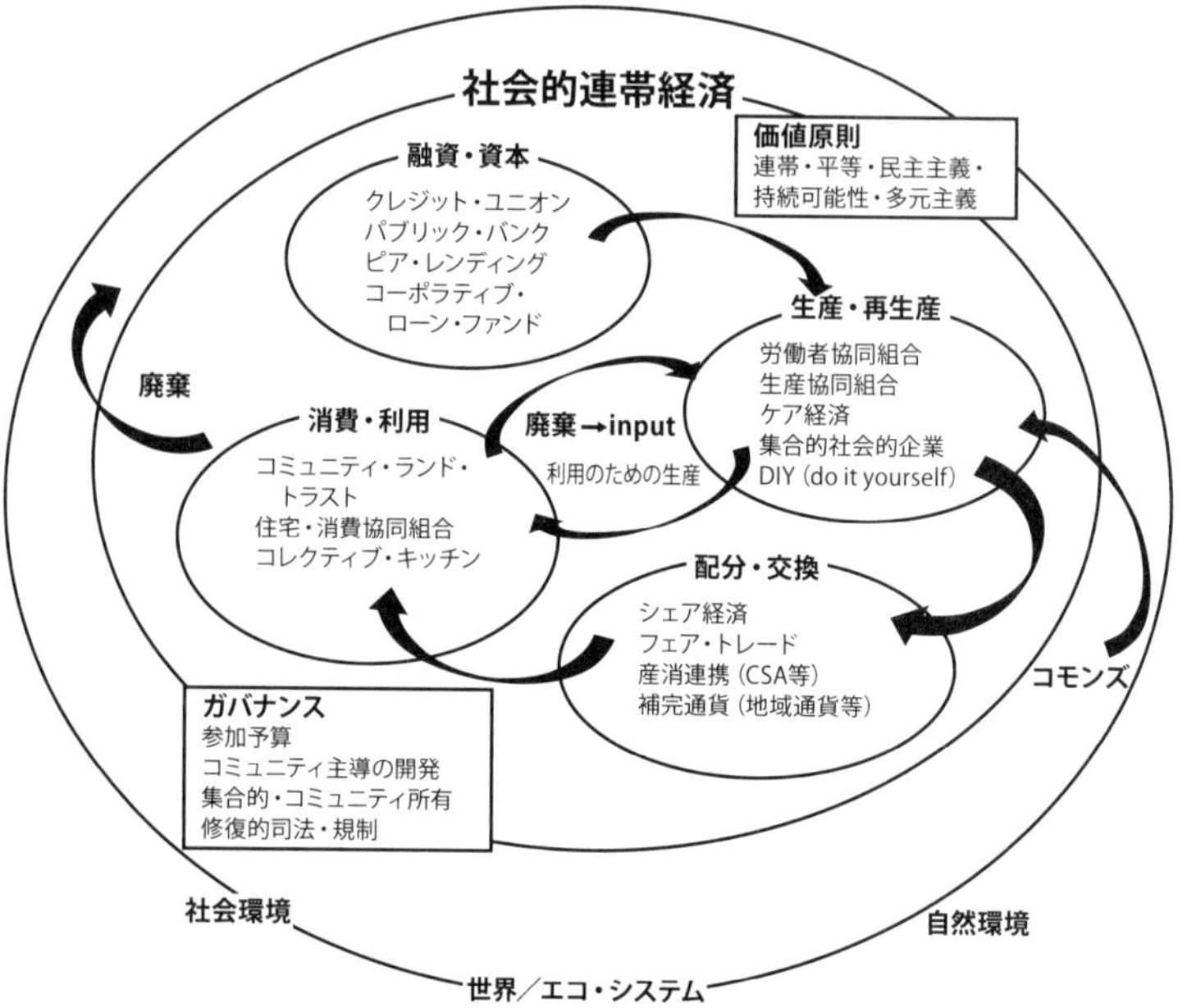

出典：RIPESS 2015 Global Vision for a Social Solidarity Economy: Convergences and Differences in Concepts, Definitions and Frameworks.　3ページの図1を筆者が翻訳。

キャピタルは、地域コミュニティのネットワークであれ、協同組合間のコンソーシアムであれ、フェア・トレードや生産チェーンのような取引上のネットワークであれ、生産コストや取引コストを引き下げることで、重要な経営上の基盤となる。しかし、一方で、社会的連帯経済は、上記のような互酬性のみに依拠するものではない。社会的連帯経済が、狭い地域内の互酬性の世界にだけとどまるのであれば、それは、言わば、グローバル資本主義の大海に漂う小島に過ぎず、新自由主義の単なる補完物になってしまう危険性すらある。したがって、ラヴィルによれば、社会的連帯経済が、互酬性、再分配、市場交換のすべてを活用すること、すなわち、多元的経済のハイブリッド戦略をとることが重要なのである。そもそも、社会的連帯経済は、社会運動として、市場経済が支配してきた投融資、交易、交換、貨幣、雇用労働等、経済のあり方そのものの変革を志向している。そうであれば、既存の市場や公共政策のあり方そのものにコミットしていく必要がある。そのような運動性、政治性を持つことで、顔の見える互酬性としての連帯と顔の見えない再分配としての連帯を結び付けていくことが可能になるはずだ。

第四に、ラヴィル等によれば、社会的連帯経済は、多元的な公共空間を生み出す役割を果たしている。対人サービスを提供するフランスの近隣サービスやイタリアの社会的協同組合に典型的だが、社会的連帯経済においては、生産者（労働者）だけでなく、利用者、ボランティア、その他の地域住民といったマルチ・ステークホルダーが参加している場合が多い。そこでは、多様な参加者間の継続的な対話を通して、当事者の直面している課題の意味やニーズが明らかにされ、共有されることで、コモン・グッドが構築されていく。そこでのコモン・グッドは、地域に開かれた公共性を帯びたものになるだろう。加えて、地域社会で活躍する社会的連帯経済は、ほとんどの場合、地方自治体とのパートナーシップを重要な基盤として発展してきた。特に、今日、スペインとフランス等を中心に台頭してきている地域自治主義（ミュニシパリズム）の政治運動では、社会的連帯経済を強く推進する政策が打ち出されている（Alvaro, Gallero, Martinez, Sabin and Salson, 2019）。

さて、ここまで、社会的連帯経済を、①アソシエーションにおける民主的連帯を基盤としたコモ

図2　社会的連帯経済の理論的フレームワーク

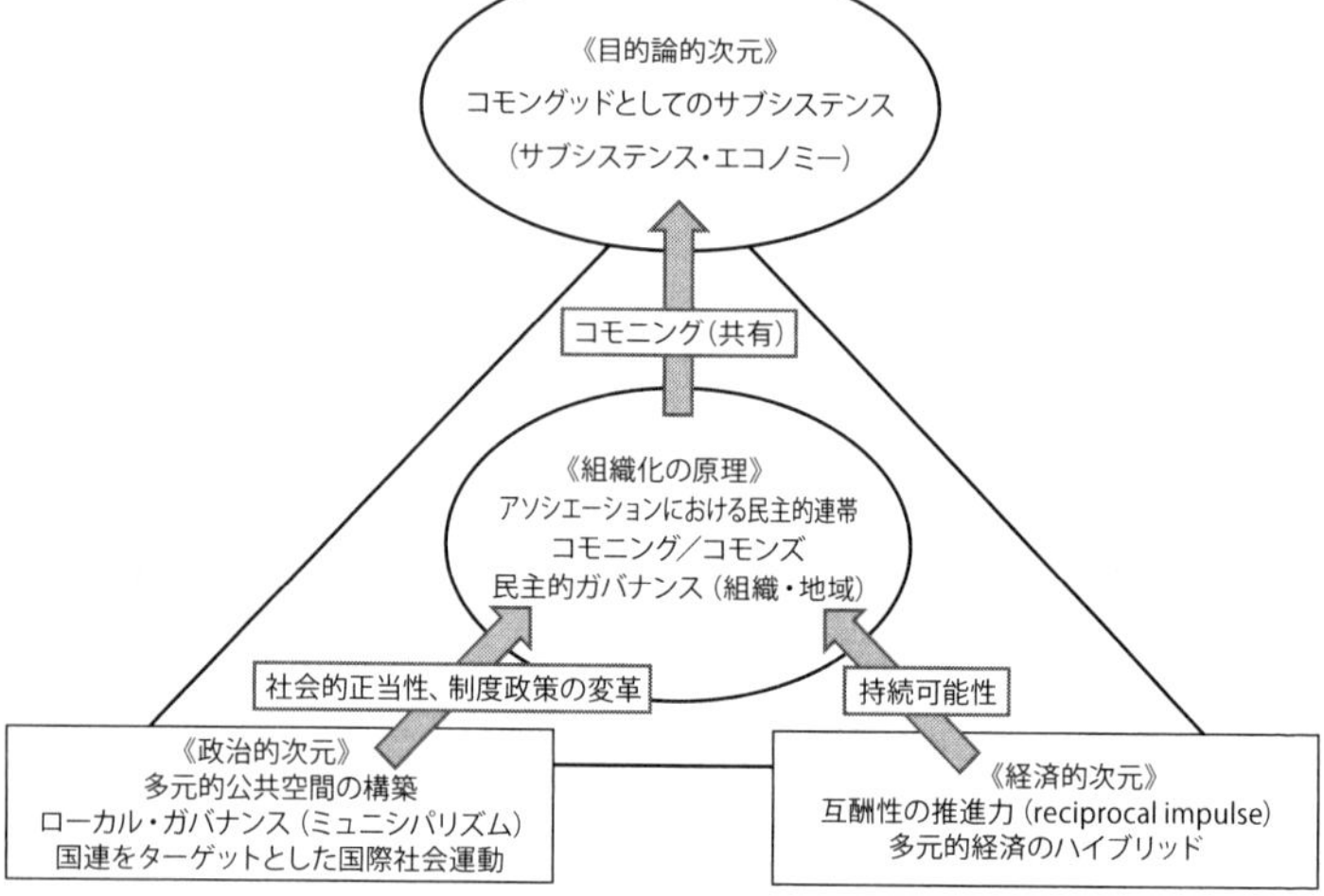

ニング（組織化の原理）、②コモン・グッドとしてのサブシステンス（目的の次元）、③互酬性の推進力を起点とする多元的経済（経済的次元）、④多元的公共空間の構築と地域自治主義（政治的次元）という四つの視点から説明してきた。これら四つの要素は、①民主的連帯を基盤としたコモニングを軸に相互に密接に結びついており、③互酬性の推進力を起点とする多元的経済（経済的次元）が基盤となることで、社会的連帯経済の持続可能性が担保され、また、④多元的公共空間の構築と地域自治主義（政治的次元）が基盤となることで、社会的連帯経済の社会的正当性が獲得され、制度改革も可能となり、そして、最終的に②コモン・グッドとしてのサブシステンス・エコノミー（目的の次元）が発展していく。このような社会的連帯経済の体系は、図2のように描くことができるだろう。

5　社会的連帯経済の「連帯」を紡ぎ出すために必要なことは何か

日本社会では、以上のような社会的連帯経済を促進する制度変革は、諸外国と比べると、あまりにも遅々としており、進んでいるとは言えない。確かに、２０２０年12月、少人数、かつ準則主義で労働者協同組合を設立することが可能となる労働者協同組合法が成立したが、協同組合全般を見渡せば、農協法にしろ、生協法にしろ、むしろ社会的連帯経済とは逆行する会社化（demutualization）の性格の強い法改正がなされ、未だに省庁別の縦割りの制度によって規定され、協同組合全体を一つのまとまりとして包括する一般法もない。社会的連帯経済という言葉も普及してはおらず、実態としては、社会的連帯経済と呼べるような組織や実践が少なくないにもかかわらず、それらは不可視のままである。こうしたことは何を意味するのだろうか。それは、端的に、日本の社会的連帯経済の社会運動としての弱さ、社会的、政治的パワーの欠如を意味している。

これらの社会的連帯経済の「連帯」を紡ぎ出すための組織や技術に関しては、世界の社会的連帯経済運動の今日に至るまでの展開過程において、豊富な実践知が蓄積されており、そこから学べることは非常に多い。とりわけ重要なことは、以下の三つのポイントである。一つは、民主的ガバナンスを可能にするために、パウロ・フレイレの民衆教育に代表される人々の主体的な参加を醸成する教育であり、二つ目は、政治的な力を強めるために、タコつぼ的な同質的連帯を超えて、異質なアクターの間の連帯を紡ぎ出すつなぐ技術であり、そして、三つ目は、以上のような教育や技術を実際に展開すると同時に、社会的連帯経済の規模の経済上の弱点を補完し、かつ、社会的連帯経済

図3　社会的連帯経済における連帯関係の構築

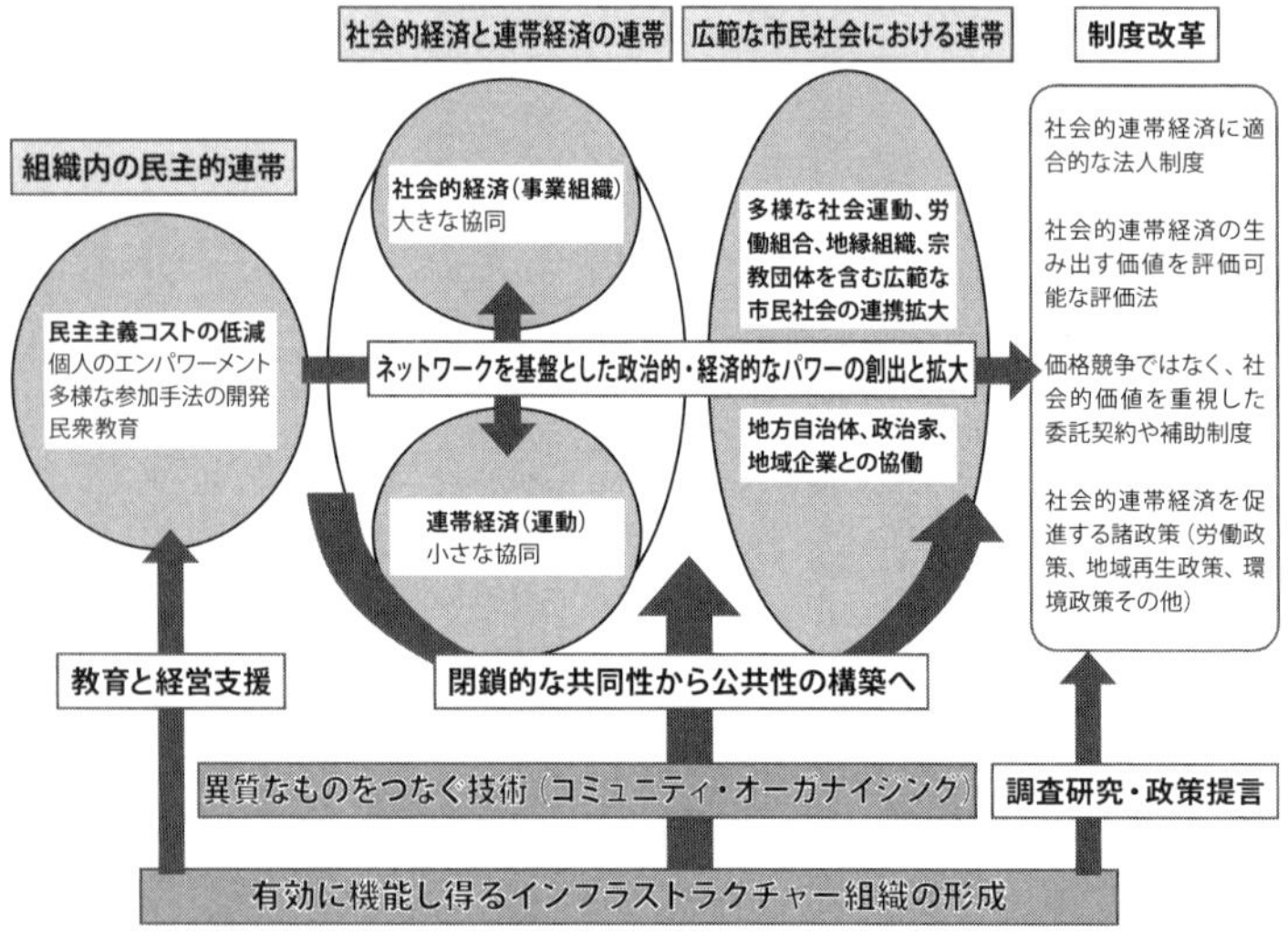

の集合的な声を基盤としたアドボカシーを可能にするインフラストラクチャー組織の存在である。以上のような論点を一つにまとめて図式化すると図3となる。最後に、これらの論点の中でも、とりわけ、異質なアクターの間の連帯を紡ぎ出すつなぐ技術としてのコミュニティ・オーガナイジングに絞って、その意味を論じることにしたい。

社会的連帯経済が、閉鎖的な共同性を越えて、公共性を構築していくためには、異質なアクターの間の連帯を紡ぎ出す技術が必要となるが、この点に関して、非常に参考になるのが、コミュニティ・オーガナイジングである。コミュニティ・オーガナイジングとは、米国の労働運動や公民権運動を指導してきたソウル・アリンスキーによって構築されてきた社会運動の方法論であり、今日、米国や英国を中心に幅広く普及しており、日本でも、コミュニティ・オーガナイジングを普及する団体として、コミュニティ・オーガナイジング・ジャパンが設立されている。

ボルトンによれば、コミュニティ・オーガナイジングの本質は、一対一の対話を通じて、人々の自己利益を探り当て、その共通部分を軸に、多様な人々や集団の間で関係性を作り出すこと、そして、関係性を基盤に構築したパワーで、抽象的な問題を具体的で解決可能な課題へと分解し、当該の社会問題に関する影響力を持つ人々とそのステークホルダーに働きかけて、社会変革を達成することにある。最も重要なポイントは、①関係性を基盤にパワーを構築するということと、②関係性を作り出すために自己利益に注目する点にある。こうした関係性を基盤にパワーを生み出すための具体的で実践的な方法論は、あまりにもタコつぼ化して、同質的な集団の枠を越えて横の連携を作り出すことができず、それゆえに政治的なパワーの弱い日本の市民社会にとって、一つの重要な処方箋たりうるのではないだろうか。そもそも、市民社会は、ＮＰＯ、協同組合、社会的企業だけではなく、労働組合、教育機関、宗教団体、社会福祉協議会、町内会・自治会等の地縁組織等を含み、極めて裾野が広い。加えて、その外側にも、私たちが連携可能な営利企業や政府機関が存在している。恐らく、私たちが、何らかの社会問題を解決する際に、地域社会で繋がれていない団体は山のようにあるはずである。このように、コミュニティ・オーガナイジングは、日本の多くの若者支援団体にとって、地域での潜在的な連帯関係を可視化し、地域を「編みなおす」ための「使える」武器になるのではないだろうか。[*6]

注

1 ジョンズ・ホプキンス大学による集計値。『東京新聞』２０２０年８月14日付朝刊から。

2 『東京新聞』２０２０年７月31日付朝刊から。

3 竹田幸平「「失業者２６５万人、失業率６・１％」21年前半の日本、衝撃予想の根拠」ダイヤモンド・オンライン：https://diamond.jp/list/feature/p-bankruptcyrisk2020

4 藤井敦史（研究代表者）・原田晃樹・熊倉ゆりえ・菰田レエ也・今井玲・朴貞仁『（公募委託研究シリーズ58）中間支援組織調査を通して見た日本の労働統合型社会的企業（ＷＩＳＥ）の展開と課題』全労済協会、２０１６年11月発行の拙稿「日本の労働統合型社会的企業（ＷＩＳＥ）と中間支援組織」（第1章）を参照頂きたい。以下のＵＲＬでダウンロード可能：http://www.zenrosaikyokai.or.jp/znr_hp/wp-content/uploads/2017/04/koubo60.pdf

5 サブシステンス・エコノミーという概念は、かつてカール・ポランニーが、経済を「手段の希少性を前提とした目的－手段関係」（若森、２０１５：１８７）における効率性＝経済性として「形式的」に捉える新古典派経済学の考え方に対して、むしろ、「生存（subsistence）の欲求を充足するため物質的手段を給付する過程」（若森、２０１５：１８８）として「実質的」に捉えることを提起したことに由来している。ここでのこの言葉の用法は、フェミニスト世界システム論のマリア・ミースによるサブシステンス生産／再生産・サブシステンス労働といった概念に依拠している。

6 ボルトンは、英国で生活賃金キャンペーンなど多くの社会運動を展開してきたシティズンズＵＫの事務局長である。コミュニティ・オーガナイジングの詳細に関しては、Ｍ・ボルトン（２０２０）を参照されたい。

参考文献

伊藤洋志（２０１２）『ナリワイをつくる――人生を盗まれない働き方』東京書籍
内橋克人（２０１１）『共生経済が始まる――人間復興の社会を求めて』朝日文庫
工藤律子（２０１６）『ルポ雇用なしで生きる――スペイン発「もうひとつの生き方」への挑戦』岩波書店
中野佳裕（２０１７）『カタツムリの知恵と脱成長――貧しさと豊かさについての変奏曲』コモンズ

藤井敦史（２０１９）「社会的連帯経済を考える ―― カール・ポランニーのレンズを通して見る社会的連帯経済」『協同組合研究』（39－２）、14～20ページ

M・ボルトン（２０２０）藤井敦史、大川恵子、坂無淳、走井洋一、松井真理子訳『社会はこうやって変える！ ―― コミュニティ・オーガナイジング』法律文化社

M・ミース（１９９５）「資本主義の発展とサブシステンス生産 ―― インドの農村女性」古田睦美、善本裕子訳『世界システムと女性』藤原書店、79～１１３ページ

山森亮（２０２０）「連帯経済としてのベーシックインカム」『世界』（９３６）、90～98ページ

J・L・ラヴィル編（２０１２）北島・鈴木・中野訳『連帯経済 ―― その国際的射程』生活書院

Alvaro, Gallero, Martinez, Sabin and Salson (2019) "The Social and Solidarity Economy and the Rise of New Municipalism in Spain", Steinfort and Kishimoto (eds.) Public Finance for the Future We Want, Transnational Institute.

Laville, J-L (2013) "The Social and Solidarity Economy, A Theoretical and Plural Framework", Draft paper prepared for the UNRISD Conference, Potential and Limits of Social and Solidarity Economy, 6-8 May 2013, Geneva, Switzerland.

Laville, J-L (2015) "Social and solidarity economy in historical perspective", Peter, U. (ed.) Social and Solidarity Economy Beyond the Fringe, Zedbooks, pp.41-56.

Laville, J-L and Salmon, A. (2015) "Rethinking the relationship between governance and democracy, The theoretical framework of the solidarity economy", Laville, Young and Eynaud (ed.) Civil Society, The Third Sector and Social Enterprise, Governance and democracy, Routledge, pp.145-162.

RIPESS (2015) Global Vision for a Social Solidarity Economy: Convergences and Differences in Concepts, Definitions and Frameworks.

Yvon Poirier (2014) Social Solidarity Economy and related concepts Origins and Definitions: An International Perspective. (http://base.socioeco.org/docs/solidarity_book_26.2.2013.pdf)

第7章　若者支援と中間的な働く場づくりの可能性
――K2インターナショナルグループの取り組みから

岩本真実

要旨

本章は、若者支援における「中間的な働く場づくり」について、筆者の所属する団体の取り組み実践を元に考察を試みる。日本における「中間的な働く場づくり」を担う社会的企業、ソーシャル・ファームの現状についてごく簡単に触れ、その一例としてK2インターナショナルグループの取り組みを紹介する。特に団体として若者の雇用をどのように作ってきたかを述べる。なかでも2005年からの国の若者自立支援施策が整備されるとともに広がってきた、支援の出口としての「働く場づくり」について詳しく紹介する。また、後半では団体で働く元当事者の若者たちの現在の暮らしに焦点を当て、彼らが今の仕事や生活の中で、どのような必要を感じ、悩みを抱えているのかについて、アンケートとヒアリングを通して明らかにする。彼らの語りを通して、若者がアンダークラスに陥らないために必要な支援とは何かを探る手掛かりが得られればと思う。

1　はじめに

私たち、K２インターナショナルグループ（以下、K２）は、１９８８年より不登校・ひきこもりなど生きづらさを抱える子どもたち・若者たちと共に生きる場を作る活動をしてきた。

子どもたち・若者たちを取り巻く社会はこの30年で大きく変化し、それと共に私たち支援者の役割も変わってきた。特に、２０００年代からは若者自立塾[*1]、地域若者サポートステーション[*2]など、若者自立支援の施策が始まり、国や地方自治体と連携する相談支援事業を受託するようになったことで、生きづらさを抱える若者への支援の入口は大きく広がった。

しかし、就労支援事業の多くは相談やセミナー、体験などが中心で、働くための準備期間の支援に限られており、働き続けるための受け皿づくりは未整備に等しい。就労支援事業の成果は就職率で測られているが、ハローワークでの職業紹介だけでは仕事に就くことが難しい若者がいる。これらの若者たちの課題を理解し、受け入れてくれる職場を探すことが必要だ。支援団体は若者たちの支援をすると共に、地域のニーズや課題と若者たちの働く力をマッチングできるように、それぞれの団体の強みを生かして模索している。

ここでは、K２の取り組みを日本型ソーシャル・ファーム（社会的企業）として捉え、困難を抱える若者の働く場を作る実践と、そこで、働く若者たちの実態を事例を交えてご紹介したいと思う。本書のテーマである「若者のアンダークラス化を防ぐ」ためにできることは何かを念頭に置き、私たちの取り組みを自己検証しながら整理してみたい。

2　若者の働く場をつくる中間的就労とソーシャル・ファーム

寺島（２０１４）によれば、ソーシャル・ファームとは、障害や労働市場におけるその他の不利な条件がある人々の、雇用創出のために設立されたビジネスである。

ソーシャル・ファームは社会的企業の一種であり、イタリアからはじまり、ヨーロッパ各国に普及している。収入の多くをマーケット指向の商品とサービスの販売により獲得しながらも、利潤追求ではなく社会的使命の追求を最大の目的とするという社会的企業に共有の特徴を有している。しかし、障害者など一般労働市場において雇用されることに困難がある人々を雇用することをその社会的使命としている点に特徴がある。

ソーシャル・ファーム、社会的企業、ソーシャルビジネスなどの言葉は主にヨーロッパにおいて一般的に使われ、韓国でも社会的企業法などが制定されているが、日本では法律などによる位置づけはなく、まだ一般的ではない。ただ、日本でソーシャル・ファームの事例として挙げられるのは、障害者の就労支援が中心である。障害福祉団体では、自前の働く場づくりの歴史が長く、障害者が一般企業で働けないのであれば、自分たちで作ろうという動きがあった。そこに法律の後押しもあり、就労の場は、多様に開かれてきたといえる。そのため、ソーシャル・ファームの多くはＮＰＯ法人や社会福祉法人で運営されることが多く、同時に株式会社を併設するところもある。

一方、若者支援の分野においては、２０１０年に子ども・若者育成支援推進法ができ、若者を取り巻く支援の窓口が各地につくられ、団体のネットワーク化が強化された。また２０１５年には若者の雇用の促進を図り、その能力を有効に発揮できる環境を整備する目的で「青少年の雇用の促進等に関する法律」が成立した。

ここに地域若者サポートステーションの設立も含まれたことで、若者支援の「相談窓口」については整備されつつある。しかし、障害者自立支援法にある企業へのインセンティブや、雇用創出については制度もないため、「障害」で括れない課題を持つ若者たちへの働く場づくりはなかなか広がっていない。また、若者支援団体として取り組んできた団体は各地にあるが、その数はまだまだ少ない。

私たちも、若者支援の枠組みだけでは限界を感じ、２００７年に障害福祉法に基づく就労の場づくりを始めた。目の前にいる若者たちへ今使える制度を使うことで、若者支援の出口を確保するしかなかったからである。

各地で若者たちに接している団体も同じような壁にぶつかりながらも、若者のために、働く場づくり、あるべきソーシャル・ファームの形を模索している。

3　Ｋ２が作る働く場

そこで、Ｋ２がどのように働く場を作ってきたのかを述べていきたい。

（1）創業期〜2005年頃
――Ｋ2の創業期に不登校だった10代の子どもたちが成長し、Ｋ2の中核を担うスタッフへ

Ｋ２は１９８８年に企業の社会貢献事業としてスタートし、民間団体として独立後の１９９０年には「お好み焼きころんぶす」を開店し、独自の就労の場を作ってきた。団体の経済的自立が子どもたちを支える上で大切なことだと考えたからだ。当時、不登校やひきこもりの子ども・若者の支援に対して国からの助成金や委託事業などはなく、当事者（実際には保護者から）の自費負担が主な財源だった。

発足当時、不登校の子どもたちに、学校ではできない面白い体験を通じて自信をつけ、元気になってもらおうとヨットでのアドベンチャークルーズをした。「お好み焼きころんぶす」はプログラムに参加した子どもたちの居場所として、また働く場として、団体の経済的な基盤としての役割を担っていた。

その後、関わりの深い保護者やサポートしてくださる関係者からの出資金によって、１９９６年に株式会社を設立した。当時、「若者支援団体」が株式会社になることのメリットはそう多くはなかったが、第一号の生徒だったY君（当時22歳）が定時制高校を7年かけて卒業した後、私たちの元で働きたい（就職したい）と希望したことを受けて、不登校だったY君が胸を張って働けるように「会社」として彼を迎えたいという代表の想いから株式会社にしたと聞いている。

生活やお金のためだけでなく、働く楽しみや喜びを感じてもらうことは若者の尊厳を守ることにもなると考えており、この考えは今も事業運営の土台となっている。

この頃、私たちの活動の中心は海外にあり、ニュージーランド・オーストラリアでの共同生活プログラムに常時30名前後の子どもたちが参加していた。彼らの多くは現地の学校に通い、その地で長期に渡り生活するようになった。しかし、もともと学校が嫌いな子どもたちも多く、学校に行くことを目的としていたわけではないので、学生という身分を保ちつつ、お小遣いを稼ぐための様々なしかけを生み出していった。

その最たるものが、現地のイベントなどでの屋台出店だった。ニュージーランド・オーストラリアなどで開催されているJAPAN DAYというイベントは、日本人主催の大きなお祭りで、ここで得意のお好み焼きやたこ焼きの屋台を出店し販売した。子どもたち・若者たちは汗を流して働き、一日で何十万円もの売上を上げ、大喜びした。屋台イベントには企画から準備、仕込み、設営、調理、接客、会計、片づけ、そして打ち上げまで、コンパクトに商いの要素が詰まっている。この経験を通じて働く楽しみ・喜びを実感できた。屋台イベントでの体験は、私たちの大事な活動の原点であり、現在もニュージーランド・オーストラリアのマーケットでの屋台を運営し、現地の方々に親しまれるお好み焼きやたこ焼きなどのジャパンフードを提供している。

また、ブックカフェ、どんぶり屋さん、チュータリングサービス（学習支援）、クリーニング事業など、自分たちの生活の中で必要とすることを小さなビジネスとし、各々の得意なメンバーが中心になってそれらを作ることを、子どもたちの遊びや部活のような感覚で続けてきた。

不登校やひきこもりという課題を持って、「支援される側」としてここに来た子どもたちが、誰かに食事を提供することで喜ばれる経験をしたり、一緒に活動する後輩や現地の人達を指導したりと、海外での活動は「支援する側」になるという大事な成長の過程の一助となった。

支援されて元気になって、不登校やひきこもりの経験をなかったことにして終わり、ではなく、「支援される側」から「支援する側」になることは、自己を肯定して前に進む人生を送るための大事なプロセスだと考えている。

そして今、現実に、団体としての草創期に生徒として参加した不登校やひきこもり経験を持つ者がＫ２の中核を担うスタッフとなり、国内、海外の各地、各事業の責任者として、また団体のミッションを伝える存在として、重要な役割を持っている。先に紹介したＹ君を含め、彼らはＫ２のコミュニティの中で育ち、学び、働き、現在30代後半から40代の働き盛りとなり、それぞれ家庭を持

オーストラリア・シドニーでの屋台の様子

若者生活寮にて　元当事者のスタッフ（家族と寮生たち）

ち、子育てをし、目の前にいる若者たちに関わり続けている。

（2）2005年〜現在まで
――若者自立支援施策から始まった多様な働く場づくりと若者の雇用行政との連携による支援の広がり

「お好み焼きころんぶす」の出店を皮切りに、独自に自主事業として取り組んできた若者のための働く場づくりと並行しながら、2005年頃からは、行政機関との連携による事業が一気に広がった。

その背景には、「成人期への移行」に対する社会的な関心が高まったことがある。これは主に二つの現象からだった。ひとつは若年無業問題の発生、もうひとつは非婚化による急激な出生率の低下である。両者は国の行く末を左右する大きな社会問題と認識され、2000年代にかけてこれらの問題に対する取り組みが本格化していった。2003年には若者自立挑戦プランが施行され、国による支援策が始まっていった。

特に、2005年に始まった「若者自立塾」事業は、K2が長年取り組んできた「共同生活」という支援手法を、公的な支援を受けながら実施できるという大きなチャンスであった。

その後、各自治体の取り組みも続々と始まり、K2においても2008年には、ひきこもりからの脱出期を支える居場所と相談事業として「よこはま南部ユースプラザ」（横浜市こども青少年局）と、就労体験と生活支援を中心とした「よこはま型若者自立塾」（横浜市こども青少年局）を受託、

２０１０年には、他団体からは少し遅れて、全国に拠点が広がっている「地域若者サポートステーション」（厚生労働省委託事業）を鎌倉市に開所した。

こうした社会の流れと共に拡大していった行政機関との連携により、これまでよりも幅広い若者を支援できるようになったが、同時に課題もあった。

支援の受け皿を作る

「若者自立塾」や「地域若者サポートステーション」をはじめとする国や自治体の自立支援事業は雇用支援の側面が強く、短期間で職業的自立を果たすように迫られた。

一方、実際に窓口を訪れるのは、長期間にわたるひきこもりやニート状態の若者であり、不登校経験やいじめ経験、発達課題や軽度の知的課題を背景にした二次障害、うつ病などの精神疾患、家庭内暴力、ＤＶ、無気力など、様々かつ複合的な課題を持つ20代～30代の若者が中心であった。就職氷河期世代でチャンスを失った若者もおり、その後の様々な不遇や社会情勢の変化が、折り重なるように彼らを追い詰めていた。とてもではないが、短期的な相談支援や体験だけで、一般就労に向かうことはできない若者たちであった。

これらの来所者は、私たちが長年支援してきた子どもたち・若者たちと共通していたため、支援のノウハウはあるが、ヨットで南の島へ行くわけにもいかない。相談支援の先にある、必要な自立への道筋を工夫していくしかなかった。横浜では自治体の支援もあり、居場所や体験活動等も他の地域に比べて豊富に用意することができたが、「就労・自立」の受け皿づくりは団体の努力に委ねられるところが大きかった。

国や自治体の支援のゴールが「就労・自立」と設定されていること、また支援自体は無料や低額であっても、プログラムを受けている期間の本人への給付や社会保障の制度がなく、生活費は自己負担や家族の負担に頼らざるを得ないことに加え、「早く働かなくては」という社会的なプレッシャーも重なり、自立へ向け時間をかけてステップアップする余裕はなく、即時の経済的な自立を求める若者や家族も多かった。

雇用情勢が良くなると世の中の風潮は「仕事は選ばなければいくらでもある」状態となるが、挑戦しては失敗する経験を積んできた若者たちにとって、自分に合った仕事を選ぶことができず何度も失職を重ねることは、負のループにはまり込んで傷を深くするばかりであった。

支援を必要とする若者の実情と社会の現実とにギャップがある中で、支援を受けた若者たちを受け止める必要性が増していき、私たちも2007年頃からは加速的に団体の働く場を広げていった。

若者たちが、これまで経験できなかった仲間との語らいや学びを通して、充電する期間を過ごしながら、共同生活で人との関わりや日々の身の回りのことを自分でできるようになり、生活リズムが整い、働くために必要な報告・連絡・相談ができるようになる、さらに仕事をするための具体的なスキルを学ぶ、というように、すべてを「～しながら働けるようにする」支援プログラムと就職の中間に位置する「中間的就労」や、医療や福祉と連携をしながらの「ケア付就労」は、このような流れの中で私たちの団体の中心的な取り組みとなった。

支援される側から支援する側へ

「若者自立塾」や「地域若者サポートステーション」の支援を経て、Ｋ２のスタッフ（正社員）として働く者は、２０２０年８月時点で45名を超えており、一定期間働いたのちに外部企業へ就職していった者も加えると、これまでに雇用した実数は１２０名強となる。さらにアルバイトや福祉的な就労を通じて、Ｋ２グループの事業所内で給与が発生している者は、およそ80名である。また、一旦は企業などに就職したが、うまくいかず戻ってきて、改めてＫ２で働く者も常に一定数おり、２０２０年８月時点で６名がこれに該当する。もともとひきこもり傾向にある若者は、一旦組織か

お好み焼きころんぶすのスタッフたち

パン屋のオヤジ販売

社員寮リビングでの談笑

ら離れてしまうとすぐに元の状態に戻ってしまうことが多い。それを予防するために、いつでも戻れる場所として、自立した後も支援団体がつながり続けること、他で失敗しても次に向かうまでの間の柔軟な就労の機会を提供し、機能していることの価値は大きい。

私たちは、元当事者で正社員として働くスタッフを「Jスタッフ」と定義している。彼らはそれぞれの持ち場の業務の他に、元当事者の先輩として今悩みを抱えて支援を必要としている若者たちへのケアをし、自分の経験を他の誰かのために活かすように指導している。それぞれの経験が負の歴史ではなく、同じ経験をしている人のために役に立つことは、自立のために必要なステップと考えているからである。ボランティアや訓練ではなく、賃金も社会保障も得ながら社会とのつながりもサポートも受けることのできる、新たな若者のための働く場づくりは、2010年代に入ってさらに必要が増え加速していった。

4　K2グループの働く場とスタッフについて

現在、K2グループは株式会社K2インターナショナルジャパン、NPO法人コロンブスアカデミー、NPO法人ヒューマンフェローシップ、一般財団法人若者自立就労支援協会、㈱うんめぇもん市など、複数の法人格を持ちながら、若者やその保護者、地域行政のニーズに応えるために柔軟な活動を展開している。

株式会社K2インターナショナルジャパンは、団体の中心的な法人で、共同生活（国内、海外）、

図1　K2インターナショナルグループの見取り図

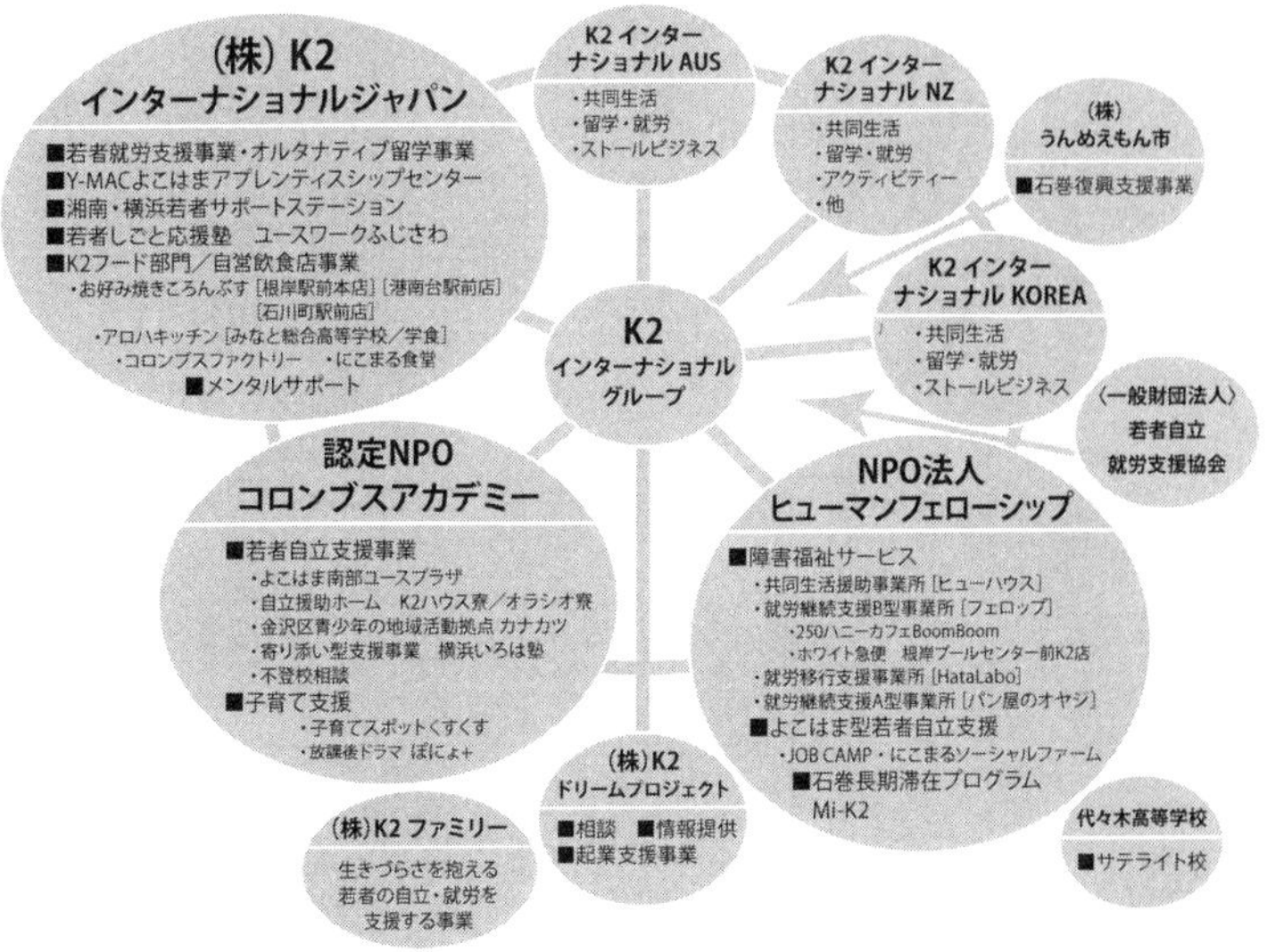

働く場としての飲食事業、相談事業、地域若者サポートステーションなどの一部委託事業など、民間団体として柔軟な対応をしている。

NPO法人コロンブスアカデミーは、2000年にNPO法が成立した時、K2グループの保護者による家族の会が中心となって設立した団体だが、発達段階に応じた切れ目のない支援を目指して事業を展開している。子育て・乳幼児支援、就学前教室、学童クラブ、中高生の居場所（地域活動拠点）や学習支援、不登校支援、ひきこもりからの社会復帰の居場所事業など、地域に根差した活動を広げている。

NPO法人ヒューマンフェローシップは、先に述べた国や自治体との連携による若者自立支援事業を受けたことにより、相談者の中でも一般就労は難しく、家族の経済的

K２インターナショナル　グループマップ

な支えも得られない若者を「支え続ける」ための手段として、福祉的な支援も含めた若者自立支援を目的として設立した法人で、主に障害福祉事業所を開設し、住まいと働く場を作り、グループの中でも医療福祉との連携に重点を置いて運営している。

そのほか、東日本大震災への復興支援からスタートした㈱うんめえもん市、若者支援の奨学金制度を運営する一般財団若者自立就労支援協会、K２家族の会の事業として運営する㈱K２ファミリーなど、日本だけでも６法人があり、合わせて海外にもそれぞれ現地法人を置いている。

法人格を複数にしているのは、日本において社会的企業法などに基づいた法人格がないこともあるが、多岐にわたる活動をそれぞれの法人がミッションを明らかにして実現しようとすることの意義も大きい。

私たちの特徴は、スタッフ・当事者の若者が共に暮らす「住まい」と、「働く場」を、地域社会と連携しながら作ろうとしていることである。

コミューンのような隔離的な場所を作るのではなく、既存の地域の中で、絆を持つ者が生活圏を共にし、暮らしに必要な食事や居場所、働く場などをそろえたコミュニティを形成する。地域社会と共存しながら、見えない絆で緩やかにつながるコミュニティは、一見普通の住宅地だが、必要としている人にとっては、安心とサポートと経済活動が両立しているコミュニティである。それが、Ｋ２の目指す「コミュニティ・イン・コミュニティ」だ。

5　Ｋ２で働く若者たち

すでに述べたように、Ｋ２のスタッフは多様であり、働く形態は正社員、契約社員、アルバイト、福祉事業所メンバー、有償ボランティアなど、また職場も飲食や学童、居場所、福祉事業所、上記で紹介した事業所などで約１００名がスタッフとして働いている。そのうちの半数近くが元当事者（不登校・ひきこもりの経験者）であるが、その他にも、もともとボランティアで関わった者や、最近では当事者の保護者がスタッフになるケースも多い。ハローワークなどを通じて専門職として採用されるケースは全体の１割程度にとどまっている。

前章で述べたように、Ｋ２の働く場づくりと積極的な雇用は、若者自立支援施策の広がりによって、より地域に根差し、加速していった。必然的に、元当事者であるスタッフ45名のうち、およそ7割にあたる30名は、２００５年以降に実施した「若者自立塾」や「地域若者サポートステーション」での支援を経てスタッフとなった若者たちとなる。

図2は、K2で働く若者たちの支援の過程と評価の見通しを示したものである。若者たちは当初「働く」ことに悩みを抱えて相談に来るが、彼らは働くスキルや経験がないだけでなく、その背景に様々な課題を抱えている。経済的な課題、住まいを含む暮らしの不安定、家族との関係、発達の課題や精神的な不安、また自分自身の課題を理解、整理ができないこと、助けを求めることや、相談できないことなどがある。同時にいくつもの課題がのしかかり、引きこもるか社会のせいにするしかない状態の人もいる。そのような状況の若者に対し、課題のひとつひとつを丁寧に解決しながら、段階に応じた支援や働く場を作っている。このような支援の取り組みは、対象となる若者だけでなく、地域全体のセーフティネットを強化することにもなり、地域社会を担う人材を確保することにもつながるだろう。

6　K2で働く若者の実像

ここではK2で働く若者への聞き取りを通して特徴的な三つのタイプに分類し、働く若者の悩みやニーズを探っていきたいと思う。

(1) 働いた経験がないため、職歴をつけて社会に出るきっかけにしたい若者

支援を受ける多くの若者が履歴書の空白に悩む。K2の職場で働くことを選択するのは、ここで職歴をつけていずれは資格をとり就職活動をしたいという理由からである。働くうちに、K2での

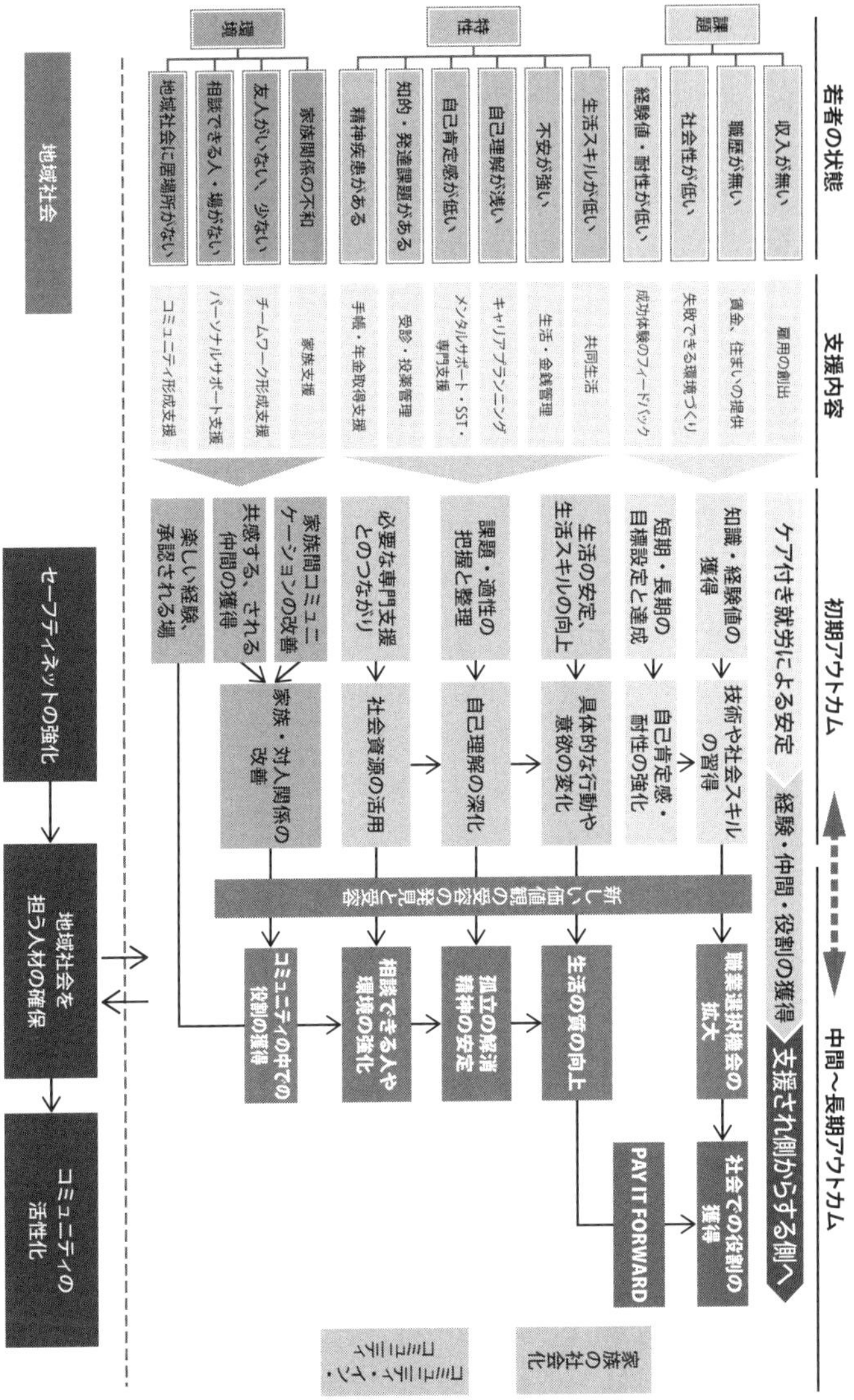

図2　K2における若者の課題と支援の段階

仕事に想いややりがいを感じてリーダー的な存在として働いている者もいるが、職歴をつけて就職活動をする者も多い。特に勤続年数が短い者はその傾向が強く、年齢の節目を迎えるあたりで転職を目指す者もいる。

ここでは自分の良いところもできないことも、理解してくれているので仕事としては働きやすいのかなと思う。これからについて、これをしたいというのはないけど、ここで働く中で自分に向いている仕事が少しわかってきました。もちろんＫ２はケアされながら働けるという安心感はあるが、少し自信がついたので暫くしたら外に出て頑張ってみたいと思っています。（30代男、スタッフ歴３年）

ここで働いていてよかったことは仲間がいることですかね。ここでは見栄を張らなくていいので。横のつながりというか、同じ経験をした者同士のつながりだと思います。（40代男、スタッフ歴７年）

彼らとの対話では、「仲間」について多く語られた。仲間と友人との違いについて聞いたところ、友人は趣味や楽しみを共有できる存在で、仲間は苦労を共にして得た関係や、話をしなくてもわかってもらえる存在のようだった。仕事のスキルを身に付けて得られる自信よりも、仲間との出会いによって得られる心の安心の方が大きいのかもしれない。また、生活満足度について聞いたアンケートでも満足度が高かったのが「社会とのつながり」についての項目だった。

社会とのつながりを一時失っていた若者たちが、ここで働くことによって「自分は社会の一員」だと感じ、それが今の生活の満足度につながっている。ここでの仕事や生活を通して孤立からの脱却、生活リズムの改善、仲間の存在が安心感につながり、社会に出ていく土台になっている。しかし、年数を経るにしたがって次のステップに踏み出そうという気持ちに変わっていくこともある。

共同生活は生徒のうちは合宿気分で気楽だったが、スタッフになれば役割もある。自分は６年目で歳をとったが、入ってくるのは20代～30代の人たち。仲間のような気持ちを持ち続けていくことが厳しくなってきた。ここでの経験で自信がついた部分もあるのでもう一度外でやってみたいと思っている。（30代男、スタッフ歴６年）

勤続年数や年齢の節目に次のキャリアや生活環境への模索を始める人も多く、現在も数名のスタッフが次のステップへと進むことを希望し、働きながら就職活動をするなど、準備を始めている。出戻りも大いに歓迎し、外で働いても戻れる場所をつくることで、安心してチャレンジできるように応援している。Ｋ２を働く場としてではなく、働き続けるためのコミュニティとしてつながり続けている例を紹介する。

19歳の時に家に居づらくなり、Ｋ２の共同生活に参加しました。自分にとってはここでの生活は人と関わりやすかったですね。その後、寮から専門学校へ行き、卒業後は就職して、今はSEとして働いています。今は寮生活をしていませんが、すぐ近くに住んでいます。これからもたぶんこの地域に住むと思いますね。月に一回はスタッフの人に困りごとを聞いてもらったり、お店に行けば誰かに会えたり、道で会ったり……具体的なことよりも気持ち的な安心感ですかね。仕事は今ほとんど在宅で人とあまり会わないですが、完全に一人は辛い。実家とは違うけど、帰れる場所という意味では家みたいな感じなのかな……。（20代男、支援を経て企業就労）

（2）企業や一般の職場ではうまく働けない、サポートを受けながら働きたい若者

前述のように、経験を積んで社会に出ていく若者にとってK2の職場はまさに「中間的就労」であるが、ここで紹介する若者たちは「ケア付就労」という表現が適切かもしれない。若者の中には医療や福祉的な支援、また生活面など特別なサポートを受けながら働いている者も多い。

仕事は居場所スタッフです。ひきこもりから出てきた若者たちが安心できるようにサポートしています。K2で働くメリットは仕事と生活がかぶっていることですね。自分は仕事と生活を完全に分けているとバランスが取れなくなって、仕事に出られなくなったりする可能性があるので、家族以外のところで生活していることが大きいですね、家族だと完全に甘えちゃうので人の目があることが必要だと思います。本質的に自分の性格、特性は変わらないので、K2みたいな環境でないと仕事は続けられないと思います。もしK2で働いていなかったら……両親

も既に他界しているので、生活保護か、この世にはいないかもしれないですね。ここで働くことで障害者手帳を返上することもできました。正直、今でも働かなきゃという焦りはあまりないですが、社会に参加していることへの満足感はあります。（40代、スタッフ歴12年）

感情の起伏が激しい私に、スタッフはこれまでよく寄り添ってくれたと思います。スタッフとして働いてからもそれは変わらず、以前はお客様にもひどい対応をしたりしたので、周りのスタッフが代わりに謝ってくれたりと本当に迷惑をかけていました。今の仕事は接客やイラストを描くなど自分の得意なことを活かせるので、バランスがとれていて楽しいです。

　私は暇な時間があるとすぐにネガティブになり、要らないことを考えてしまうのでダメなんです。嫌なことは多少あっても、仕事をしてやり過ごすことができています。以前は不安定で共同生活寮でスタッフにいつもたくさん話を聞いてもらい迷惑をかけたけど、今はシェアハウスのような感じで程よく人と関われていて安定しています。（20代、スタッフ歴３年）

彼らは主に生活面や精神面でのサポートを受けることで安定した就業ができ、得意なことや技術などで他のスタッフにも負けない力を発揮している。

生活面でのサポートは40代男性スタッフのように、「自分は人の目がないとダメ。だから一人暮らしは望まない」という人もいる一方で、一人暮らしを望む人もいる。プライベートを確保しつつ、一緒に食事をしたり、助け合ったりする関係を作ることで、働き始めた後もつながりが切れない環境を作っている。何かあっても助けてくれるという安心感は、住まいと仲間が地域の中で緩やかにつながりを持つコミュニティができているからではないだろうか。また、緩やかな共同生活は生活コストを下げることにもなり、働く若者たちの生活の質を上げる一つの要因にもなっている。

(3) 支援者として自分の経験を活かし、生活の基盤をつくりはじめた若者

中間的な就労から主体的な存在として若者支援の担い手となり、K２での仕事と生活を基盤にして家庭をつくり、地域で子育てをしている若者たちもいる。

> 自分に自信がないということが根本的にあったので、ここで築いた人間関係こそが財産だと思って働くことを決心できました。現在は飲食の現場で実習に来る若者たちの受け入れをしています。メンバーが色々な経験ができるようにサポートしていきたいと思っています。４年前に結婚をして息子が生まれました。ここに来るまでは自分が結婚をするとは想像もしていなかったです。そもそも人を避けて生活していたので……。ここに来て同じような経験をした仲間との出会いが大きかったと思いますね。(30代男、スタッフ歴９年)

> ここで働くのは自分自身の特性とか弱みだったり、いろんなものを受け入れてもらって働いているということ、みんなに子どもを見てもらって、仕事と子育てが両立できているということが一番かな。前の職場で、一人暮らしをしていた時は、自炊をする気力もなく、食事も外食が

多く、手元に何も残らなかった。今は経済的には二人で働いているから保育園に預けながらも貯金できている。もし専業主婦だったら息が詰まっていたと思う。たぶんここでなかったら育児に悩んで引きこもっていたかもしれない。Ｋ２で働くことで、自分と同じような経験をした若者のためになればいいいと思う。（30代女、スタッフ歴８年）

結婚や子育てをしているＫ２の若者には手厚くサポートが受けられる環境があるため、アンケートでは子育て環境への満足度が高いという結果が出ている。元当事者の若者にとって結婚や子育ては、就労後の大きな壁にもなるが、新たなステップにもなっている。特に社会的に大きなブランクがあることや、コミュニケーションに苦手さを感じている元当事者には、負担が大きく精神的に落ち込みやすい。子育てを機に鬱状態が再発し、引きこもる人も見てきた。

しかし、子どもが生まれ、まさに守るべき存在によって人生の目標を持ち、生活も変わったと話している者も多い。若者の未婚率は年々高くなっているが、Ｋ２では元当事者の若者たちが安心して結婚し子育てができる環境をさらに整えていきたいと考えている。

今、小学生以下の子どもを育てるスタッフは16人おり、自社の運営する学童や子育て支援を利用し、時短勤務やスタッフ同士の助け合いを受けやすい環境ができつつある。職住近接であることは子育て世代にとっても大きなメリットとなっている。様々な課題を抱える若者への支援と職場づくりのために作ったセーフティネットは、不登校・引きこもりの経験のない人も含めて、誰もが安心して働き暮らすことができるコミュニティになるのではないだろうか。

結婚して、子どもができたことで価値観は大きく変わった。自分だけだった世界から家族のことを考えるようになりました。お給料は正直言えばもっとあったほうがいいですが、社員寮に住まわせてもらっていることや、食べることには困らないし、子どもを皆で見てもらっていることは大きいと思います。（30代男、スタッフ）

これまでのアンケート・ヒアリングを通してK２の職場は、働き始めようとする若者たちにとっての第一歩目として、働くことの楽しみや仲間の存在、労働の対価を得ること、住まいや安全が確保されることが強みであると再認識できたが、課題も明らかになった。特に近年はスタッフの年齢や勤続年数、生活状況も幅広くなってきたため、それぞれのライフステージにあった仕事と住まいが必要になっている。

また、コロナの影響もあり、事業運営も変化の時にある。若者の働く場として長年運営してきた飲食部門も大きな打撃を受けた。新たな取り組みも既に始めているが、弱い立場にある若者たちが、コロナ禍でも生き抜いていくために、必要な力をつけられる支援と働く場づくりが求められている。

若者支援における「中間的就労」の意義は、未経験や長いブランクから社会に出るためのステップとして、というだけでなく、福祉的な就労と一般就労との間、生活支援と就労支援との間など、様々な「間」を埋める柔軟な「働く場」としての機能ではないだろうか。若者が就労困難な状況にある時に、経済的な保障やサポートが受けられると共に、柔軟な働く場が用意されることは、彼らが社会の一員として尊厳を持って生きるために必ず必要である。

7　若者のアンダークラス化を防ぐために

若者の自立支援はこの15年程で大きく広がり、全国どこに住んでいても相談できる機関ができた。しかし、困難を抱える若者を取り巻く社会は、より厳しい状況になっている。支援機関を訪れた若者たちがそれぞれの自立を果たし、その後も元気に生活していて欲しいと願うが、私たちが知る限り、行きつ戻りつ何年も自分の行く道を探し続けている人が多いように思う。

本書のテーマでもある「アンダークラス」は収入の線引きだけでなく、社会的なつながりなどを含めたその人が持つ、セーフティネットの厚さで測られるのではないだろうか。それは安心できる住まいや食事、信頼できる仲間や大人との出会い、困った時の助け、地域とのつながりがあるかどうかなどが重要な条件である。また、上手に家を離れること（離家）ができると社会的・精神的な自立につながりやすい。困難を抱える若者への生活と仕事を含めた支援のためには、段階的な支援と仕事の場、それを支えるコミュニティが必要だ。

若者支援の出口づくりにはまだまだ課題が残されている。若者の自立を支援する団体が中間的な働く場を作りやすい制度を整えることは、「若者のアンダークラス化」を防ぐ一つの道筋になるのではないだろうか。

注

1　若者自立塾（正式名：若者職業的自立支援推進事業）は、厚生労働省からの委託を受け、財団法人日本生産性本部が本部となって、2005年～2010年3月まで実施していたニートの就業支援および支援を行うための助成事業。3か月～6か月の合宿型プログラムとして全国の民間団体が受託運営していた。

2　地域若者サポートステーション（2006年～）は、働くことに悩みを抱える15歳～49歳までの方に対し、キャリアコンサルタントなどによる専門的な相談、コミュニケーション訓練などによるステップアップ、協力企業への就労体験などにより、就労に向けた支援を行う。厚生労働省が委託した全国の若者支援の実績やノウハウがあるNPO法人、株式会社などが実施している。2020年現在、全国に177か所設置されている。

参考文献

寺島彰（2014）「わが国のソーシャル・ファームを発展させるための考察」『浦和論叢』(50)
宮本みち子（2015）『すべての若者が生きられる未来を――家族・教育・仕事からの排除に抗して』岩波書店

第8章　家族扶養・正規雇用の相対化から見える若者への社会保障

――横浜市における新型コロナ禍前後の取り組みを事例に

樋口明彦

要旨

本章では、生活の不安定化が進む時代に、若者への社会保障が果たす役割について検討する。最初に、現金給付をともなう所得保障制度の現状を概観したうえで、その特徴を整理する。次に、横浜市における青少年相談・社会福祉・ハローワークという三つの現場への聞き取り調査から、若者がどのように社会保障を利用しているのか、その様子を探る。最後に、２０２０年の新型コロナ禍に対して、それぞれの現場がどのように立ち向かっているのかを具体的に整理しながら、改めて社会保障が果たす役割を検証する。以上の考察から、家族扶養と正規雇用に基づく既存の保護システムに依拠するのではなく、むしろ若者個人が現金給付の対象となるような、よりシンプルな社会保障制度（一元的な求職者給付）の必要性を展望する。

1　はじめに

１９９０年以降、若者の人生行路には様々な不透明さがつきまとうようになってきた。もちろん、社会に歩み出すためには、ときに試行錯誤を通じて自分を知る経験も必要だろう。ただ、そのような心理的な発達プロセスとしてだけではなく、多くの若者は確固たる信頼をもって将来展望を想定することが難しくなってきたのである。とりわけ、景気後退にともなう就業機会の減少だけでなく、非正規雇用の増大を意味する働き方の不安定化は、正規雇用という今まで目指すべきだった目標を大きく揺るがすことになった。このような状況が続くなかで、その射程は単に雇用だけの問題ではなく、徐々に日々の暮らしの問題へと移り変わっていく。本章では、若者が抱える課題の変化を追いながら、その対応策として社会保障の可能性に着目することにしたい。

2　若者と教育・労働・福祉のニーズ

（1）若者をめぐるカテゴリーの変遷

日本の若者がどのような課題を抱えているのかについて考えると、１９９０年の不登校・ひきこもり、２０００年代のフリーター・ニート・ワーキングプア・ネットカフェ難民、２０１０年代の８０５０問題・就職氷河期世代など、長いリストが思い浮かぶ。このようなカテゴリーの変化から、二つの傾向を読み解くことができよう。第一に、課題の複合化である。もともと学齢期にある若い年齢層の問題から始まった若者の教育の課題は、２０００年代から労働の課題（非正規雇用・無業）へとその重心を移し、結果的に福祉的な課題（住居喪失・社会参加の喪失）へと飛び火していく。これは単にその主たる領域が教育・労働・福祉という順番で一方向的に移り変わっていくのではなく、労働と福祉という二つの領域の課題が深く結びついて顕在化していることを表している。つまり、働き方の不安定化は、必然的に日常生活の不安定化に直結するようになっているのだ。第二に、このようなプロセスは、課題の長期化と言い換えることもできよう。若者が人生上の一局面で直面していた教育と労働という課題がうまく改善されないまま続いていくことは、若者が歳を重ねて生きていく時間の中で少しずつ課題が延長されていくことに等しい。近年、改めて議論される８０５０問題は、その典型だと言える。

若者の課題が複合化・長期化していく傾向があるとすれば、若者支援のあり方をどのように構想していったらいいのだろうか。一見すると、このような傾向は課題が拡散して複雑になってしまい、収拾がつかなくなっているように見えるけれども、必ずしもそうとは限らない。むしろ、このような課題の広がりのなかで、それらの共通項を導き出すことができれば、それに対する支援は包括的な受け皿となりうるだろう。それが、若者個人の低収入という課題にほかならない。若者のニーズを考えた場合、教育・労働・福祉のように、それぞれのカテゴリーの文脈に準じた個別的なニーズを探るのではなく、むしろ個々のカテゴリーに通底する一般化されたニーズ、つまり若者個人の低収入を考える方が多くの若者を射程に収めることができるのだ。

(2)包括的な若者支援としての社会保障

若者個人の低収入というニーズに対して、もっとも適合的な社会政策が若者への社会保障であろう。とはいえ、日本において若者への社会保障は必ずしも潤沢なものとはいえない(脇田・井上・木下、2008)。たとえば、無業者に対する所得保障制度に関して日本とヨーロッパ諸国を比較したとき、日本の特徴として、①一定期間の拠出履歴を前提とした失業保険に基づく社会保険が中心であること、②社会保険であるため、保険に未加入の者や保険による給付期間を終えた者は対象から漏れてしまい、とりわけ非正規雇用や無業経験によって雇用歴が不安定になりがちな若者にとって、これは失業給付からの脱落に直結してしまうこと、③生活に困る者への最終的なセーフティネットである生活保護においても、資力調査・稼働能力の活用・親族による扶養義務などの厳しい審査基準によって、受給する割合は極めて低いことが挙げられる(樋口、2015)。つまり、日本で生きる若者への社会保障の現状を見てみると、その捕捉率の低さが最大の特徴となっており、確かに社会保障は制度として整ってはいるものの、それへのアクセスが限定的で十分に利用することができない点に大きな課題があると言える。広井良典は、このような趨勢をライフサイクルの視点から読み替えて「人生前半の社会保障」を提起し、具体的には20~30歳のすべての若者に月額4万円程度を給付する「若者基礎年金」を構想している(広井、2006)。もちろん、このような政策提言だけでなく、日本の若者が受け取ることのできる所得保障を見た場合、実際に新たな制度がいくつか創設されている。まずは、若者に対する社会保障制度を簡単に概観してみよう。

（3）若者に対する社会保障制度の概要

若者が受け取ることのできる現金給付の種類は、当事者のニーズに基づいて多岐に渡るため、その全てを網羅することは難しい。ここでは、できるだけ簡略化した見取り図の作成を優先するため、若者の単身世帯者（学生を除く）を念頭において、法令上持続的な運用が見込まれる給付制度に限って整理していくことにしたい（若者の社会保障を考えるうえで、子どもを持つという家族形成は欠かすことのできない重要なテーマである。その点、中学校卒業までの子どもを養育する者に支給される児童手当や18歳までの子どもを養育するひとり親に支給される児童扶養手当の役割も検討すべきだが、若者と出産・育児という別テーマを詳しく検討する紙幅が取れないため、本章では割愛する）。表1は、若者が受給することのできる２０２０年現在の所得保障を整理したものである。給付の具体的な内容については表1の説明文に譲ることにして、ここではそのポイントを指摘するに留めよう。

第一に、大きな枠組みとして、失業・困窮・障害という基本的なニーズに対して、失業給付・生活保護（生活扶助や住宅扶助）・障害基礎年金という給付が応じることになっている。このとき、失業給付と障害基礎年金はともに社会保険として運用されているため、雇用保険や国民年金への拠出歴がないと、受給資格を得ることができない。そのため、様々な事情から生じうる生存への脅威に対する最後のセーフティネットとして生活保護が設置され、社会保険の原則とは別に、必要に応じて税金を財源とした給付を受けることが可能となっている。

ただ、生活保護が最後のセーフティネットとしての機能を果たしているとはいえ、その支給要件は厳格で受給は必ずしも容易ではない。そのため、三つの給付システムの間には時として「穴」が存在してしまい、2008年のリーマンショックのような緊急の経済危機が生じると、そこにはまりこんでしまいかねない人々が生まれる。そうした要請に応えるものとして、雇用保険と生活保護の隙間を埋める「第二のセーフティネット」の必要性が議論されるようになってきた。その結果、2010年代に入ってから職業訓練受講給付金と住居確保給付金という新たな給付が誕生したことこそ、まさに第二のポイントであるといえよう。ただ、この新制度の創設は、寛容さと厳格さという二面性を合わせ持っている。一方で、生活保護に至る手前の段階に支援の射程を広げ、無理なく求職活動を続けて困窮状態から脱するプロセスそのものを、いわば新たなニーズとして掘り起こし、その間の日常生活を支える金銭的支援を行うことは、不安定な人々にとって寛容な支援の枠組みと言える。しかしながら他方で、この新たな給付は、求職者のある特定の「行為」だけにその対象を絞り、その対価としての役割に自らを限定している。すなわち、職業訓練受講給付金であれば認定された職業訓練コースを受けること、そして住居確保給付金であれば住居を維持することである。たとえば、職業訓練を受けずに仕事を探す求職者の住居費や生活費、そして仕事を探す生活困窮者の住居費以外の生活費は、枠組みの外に置かれている。つまり、確かに新たな給付の創設は支援の幅を押し広げたものの、その裾野はあらゆる求職者にまでは至っていないのが実状なのだ。

社会保障制度は再編されてきたものの、その変化の道のりは半ばであるという判断を、前節で言及した視点を使って言い換えれば、社会保障はいまだ若者個人の低収入に応じたものにはなっていないといえよう。その背景には、まだ検討していないもう一つの要因、つまり若者の自立を支える担い手は、家族なのか、それとも社会なのかという問いも関係している。民法877条は、子ども

表１　所得保障の一覧（筆者作成）

種類	失業給付	職業訓練受講給付金	住居確保給付金	生活扶助・住宅扶助など	障害基礎年金
根拠法令	雇用保険法（1974年）	求職者支援法（2011年）	生活困窮者自立支援法（2015年）	生活保護法（1950年）	国民年金法（1959年）
対象者	雇用保険の適用がある失業者	雇用保険の適用がない失業者	生活困窮者（現在生活保護を受給していないが、生活保護に至る可能性のある者で、自立が見込まれる者）	資産や能力等すべてを活用してもなお生活に困窮する者	病気やケガによって生活や仕事などが制限されるようになった者（厚生年金加入の場合は、障害厚生年金として上乗せ）
主な支給要件	①離職日以前２年間に、被保険者期間が通算12か月以上 ②ハローワークでの求職申込み	①雇用保険の適用がない ②職業訓練などの支援を行う必要があるとハローワークが認定 ③ハローワークでの求職申込み ④資力調査 ⑤全ての訓練実施日に出席（事情がある場合は、８割以上）	①65歳未満で、離職・廃業から２年以内 ②離職等の前に世帯の生計を主として維持 ③ハローワークでの求職申込み ④国の雇用施策による給付等を受けていない ⑤資力調査	①資産の活用 ②稼働能力の活用 ③年金や手当など他の制度の活用 ④親族など扶養義務者の扶養	①一定の障害の状態にある ②国民年金の加入時に初診日がある ③保険料納付要件
受給期間	90～360日（年齢・被保険者期間・離職理由による）	最大２年（訓練期間による）	３～９か月（３か月ごとに再申請が必要）	制限なし	制限なし（定期的に診断書の提出が必要）
受給額	賃金日額の約50～80％（30歳未満：上限6,850円）	月額10万円（＋通所手当）	家賃相当額（横浜市の単身世帯：上限52,000円）	横浜市の単身世帯：月額131,230円（生活扶助79,230円＋住宅扶助52,000円）	１級：年額977,125円、２級：年額781,700円
管轄機関	ハローワーク	ハローワーク	地方自治体の担当窓口	地方自治体の担当窓口	地方自治体の担当窓口、年金事務所

が自活能力を獲得するまで親の扶養義務を規定し、生活保護の支給要件でも親族の扶養義務は考慮されている。しかしながら、８０５０問題の顕在化を考えると、この扶養義務を長期にわたって維持することは、また新たな別のリスクを生み出しかねないことに気づく。若者個人への低収入に対する社会保障は、まさにこのリスクを抑制し、いわば「私的領域と公的領域の境界」（樋口、２０１１）を引き直すことにつながるだろう。以上のように、若者への社会保障のいまの姿とは、既存制度の筋道に沿って再編されている途上であって、若者個人の低収入という一般化されたニーズに応じたものには至っていないと評価することができる。

3 問題設定

ひとまず若者への社会保障を理論的に整理してきたが、はたして若者支援を行っている様々な現場では、社会保障の実態はどのようになっているのだろうか。とりわけ「第二のセーフティネット」として導入された職業訓練受講給付金と住居確保給付金は、現場においてどのように活用され、その効果はどのようなものなのか。また、２０２０年1月から始まった新型コロナ禍のような緊急事態時に、社会保障はどのような役割を果たしているのだろうか。以下では、この三つの問いを見ていくことで、若者への社会保障のありようを改めて吟味することにしたい。検証にあたって、２００６年に子供・若者の自立支援を担当する専門部局「こども青少年局」を設置し、「ユーストライアングル」と「よこはま型キャリアラダー」という独自の支援モデルを構築してきた横浜市の取り組み（関口、２０１５）に焦点を当てる。青少年相談センターのA氏とB氏（２０２０年７月３日）、生活支援課生活困窮者支援担当のC氏（２０２０年８月13日）、横浜わかものハローワークのD氏（２０２０年８月４日）に半構造化インタビューを用いて聞き取り調査を行い、青少年相談・社会福祉・職業紹介の現場において若者への社会保障をめぐってどのように対応しているのか、その様子を探った。調査を実施した時期は、新型コロナの感染状況でいうと、拡大の第一波を受けて４月７日に出た「緊急事態宣言」が５月25日に解除され、一旦収束の目処が見えたものの、第二波の高まりが明らかになって再び不安感が醸成されていった時期に当たる。また、本論は２０２０年９月に脱稿されたため、考察もその時期までのデータに基づくことを断わっておきたい。まず次節からは、新型コロナウイルスが蔓延する以前の様子を見ていこう。

４　若者支援におけるカテゴリーの揺れ動きと社会保障

（1）青少年相談センター――家族扶養の相対化

若者（対象年齢15～39歳）の様々な悩みに関する個別相談を行い、社会参加として体験プログラムを実施する青少年相談センターは、家族からの相談を受けることが多いという点で、横浜市で提供されている諸々の施策の中では入り口の段階に位置づけられる。近年、ひきこもりの若者に対する支援の必要性が声高に叫ばれるようになっている。青少年相談センターでは２００９年からひきこもり地域支援センターの認証を国から受けている。２０１９年度の「青少年の総合相談」の実績を見てみると、電話相談が1874件で、そのうちひきこもりを主訴とするものは284件と約15％を占めている。年齢構成は「30歳以上」が約4分の1と、必ずしも年齢層が高いわけではない。「電話相談は母親が多く半数程度。当然、青少年相談を大事にしているが、支援がその本人に届くように家族への支援も大事にしています」とB氏が述べるように、若者の相談とはいっても、その最初のきっかけとして家族の果たす役割が大きい。若者支援において家族の占める位置には、両義性がある。一方で、悩みを抱え、ともすれば孤立しがちな若者に、家族は外部の社会サービスにつながる機会を提供する媒介者の役割を担っている。他方で、家族を介した若者支援では、時に若者本人が抱えるニーズが後景に引いてしまい、家族に傾斜したニーズが表面化することになってしまう。このような子供と親が認識するニーズのずれは、次のようなB氏の言葉に如実に現れている。「親からすれば、大学に行って、働いて、結婚してほしかったのに、なかなかうまくいかないという相談も、若者本人にとっては親の価値観を押し付けられていることへの辛さになることがある。若者の話を聞いてみると、「そういう話しかされない。だからお母さんとは合わないんだ。お父さんとはもっと合わないんだ」と返ってくる」。家族の「支え」と「抱え込み」をめぐる、この避けられない微妙な葛藤は特にひきこもりにおいて顕著になりやすい。

そうしたなか、青少年相談センターでは、相談内容の分類をめぐって項目の細分化という変化が生まれた。伝統的な項目では、相談内容は「問題行動」「人間関係」「学業・進路」「心身の発達」「家族関係」「身上相談」などに分類され、なかでも「家族関係」「ひきこもり」「不登校」などの相談がもっとも多い項目となっていた。だが、2020年4月から、そうした項目に加えて「社会参加に関する相談」「経済的な相談」「住居相談」が新たに追加されることになったのである。「外で暮らしたい」「親から自立したい」などの暮らし向きに関する相談は、より若者本人の自立に関わるものとして、詳細に区別され、独立した項目として捉えられる余地が生まれた。つまり、相談内容が若者の立場を中心としたニーズとして再解釈されることになったのだ。このような自立へのニーズは、若者への社会保障が目指す方向性に近い。若者の自立を可能にするための金銭や住居をいかにして確保するのかという問題は、家族扶養という前提から距離をとることによって初めて顕在化するのだと言えよう。

ただ、対象者の年齢層が必ずしも高くない青少年相談センターでは、現在のところ、就労や生活に関する内容を主訴とする相談は約１割とそれほど多いわけではない。生活困窮関連の給付や障害年金などの必要性がある場合は、専門の他機関（生活支援課や基幹相談支援センターなど）に紹介し、センターとしての役割は「生活安定を含めて、一緒に考えていく」（B氏）個別相談が中心となる。以上のように、青少年相談センターは主として家族を含めた支援体制を構築しているものの、同時に問題への対応は、より若者のニーズを中心にした支援体制の再編へと徐々に向かっていると言えよう。次は、その紹介先の一つである生活支援課の現状を見てみよう。

（２）生活支援課――個別的な支援の糸口

横浜市では、当初から生活困窮者自立支援事業を直営で担うことで、生活保護法と生活困窮者自立支援法に基づく生活困窮者への対応を、各区の生活支援課による相談窓口で一元的に運用している。このような直営型の運営は庁内のネットワークを有効活用することができるので、制度の狭間を埋めていく生活困窮者自立支援制度にとって大きなメリットがあるとC氏は説明する。最初の相談において、「生活の状況をお聞きして、本人がどうしていきたいのかということを聞いて」、それに寄り添いながら、「よりふさわしい制度を案内する」（C氏）という体制になっている。生活保護と生活困窮者自立支援の判断には、本人の意向を尊重しつつも、現在の日常生活を維持できる金銭的な見通しがあるのかが重要な鍵となり、もし難しいようであれば、生活を一旦立て直すためにも生活保護の利用を促すことになる。なぜなら、現金給付のあり方として見た場合、生活保護と生活困窮者自立支援には大きな違いがあるからである。前者は、住宅扶助だけでなく食費・被服費・光熱費など日常生活に必要な費用である生活扶助を支給するが（必要に応じて医療扶助や教育扶助なども追加）、後者は、給付をともなうものは住居確保給付金のみで生活に当てる費用一般が支給されるわけではない。つまり、あくまで生活困窮が深刻になる前に予防することを主眼とした後者は、住居喪失というある特定のリスクにのみ限定して、いわゆる低収入から派生するニーズ一般に応じるものではないのだ。

2019年度の実績を見てみると、新規相談者数は6907件で、相談内容は数の多いものから上位5位までを挙げてみると、「就労相談」29・5％、「収支バランス」17・6％、「金銭等給付希望」13・9％、「住居」12・4％、「滞納相談・債務整理」10・2％となっている。さらに、その年齢別内訳を見てみると、おおむね若者に相当する「30歳未満」および「30～39歳」は、それぞれ10・7％、12・5％と、合わせて約4分の1を占めていることがわかる。次に、表2から同

表２　住居確保給付金の実績

	相談数（件）	支給数（件）	世帯別割合（%）			年齢別割合（%）				
			単身	２人	３人以上	30歳未満	30～39歳	40～49歳	50～59歳	60歳以上
2019年度（4～3月）	1206	111	81.1	8.1	10.8	39.6	21.6	18.9	17.1	2.7
2020年度（4～6月）	10342	2087	58.4	20.5	21.1	21.1	23.4	25.8	20.0	9.6

出典：横浜市提供資料に基づき筆者作成

時期の住居確保給付金の実績を見てみると、支給決定数は１１１件で、相談者数全体に占める割合は１・６％、相談内容が「住居」だった者に占める割合でも１２・９％にすぎず、その値は非常に小さい。その背景には、主たる生計維持者であることや、離職・廃業から２年以内、求職活動、資力調査などの要件が厳しいことに加え、申請をめぐって「提出書類が多く、煩雑に感じられる」（Ｃ氏）ことも数が伸びない一因であろう。ただ、その詳しい内実からは違う様相も透けて見える。すなわち、世帯別割合では「単身世帯」が８１・１％と多数を占め、また年齢別割合でも「30歳未満」が３９・６％、「30～39歳」が２１・６％と、若者が６割を超えるのだ。生活保護の年齢別分布と比べてみると、その傾向は際立つ。２０１８年度の横浜市における生活保護被保護人員の年齢構成を見てみると（ただし、住居確保給付金との比較を念頭に15歳未満の子どもは除く）、「30歳未満」７・４％、「30～39歳」６・２％と、若者は合わせても１３・６％で、「40～49歳」１２・７％、「50～59歳」１４・２％、「60歳以上」５９・４％と、高齢者に大きく偏っている（神奈川県福祉子どもみらい局福祉部生活援護課、２０２０）。Ｃ氏によると、当然ながら生活保護で年齢による差別化をしている訳ではなく、その背景には、家族がまだ現役世代であるため扶養援助を受けやすいことが多いと考えられる。

ただし、住居確保給付金の給付期間は決して長いものではない。住居確保給付金は、3か月ごとに延長申請をしなくてはならないが、延長を申請して支給が決まった件数は約15％に留まる。C氏によると、生活困窮者自立支援制度そのものがプランとしては6か月を目処に再評価を行い、「早い方は、1か月、2か月。生活困窮という言葉に引っ張られますが、仕事探しだけのサポートを希望する方も多く、支援を開始して、ジョブスポット（引用者注：区役所内に設置されたハローワークの出張機関）で仕事を見つけ、すぐに支援終了の方もいます」ということだ。また、生活困窮者自立支援制度と生活保護の間にある往還の動向を見てみると、まず生活保護の廃止から生活困窮につながっているのは432件で、これは相談者数の6・3％に該当する。反対に、生活困窮で相談を受けたあと、生活保護につないだケースは732件で、相談者延べ数の6・7％に当たる（延べ数でのデータのみ）。つまり、住居確保給付金は長期にわたる経済的支援というよりは、一時的な生活救済という側面が強いと言える。以上のことから、若者への社会保障という観点から住宅確保給付金を考えた場合、その支給数は少なく、また期間も一時的であることから、限定的なものだと言える一方、その給付の宛先としては一人暮らしをする若者にとっても条件さえ合えば利用できる制度であると結論づけることができよう。

（3）横浜わかものハローワーク――正規雇用の相対化

最後に、ハローワークが管轄する失業リスクに関連する給付の状況を見てみよう。まず、もっとも基本的な給付として失業給付を挙げることができる。ただ、失業給付は雇用保険に基づいて運用されるため、受給するには拠出歴をともなった被保険者期間が必要になってくる。近年の雇用の不安定化のため、その期間は徐々に短くなって緩和される傾向にあるものの、非正規雇用で働く者が多い若者の場合、雇用保険への加入は必ずしも当然のことではない。たとえば、「若者の教育とキャリア形成に関する調査」（2011年）において、若者の雇用形態別に雇用保険に加入していると回答した者の割合を見てみると、「正規雇用」90・7％、「契約社員」78・9％、「アルバイト」57・4％と、大きな違いがうかがえる。ここには、そもそも加入しているかどうかを知らないという情報不足を含め、雇用保険からの遺漏という別のリスクが垣間見える。重ねて、失業経験者のうち、失業給付を受け取った者も少ないのが現状だ（樋口、2017）。

では、雇用保険の適用がない求職者に対する「第二のセーフティネット」として導入された求職者支援制度の運用状況はどうだろうか。やや古い統計データになるものの年齢別内訳が公開されている2015年度の全国での実績を見てみると（職業安定分科会雇用保険部会、2016）、無料の求職者支援訓練（基礎コース・実践コース）を受講した者は4万588人で、そのうち「30歳未満」31・0％、「30～39歳」27・2％と、若者がほぼ6割に達する。さらに、職業訓練受講給付金の支給状況でも、初回受給者2万626人のうち、「30歳未満」35・6％、「30～39歳」28・5％と、若者は合わせて6割以上を占め、「40～49歳」22・2％、「50～59歳」11・1％、「60歳以上」2・5％との違いは歴然としている。このように給付として見た場合、職業訓練受講給付金は、住居確保給付金と同様に、若者に開かれた特徴を備えているのだ。

しかしながら、参加者の実人数に目を転じると、制度が始まって以来、雇用情勢の改善もあって、その数は一貫して減少を続けている。試しに、先の求職者支援訓練受講者および職業訓練受講給付金受給者が、当時の失業者のうちどのくらいを占めているのかを概算してみると、その割合はそれぞれ1・8％、0・9％にすぎず、あくまで小さい。求職者支援制度が幅広く活用されていない背景として、そもそも日本の労働市場は職種ごとに職業資格で序列化された構造を持つことが弱いため、ヨーロッパ諸国に比べて職業キャリアを展望するときに職業訓練が果たす役割が相対的に小さいことが挙げられる。D氏は、ハローワークで職業紹介をする際に、そもそも職業訓練ありきで話がスタートするわけではない点を強調する。「最初から訓練を斡旋するって、私たちハローワークはあまりやりません。……私はどんな仕事が向いているのと、そもそも適職を相談しに来るわけじゃないですか」とD氏は述べ、その過程を「まず、その仕事に就けるかどうかですよね。その仕事に就けるんだったら、その求人に応募しようという話になるし、その仕事に就きたいけど、今までの経験だと不足している、全くやったことがありませんとなったときに、じゃあ訓練で勉強しましょうという選択肢になると思います」と説明する。若者の場合、確かに訓練が必要な若者は「一定数」いるが、「全体の利用数からすると、2割か、3割程度かな」とD氏は自身の体感として表現する。つまり、確かに職業訓練受講給付金は若者に利用されやすい給付であるものの、訓練受講に限定した手当としての位置づけを考えると、その利用者数は必ずしも多くなるとは限らない。なぜなら、仕事が簡単に見つかる雇用情勢だとすると、そうしたプロセスを踏むまでもなく、若者は容易に労働市場に参入してしまうからである。

ハローワークの視点から若者の生活を考えたとき、もう一つの大きな論点になるのは若者の出口としてどこまで正社員を目指すのかということだ。確かに、好景気の際は多くの正規雇用の就職口が提供されるものの、再び景気後退が訪れると、その前提は脆くも崩れ去るだろう。あるいは学校卒業後に非正規雇用からスタートし、改めて職業キャリアを構築していこうとする若者にとっては、目標をいたずらに正規雇用に絞ることは現実的な選択とはいえまい。事実、２０２０年４月から就職氷河期世代の支援を開始した横浜わかものハローワークは、新たにホームページ上の文言を「正社員をはじめとしたフルタイム雇用」に書き換え、若者の選択肢を狭義の正社員に限定せずに、積極的に機会を広げる方向性を打ち出している。ここでＤ氏が念頭に置く「フルタイム雇用」とは、厚生年金・健康保険・雇用保険など「最低限の社会保障がつくような働き方」（Ｄ氏）にほかならない。すなわち、若者への社会保障という視角は、若者個人に対する現金給付という特性のみならず、いわば慣習的な正規雇用／非正規雇用という区別に縛られることなく、多くの若者が実際に従事する非正規雇用に社会保障を関連づける試みをも含意するのだ。

以上のように、三つの現場での取り組みから、若者への社会保障について次のような変化の軌跡を見いだすことができた。第一に、家族扶養や正規雇用という従来の枠組みを相対化することによって、若者自身の現実の立場を中心に据えた施策が模索されている。第二に、住居確保給付金や職業訓練受講給付金など新たに生まれた給付は、他の年齢層と比べると若者層において相対的によく利用されている。第三に、とはいえ利用者数そのものは限られ、若者への社会保障が充実していると結論づけることはできない。

5 新型コロナ禍から見る若者への社会保障

(1) 緊急事態における社会保障の役割

最後に、若者への社会保障は、2020年の新型コロナ禍のような未曾有の出来事に対してどのような役割を果たしているのだろうか。ここでは、三つの現場での取り組みを挙げながら、その様子を確認していきたい。横浜市の青少年相談センター・生活支援課・横浜わかものハローワークは、いずれも事業内容の中心に対面による相談業務を据えているため、接触を封じる感染症の蔓延は大きな影響を及ぼした。横浜市は、2020年2月下旬に「新型コロナウィルス感染症拡大防止に係る対応方針について」を示し、市民利用施設について原則休館にした。青少年相談センターの支所的機能を持つ地域ユースプラザ(市内4館)もこの方針に基づき、来所による相談や事業を休止したが、この間、電話やメールでの相談を行った。方針は3月15日までの対応だったが、その後、状況が好転せぬまま4月7日に神奈川県を含む7都道府県に「緊急事態宣言」が発出されたため、施設利用中止の原則が延長され、その休止期間は宣言が解除される5月25日まで続くことになった。

青少年相談センターでは、3月から宣言解除までの間、来所相談は原則行わず、集団活動などの事業も中止とした。この期間は、支援が切れないように電話でのフォローを継続した。青少年相談センターのA氏によれば、宣言解除後の感染症対策を踏まえた面談や事業の再開方法の検討を進め、少しずつ再開していったのである。そのほか、横浜わかものハローワークでは、4月7日から窓口での対面作業を避けるため、郵送による失業認定、電話相談への転換、セミナー中止などを行い、また生活支援課でも、5月から郵送による住居確保給付金の申請の受け付けを開始するなど、共通して対面を避けた事業を模索した。

新型コロナ禍に対峙して日本の社会保障制度が整えた姿勢を、生活支援課のC氏は「制度を段階的に変えながら利用していく」ものとして表現している。「会社勤めであれば、休業手当などがあればまずそれを利用し、それがなければ総合支援資金や住居確保給付金などを活用する。それでも仕事が順調でないから厳しい、貯蓄もないとなれば、いよいよ生活保護と、段階的にくると思っています」と述べ、C氏は雇用保障・一時的な現金給付・最後のセーフティネットという三段階の有機的なつながりに目を向ける。確かに、第一段階の取り組みとして、横浜わかものハローワークのD氏も、雇用調整助成金の果たす効果の大きさを強調する。雇用調整助成金とは、事業活動の縮小を余儀なくされた事業主が休業・教育訓練・出向を通じて労働者の雇用維持を図った場合に、休業手当の一部を助成する制度で、2008年のリーマンショックでも失業者を増やさない施策として注目された。新型コロナ禍では、助成率の引き上げ、雇用保険被保険者ではない労働者の休業も認定、支給限度日数の別枠利用などの特例措置が付与され、失業を食い止め、休業状態に留め置いて保障するやり方が再び採用された。このような措置は、いわば個人への直接的な現金給付によってではなく、企業を通じた間接的な休業手当による点に特徴がある。つまり、あくまでも雇用を保障することが鍵なのだ。D氏は、自身も雇用調整助成金の申請窓口を担当して、当初は申請手続きの遅延で批判を浴びたものの、2週間以内の支給を目指すよう変更したこともあって、結果的にうまく機能している実感を持っていると語った。2020年8月21日現在、累計支給決定件数（全国）

は77万7633件で（厚生労働省、2020）、これは雇用保険適用事業所数の34・0％に当たる。

もちろん、雇用を維持して、休業手当を支給しているからと言って、すべての労働者がその傘に守られているとは限らない。実際、第二段階の取り組みとして、個人への一時的な現金給付を求める動きも活発化している。第一に、2020年4月20日、「新型コロナウイルス感染症緊急経済対策」が閣議決定され、家計を助けるために全国民に対して一人につき特別定額給付金10万円の支給が決まった。第二に、住居確保給付金の受給者の急増が顕著である。表2から改めて確認できるように、2019年度の支給決定数（横浜市）は年間で111件だったのに対して、2020年度は4〜6月の3か月間だけで支給決定数が2087件に達し、すでに前年度の20倍近くに及ぶほど、受給者数は跳ね上がっている。また受給者の内訳も変わり、単身世帯の割合が58・4％とやや減るとともに、40歳未満の若年者の割合も44・5％と微減して、住居喪失のリスクが単身若年者以外の層にまで及ぶ様子がうかがえる。その背景として、生活支援課のC氏は、政府の度重なる支給要件の緩和が申請の急増につながったと指摘している。4月20日の事務連絡によって、対象者を休業などにより収入が減少する者（フリーランスも含む）へと拡大し、またハローワークでの求職申し込みを仮登録のみで認定と緩和している。さらに4月30日の事務連絡では、ハローワークでの求職申し込みは当面不要と、いっそうの緩和を実施して、それが申請の急騰に直結した。第三に、職業訓練受講給付金は全く逆で、その需要が増している様子は見られない。なぜなら、通所して訓練への出席を厳密に課す原則である以上、対面を避けなければならない情勢下では、訓練そのものを休止する必要に迫られるからである。事実、5月6日時点で、全国813講座のうち、610講座が休講になったと報告されている（朝日新聞デジタル、２０２０年６月15日）。第四に、現金給付ではなく償還の必要な貸付であるものの、全国の社会福祉協議会では、生活資金の貸付制度として「緊急小口資金」（上限10～20万円）および「総合支援資金」（貸付期間：原則３か月以内、単身世帯：上限月15万円、２人以上世帯：上限月20万円）を実施し、その累計支給決定件数（全国）が96万３８７７件に上っている（厚生労働省、２０２０）。

では、第三段階の最後のセーフティネットである生活保護の状況はどうなのだろうか。C氏によれば、聞き取りを行った２０２０年８月13日現在、申請者は「まだ、そんなには増えていない」状況である。『第１００回横浜市統計書』によると、新型コロナ禍直前の２０２０年１月末時点での被保護人員は６万８７８６人だが、７月末の時点でも６万８８９２人と、大きな変化は見られない。以上のことから、新型コロナ禍による余波は、雇用保障と一時的な現金給付の拡充という施策によって、なんとか踏みとどまっていると、２０２０年９月現在ではとりあえず結論づけることができよう。

(2) 若者との信頼関係がもたらす効果

若者への社会保障という観点から新型コロナ禍を捉え直したとき、やはり大きな転換点として映るのは、従来の制度的枠組みを超えて幅広い人々がアクセスできるような一時的な現金給付の必要性である。今回の調査で確認できた住居確保給付金の急増は、その象徴にほかならない。ただ、このような制度改変の前提には、対面相談をともなう申請から郵送申請への転換や求職活動の猶予など、支援者が人々に関与する機会を省くことが含まれており、それが大きな懸念につながっていると生活支援課のC氏は警鐘を鳴らす。「対面で感触をつかんでいたのが、それができない」ため「状況の把握が難しくなった」うえ、「件数が急増して、そこに労力が割かれているので、本来の寄り添い型支援ができない点があります」と、生活困窮者自立支援制度の趣旨から乖離しかねない点に注意を促している。

今回調査を行った三つの機関は、すべて共通して相談の場では個別担当制を採用し、支援における信頼関係の重要性を強く指摘していたが、新型コロナ禍でそれが存亡の機にあると口をそろえる。横浜わかものハローワークのD氏は、対面を避けるための電話相談においても、その必要性は理解するものの、ともすれば就職に迷いがある人ほど電話相談を選択しがちだと感じ、やはり「対面相談による安心感」を欠いてしまうと、「ハローワークの支援から離れてしまう」ことになりかねないと危惧する。また青少年相談センターのB氏も、「対面ができない中での状況では、得られる情報量が限られている。伴走支援はなかなか難しい」と、人間関係を作り、社会参加を支援することの難しさを吐露する。ただ、B氏によれば、若者の状況を見てみると、確かにストレスを抱えた若者がいる一方、外に出るというプレッシャーが減ったため自身の持つ葛藤が少し治まって、新しい行動に移ることができた若者もいたという。以上のように、新型コロナ禍が露わにしたものは、確かに個人への社会保障である一方、同時にそれをうまく自立に結びつけるためには若者と支援者の信頼関係が備わっていることも必須だという事実である。

6　シンプルな社会保障制度に向けて

横浜市における新型コロナ禍前後の取り組みを参照しながら、若者への社会保障を探ってきたが、そこからは、リスクの多様化に応じるためには、むしろ社会保障の簡素化こそが重要であるという示唆を得ることができる。時代とともに、若者が抱える課題は、①教育・雇用・社会福祉という領域の複合化、②ひきこもりや就職氷河期世代に代表される長期化、③経済危機（リーマンショックなど）・自然災害（東日本大震災など）・感染症拡大（新型コロナ禍など）による変動幅の大きい景気の不透明化、④家族扶養や正規雇用など既存の保護システムの機能低下という四つの変化に直面した結果、その様相は従来の制度設計では捉えることができないほど多様化が進むことになった。そして、すべての事柄に対して実直な個別対応を行うことは、そのたびに細かな制度再編を要請してしまい、常に手遅れになってしまう危険と隣り合わせである。このようなジレンマを回避するためには、多様化してますます個別化するニーズに対応するよりも、むしろいかなるニーズをも包括するような一般化されたニーズを想定し、それに対するシンプルな社会保障制度を構築することが必要だろう。すなわち、個人の低収入というニーズに対する求職者給付である。低収入であること以外の支給要件を求めない簡素化は、複雑な支給要件からなる選別をできるだけ廃して、より多くの人々を捕捉することのできる社会保障を可能にする。実際、新型コロナ禍による実勢は、社会保障の射程をいっそう拡大することの必要性を示唆しているように見える。たとえば、横浜わかものハローワークのＤ氏は個人事業主やアルバイト学生への支援が手薄だった点を指摘しているし、また生活支援課のC氏は一時的な現金給付の期限切れ（総合支援資金は最大3か月、住居確保給付金は最大9か月）が今後もたらすかもしれない影響を危惧している。既存の社会保障から取り残されてきた若者は、捕捉率を高めていくように社会保障制度を再編していく過程のなかで、まさに橋頭堡に位置づけられると言っていいだろう。

もちろん、所得保障の捕捉率を高めることは、受給者と支援者を有機的につなげ、動機と行為を保障するようなケースワークの存在がなくては十分に機能しない。とりわけ、自己と他者が織りなす社会関係のなかで、今後の人生を築いていく若者にとって、信頼関係の構築はユースワークとしていっそう大きな意味を持つと考えられる。若者への社会保障を実現することは、困難な若者の最低限の生活を経済的に支えるだけでなく、いわば一人の社会の成員としてその存在を認め、相互の社会関係から自らの行為を立ち上げていく、そんな結節点を作ることでもあるのだ。

参考文献

朝日新聞デジタル「オンライン授業ＮＧ、やむなく対面続行　国の求職者訓練」２０２０年６月15日：https://www.asahi.com/articles/ASN6H4GRPN6BULFA03C.html

神奈川県福祉子どもみらい局福祉部生活援護課（２０２０）『神奈川県の生活保護』

厚生労働省（２０２０）「くらしや仕事の情報」２０２０年８月31日：https://www.mhlw.go.jp/stf/covid-19/kurashiyashigoto.html#h2_1

職業安定分科会雇用保険部会（２０１６）「（資料１）求職者支援制度の実施状況について」

関口昌幸（２０１５）「若者を支える自治体の挑戦 ―― 横浜市の子ども・若者政策の展開」宮本みち子編『すべての若者が生きられる未来を ―― 家族・教育・仕事からの排除に抗して』岩波書店
樋口明彦（２０１１）「社会的排除から見た若者の現在 ―― 日本の福祉国家が抱える三つのジレンマ」齋藤純一、宮本太郎、近藤康史編『社会保障と福祉国家のゆくえ』ナカニシヤ出版
樋口明彦（２０１５）「若者政策における所得保障と雇用サービスの国際比較 ―― 日本・オランダ・オーストラリア・イギリス・フィンランド」宮本みち子編『すべての若者が生きられる未来を ―― 家族・教育・仕事からの排除に抗して』岩波書店
樋口明彦（２０１７）「若者の社会的リスクに対する社会保障制度の射程」乾彰夫・本田由紀・中村高康編『危機のなかの若者たち ―― 教育とキャリアに関する５年間の追跡調査』東京大学出版会
広井良典（２００６）『持続可能な福祉社会 ――「もうひとつの日本」の構想』ちくま新書
脇田滋、井上英夫、木下秀雄編（２００８）『若者の雇用・社会保障 ―― 主体形成と制度・政策の課題』日本評論社

第9章　日本の若者政策における「若者問題」
――就労支援と複合的な困難の位相

濵田江里子

要旨

本章の目的は、日本の若者政策において「若者問題」が政策形成者にどのように認識され、「若者問題」をめぐり何が議論されてきたのかを明らかにすることである。就職氷河期や「フリーター」「ニート」から始まった日本の「若者問題」は、学校期の困難（いじめ、不登校、成績不振）や家庭問題（虐待、暴力、親の離婚・再婚・死別）、困窮、精神疾患と様々な事柄とつながっていることが明らかになった。若者政策も「フリーター」や若年無業者の職業的な自立を目指すものから、第二のセーフティネットの構築、複合的な困難を抱える若者への包括的な支援の制度化へと変化してきた。だが、依然として若者政策に占める労働の比重は大きく、政策は「働ける若者」と「働けない若者」を分けて扱ってきた。こうした区別を乗り越える視点として社会的投資、「社会への投資」の議論を紹介し、日本の若者支援が陥っている隘路を超えるための可能性を考える。

1　はじめに

日本が若者を対象とした国レベルでの包括的な支援政策を展開するようになってから、20年近くが経つ。労働市場の構造的な変容に伴い、社会の標準とされる生活水準を獲得することが難しく、安定した社会関係を保つことができない状態にある若者が増え、そうした「若者問題」を政策的な課題として捉えた取り組みが進んできた。だが本書の第1章で宮本みち子が指摘するように、「若者問題」は主に「若者の就職難の問題」として扱われ、新規学卒者の就職状況が良好になると社会的な関心が薄れる傾向にある。だが、現実には不登校、非正規をはじめとする不安定な仕事、不安定な仕事と無業の行き来、生活の困窮、心身の疾病や障がいといったように「若者問題」の中身は多様で複雑に絡み合っており、支援を必要とする若者たちの姿も一人ひとり異なる。

本章の目的は、日本の若者政策において、「若者問題」が政策形成者にどのように認識され、「若者問題」をめぐる何が議論されてきたのかを明らかにすることである。「若者問題」に関して初めて省庁横断的な方針が示された2003年の「若者自立・挑戦プラン」では、若者の職業的な自立が目標に据えられた。2004年には厚生労働省に若年雇用対策室が設置され、労働行政の中に若者の雇用対策が位置づけられた。その後、2006年からは就労や社会参加に困難を抱える若者を包括的に支える地域若者サポートステーション事業（以下、サポステ）が始まった。2009年には前年のリーマンショックの影響で急増した失業者への緊急雇用対策事業の一環として、雇用保険を受給できない人を対象とした職業訓練や訓練受講中の生活支援金の給付が行われ、若年層もその対象に含まれた。２０１０年からはパーソナル・サポート・サービスと呼ばれる複合的な困難を抱える人びとに対する伴走型支援が展開するようになった。さらに若者支援をめぐる法制化の動きも加わり、２００９年には地域の多様な支援機関を利用しながら多様な自立を目指すことを謳った子ども・若者育成支援推進法が成立し（施行は２０１０年）、２０１５年にはそれまでの勤労少年福祉法が青少年の雇用の促進等に関する法律に改正された。

こうした若者支援をめぐる動向は、「若者問題」が公的に取り組む必要がある課題として認識され、取り扱われるようになったことを示す。しかし様々な制度が設立されたにもかかわらず、若者のアンダークラス化の進行を十分に防ぐには至っていない。日本では「若者問題」は長らく存在しないとされていたが、この20年の間「若者問題」を捉えるために、「フリーター」や「ニート」、就職氷河期、ワーキング・プア、ネットカフェ難民、ひきこもりと様々な言葉がその都度用いられてきた。「若者問題」に取り組むにあたり、こうした言葉は時に特定の若者像をつくり出し、支援対象である若者のイメージを固定化したり、矮小化したりしてきた。同時にこうした言葉を用いることで、若者が抱える困難はそれぞれに異なり、多様な困難が複合的に生じている現状への理解を促した側面もある。

本章では若者支援をめぐる政策的な動向を検討する作業を通じ、「若者問題」として扱われてきた課題の変遷を検証する。まず初めに２０１５年までの日本の若者政策の展開を振り返る。日本の若者政策を分析した研究は既に存在するが（南出、２０１２；井上、２０１９；岡部、２０１９；Toivonen, 2013）、これらの先行研究は主に若年無業者向けの支援に焦点を当てている。これに対し本章では、若年無業者だけでなく新規学卒一括採用や非正規などの不安定雇用で働く人びとを対象とした雇用政策にも目配りしながら、日本の「若者問題」とそれに対する政策の特徴を探っていく。次に、日本の若者支援では労働に比重があり、若者を「働ける若者」と「働けない若者」に分けて扱ってきたこと、前者はあくまでもキャリア形成を個人の責任に帰して鼓舞し、後者は支援にたどり着くことができた者を対象としてきたことを指摘する。こうした状況に対し、就労支援や人材育成を人的資本への投資と捉える社会的投資の議論を紹介し、日本の若者支援が陥っている隘路を超えるための可能性を考える。

2　日本における若者政策の展開――「若者問題」の変遷

(1)「若者問題」の発見

日本で若者支援が政策として本格的に展開するようになるのは、2000年代に入ってからである。ヨーロッパ諸国では石油危機以後の1980年代から、若者と雇用問題は密接に関係していた。産業構造の転換に伴う労働市場の不安定化と家族の変容は、学校を卒業後、安定した仕事に就き、親の家から独立し自らの家庭をもつという戦後に標準的とされたライフコースの成立を困難化させ、こうした困難は若年層に最も強く現れた。だが、日本は新規学卒一括採用の慣行化と新卒者への高い労働需要、家族（親）による扶養が維持できていたため、1990年代終盤まで若者の生活をめぐる困難は顕在化しなかった。そのため日本における雇用政策の課題は、もっぱら中高年に関するものであり、日本では若者に固有の雇用問題は存在しないとの認識を政府も、使用者も、労働組合も、研究者も抱いていた（濱口、２０１３：１６７）。その結果、戦後長らく日本の若者を対象とした政策は、文部省（現：文部科学省）が行う生徒・学生を対象にしたものか、厚生省と労働省（現：厚生労働省）、地方自治体が所管する集団就職により地方から都市へ移動してきた勤労青少年の職業相談や余暇活動の提供が主であった。

これに対し２０００年代以降の若者支援は、若者の雇用をめぐる変化に注目が集まる中で、若者雇用に関する政策会議が設置され、省庁横断的な取り組みが進んだ。その背景には、学校卒業後に就職をしてもすぐに離職してしまう早期離職者の増加と、パートやアルバイトといった非正規雇用で働く20代から30代半ばまでの未婚の若者が増加したことが挙げられる（小杉、２０２０）。特に本来であれば安定した職に就き、将来的に日本型雇用を中心で支えていくはずの20代、30代男性における失業や不安定雇用の増加は、日本の経済社会の持続可能性に対する一種の危機感を伴いながら、若者の雇用問題に対応する必要があることを労働行政の関係者の間に喚起した。

南出（２０１２）は、２００３年から２０１１年までの日本の若者支援政策の展開を（１）「若者支援」創成期（２００３年〜）、（２）包括的支援への拡張期（２００６年〜）、（３）制度・政策乱立期（２００９年〜）の三つの時期に整理している。本章でもこれに倣いつつ、（３）の制度・政策乱立期には、子どもや若者、生活困窮者を対象とした法整備が進んだことに着目したい。この時期には子ども・若者育成支援推進法（２００９年7月成立、２０１０年4月施行）や子どもの貧困対策法（２０１３年6月成立、２０１４年1月施行）、生活困窮者自立支援法（２０１３年12月成立、２０１５

年4月施行）、青少年の雇用の促進等に関する法律（2015年4月成立、2015年10月施行）が相次いで成立し、若者支援や近接する支援に法的な根拠を与えた。

三つの時期を通じて見えてくることは、「若者問題」が雇用・教育・福祉の政策領域を横断する課題と位置づけられ、官邸に専門の政策会議を設置し、省庁横断的かつ官民一体な対応が必要だとの認識が政策文書では示されたものの、実際は省庁間の連携がさほど進まなかった点である。複合的で多様な「若者問題」が発掘されたが、各制度で支援対象が重複しないよう住み分けと細分化が進んだ。

他方、「若者問題」が複合的で多様であるからこそ、包括的な支援が必要であり、そうした実践は民間の支援団体がリードしてきた。特に無業の若者は当初その実態が不明であり、行政も支援ノウハウを有していなかった。そのため、地域で草の根的な支援活動を展開してきた民間団体の果たす役割が大きかった。そうした地域に根ざした支援は、複合的で多様な「若者問題」の実態把握に寄与した。全貌が捉えきれない状況で、目の前にいる支援を必要とする若者に向き合いながら、新たなニーズを発掘し、若者支援の裾野を広げてきた。以下、それぞれの時期における政策の展開を概観する。

（2）職業的な自立の重視

「若者支援」創成期（2003年～）は、2003年4月に自民党の小泉純一郎内閣が、3年間の時限的措置として、厚生労働大臣、文部科学大臣、経済産業大臣、経済財政政策担当大臣を構成員とする、「若者自立・挑戦戦略会議」を官邸に設置したところから始まった。[*1] 同年６月に同会議は、「若者自立・挑戦プラン」を発表し、２００４年には「若者自立・挑戦のためのアクションプラン」、２００５年には「「若者の自立・挑戦のためのアクションプラン」の強化」を打ち出した。

「若者自立・挑戦プラン」は、「フリーターが約２００万人、若年失業者・若年無業者が約１００万人と増加している」という「若者問題」の存在を受け、官民一体となって若者支援を行う必要があるという問題認識を示した。そして「当面３年間で、人材対策の強化を通じ、若年者の働く意欲を喚起しつつ、全てのやる気のある若年者の職業的自立を促進」することを目標に据えた。なお『平成15年版国民生活白書』は、「フリーター」とは「15～34歳の若年（ただし、学生と主婦を除く）のうち、パート・アルバイト（派遣等も含む）及び働く意志のある無職の人」と定義している。[*2] 一連のプランで実施された政策は、小学校段階からのキャリア教育の推進や若者に対する就職セミナーや職場体験、カウンセリング、デュアル・システムと呼ばれる座学と職業訓練を組み合わせた技能形成支援のように労働供給側、すなわち若者個人への働きかけと民間への事業委託が中心となっており、こうした特徴はその後の若者政策にも引き継がれていく（児美川、２０１０）。

キャリア教育を通じた若者の職業意識の醸成や就労意欲の喚起が盛り込まれた背景には、「フリーター」の増加だけでなく、就職してもすぐに辞めてしまう早期離職への対策の側面も含まれていた。同時期には、フリーターの増加への懸念が示される一方で、製造業派遣を含む派遣業務の原則自由化を容認する形での労働者派遣法が改正され、若者支援政策と労働政策の間に矛盾も観察された（南出、２０１２：１２０）。

(3) 地域ベースの支援ネットワークによる多様な自立とキャリア形成

次いで包括的支援への拡張期(２００６年〜)は、若年無業者を対象に、若者自立塾と地域ベースの支援ネットワークづくりを進めるサポステが始まった時期に該当する。若者自立塾は、合宿型の集団生活を行いながら、生活訓練や職場体験を通じて就労を目指していく事業であったが、２００９年の事業仕分けにより現在は廃止となっている。サポステは相談支援や学び直し、仕事体験といったプログラムを提供し、個別の事情を考慮した包括的な支援サービスを専門諸機関から効果的かつ継続的に受けられる地域の拠点として機能することを目指して始まった。ただし、サポステにはハローワークのような職業紹介権は与えられておらず、あくまでも相談支援をベースにした活動が中心となる。

サポステは、２００６年4月に厚労省の「地域における若者自立支援ネットワーク整備モデル事業」として全国25か所に設置され、身近に相談できる機関として各都道府県に少なくとも1か所は設置することが定められ、２０２１年現在、全国１７７か所に設置されている。[*3] 対象者は、開始当初は「概ね35歳未満」となっていたが、２００８年度には「上限年齢にこだわるものではない」となり、２００９年度には「概ね40歳未満」と変更され、その後２０１３年度に「原則として、15歳から39歳」となり現在まで続いている(井上、２０１９:１２１〜１２２)。

若者支援創成期は、「フリーター」と呼ばれる若年非正規労働者を正規雇用にすることに主眼が置かれていたが、拡張期に入ると若年無業者も政策対象となった。その背景には、２００４年頃から「ニート」と呼ばれる学校にも、仕事にも、職業訓練にも就いていない若年無業者が社会的な注目を集めるようになっていた状況が挙げられる。[*4] だが、マスメディアで「働く意欲のない若者」というイメージが報じられる一方、その実態は行政も十分に把握しておらず、どのような困難を抱え、支援を必要としているのかは明らかでなかった。そのためサポステ事業を通じ、支援を必要とする若者の状況をデータとして把握し、関係諸機関で共有し、有効な支援方法を編み出すことが目指された（宮本、２０１５ｂ）。

サポステは厚労省の所管する事業だが、不安定就労や無業状態の若者の包括的な社会的自立に向けた支援については、内閣府の青少年部局にて議論された（宮本、２０１５ａ）。内閣府の「若者の包括的な自立支援方策に関する検討会」（２００４年９月〜２００５年６月、座長：宮本みち子）が２００５年６月に発表した最終報告書では、若者の自立を支援する第一の目的として「若者が独立した個人として社会の中に地歩を築き、自己実現を図り、豊かな人生を送る手助けをすることに他ならない」とし、第二の目的は「一人ひとりの自立を支援することは、若者の世代を世代として独立させ、社会の担い手として育成すること」だとしている。[*5] その中で「地域の中で若者の自立を支援する体制の整備」として「ユースサポートセンター（仮称）」の設立を提唱し、これが後年、若者総合支援センター（自治体によって呼称に違いがある）となった。[*6] また、サポステの構想にも反映された。無業状態にある若者を地域資源のネットワーク化によって支援するという方向性は、サポステの構想段階から打ち出され、これはその後も継続されていく（南出、２０１２：１２１〜１２２）。

同時期には、職業訓練プログラムへの参加実績や履修証明、免許や技能検定の資格保有といった情報をまとめて記載したジョブ・カード（職務経歴等記録書）を交付し、求職活動に活用できるようにするジョブ・カード制度が構想され、導入が進んだ。ジョブ・カード制度の構想は2006年3月に官邸に設置された「多様な機会のある社会」推進会議（「再チャレンジ推進会議」）が、重点課題として「フリーター」の常用雇用化や「ニート」の職業的自立を盛り込み、若者の再チャレンジが大きな柱に据えられた中で登場した。2007年3月には第一次安倍晋三内閣が、「成長力底上げ戦略推進円卓会議」を官邸に設置し、その中にジョブ・カード推進協議会を置いた。これは日本では職業能力開発が、正規雇用労働者を対象とした企業内訓練を中心に実施されているため、いわゆる「フリーター」や母子家庭の母親のように正規雇用職に就くことが難しい者が、職業能力を形成する機会に恵まれない状況を解消するためだった。こうした状況に対し、ジョブ・カード制度は企業現場や教育機関で実践的な職業訓練を受けた個人の職業能力の証明を行い、そうした職業キャリア形成が社会全体に通用することを示す目的のものであった。*7

（4）貧困問題との接近と個別的かつ包括的な支援の拡充

「制度・政策乱立期」（2009年～）は、「若者問題」を語る際にワーキング・プアやネットカフェ難民といった言葉が用いられるようになり、従来の「働く意欲に欠ける若者」ではなく、「若者問題」が貧困問題と接近し始めた時期にあたる。2008年のリーマンショックは、仕事と住居を失った派遣労働者を大量に生み出し、2008年末の「年越し派遣村」といった形で広範な世代における貧困や生活困窮を可視化した。こうした状況のなか、2009年9月に誕生した民主党政権は官邸に緊急雇用対策本部を設置し、同年10月に緊急雇用対策を打ち出した。そこでは経済的・社会的に弱い立場にある人びとへの支援が最優先課題とされ、その対象には貧困・困窮状態にある離職者や非正規労働者、女性と共に新卒予定者も含まれた。緊急的な支援措置としての緊急支援アクションプランには、貧困・困窮者と並んで新卒者支援が盛り込まれ、「第二のロスト・ジェネレーション」をつくらないための就職支援として雇用のミスマッチの解消や企業に対する通年採用の要請がなされた。

同アクションプランの中では、新卒無業者への支援として「第二のセーフティネット」の活用が謳われた。「第二のセーフティネット」とは、失業時の所得保障を行う雇用保険制度（第一のセーフティネット）と最低限度の生活を保障する生活保護制度（最後のセーフティネット）の二つのセーフティネットの間を補完するために２００８年末以降に新設された一連の制度を指す。従来の雇用保険を財源とする公的な職業訓練は、その対象が雇用保険に加入し、条件を満たした失業者に限られており、新卒者や短期の非正規雇用の経験しかない若年労働者は条件を満たすことが難しく、適用対象となりづらかった。

これに対し、「第二のセーフティネット」の一環として２００９年に新設された緊急人材育成支援事業は、雇用保険を受給できない人を対象とした職業訓練および訓練期間中の生活費の給付を行う。そのため、雇用保険への加入経験がない非正規労働者や若者が制度を利用することが可能となった。緊急人材育成支援事業は当初３年間の時限的プロジェクトの予定だったが、２０１１年10月より求職者支援法に基づく求職者支援制度として恒久的な措置となった。しかし、サポステを利用する若者の多くは、この制度が求める厳しい条件に対応することができないため、対象外であった。

その後、民主党政権が緊急雇用対策を推進するために官邸に設置した雇用戦略対話では、特に緊急を要する事項として雇用維持支援の強化と貧困困窮者支援と並んで新卒者の就職支援が盛り込まれた。[*8] 雇用戦略対話はその子会議として若者雇用問題に特化したワーキンググループを設置し、2012年6月に若者雇用戦略を発表した。そこではキャリア教育の充実を行う理由として、職業観の醸成だけでなく貧困の連鎖の防止にも言及し、複合的な困難を抱える若者への伴走型支援の制度化を検討することを掲げ、対処療法を超えた若者支援の中長期的な戦略の必要性が謳われた。

2010年10月からは緊急雇用対策事業の一環として、新たに個別的かつ包括的な支援を提供する仕組みであるパーソナル・サポート・サービスが始まった。これは就職に限らず、住宅の確保や生計の維持といった生活を送る上で多様かつ複合的な困難を抱える人びとに対し、様々な制度を連携させながら個別的、継続的な支援を行うものである。それまでサポステが担ってきた複合的な困難を抱える若者に対する支援を生活全般に広げ、全年齢層を対象にするものであった。2010年度はモデル事業として全国5か所（釧路、横浜、京都、福岡、沖縄）で始まり、2011年度からは全国19地域でのモデル事業に拡大された。縦割りの行政制度を連携させ、個々人が抱える事情に応じて包括的な支援を行うことを目指したパーソナル・サポート・サービスは、その後2015年に成立した生活困窮者自立支援法につながっていった。

（５）法制度の整備

２０１０年代に入ってからは、若者政策の法的根拠の整備が進んだ。無業の若者の実態が明らかになるにつれ、学校教育終了後の継続的な支援や見守りが課題として浮上するようになった。しかし、地域社会自体が衰退していること、もともと草の根的な支援を行ってきた民間支援団体のリソースにも限りがあることを考えると、公的な責任において困難な状況にある若者を支える仕組みが必要となった。その結果、地域をベースに行政横断的な支援システムを地方自治体が打ち立てるように定めた、子ども・若者育成支援推進法（以下、推進法）が２００９年に成立した。

推進法は、「総合的な子ども・若者育成支援のための施策を推進すること」を目的とし、国と地方自治体と民間支援団体が連携して若者支援に取り組むための基本理念を打ち立てた理念法である。推進法は対象者の年齢を０歳から30代までと広く設定し、公的責任において若者の自立を保障することを謳い、困難を抱える子ども・若者を放置せず、早期から継続的な支援を行い、社会的および職業的な自立を目指すことを目的とする。そして、より緊密な支援体制を整えるために、行政と民間支援団体が協働するための、子ども・若者支援地域協議会（以下、協議会）を設置することを自治体に求めた*9。

協議会の設置は努力義務とされたが、設置に際する予算措置や事務局人員の確保は保障されておらず、各自治体の裁量に任せている。その結果、自治体は自主財源で予算を確保するか、既存の機関に併設するかといった方法で体制を整備しなければならなかった。協議会には行政と民間の連携だけでなく、自治体内の縦割り行政組織の部局を超えた連携を構築する役割も求められていたが、もともと予算と人員に制約がある部局にとっては新たな負担が増えるため、担当部局が決まらない、必要性が認識されたとしても負担が大きいので実施されないといった事例もみられた（岡部、2019：130〜133）。

推進法の理念に則って協議会を設置した自治体の数を確認すると、2015年には全国に81か所だったのが、2020年3月末時点では全国に126か所（都道府県42か所、政令指定都市14か所、その他市町村70か所）と徐々に増えてきてはいる。だが、依然として全国をカバーするにはいたっておらず、身近にある地域の利用しやすい支援ネットワークとなるには及んでいない。*10

推進法は、地域をベースに幼少期からの包括的な支援体制に法的な根拠を与えるものであるが、これはサポステに法的根拠を与えるものではない。サポステが法的に位置付けられたのは2015年4月に勤労青少年福祉法を改正して成立した、青少年の雇用の促進等に関する法律（若者雇用促進法）においてである。しかしサポステに法的根拠を与えたことは、サポステにおける多様な自立の支援を充実化させる動きを後押しすることには必ずしもつながっていない。同法では国と地方自治体に対し、「就業、修学及び職業訓練の受講のいずれもしていない青少年であって、職業生活を円滑に営む上で困難を有するもの」を対象に、「職業生活における自立を支援するための施設の整備その他の必要な措置を講ずるように努めなければならない」とする。*11 つまり設立当初の「多様な自立を支援するための機関」から、その目的が「職業的な自立」に法律上は絞り込まれてしまったのである。

３　日本の若者政策が抱える課題

（１）「働ける若者」と「働けない若者」

ここまで、日本の若者政策とそこで扱われる「若者問題」の変遷を辿ってきたが、その特徴は若者の職業的な自立を目指す就労支援を軸に、若者を「働ける若者」と「働けない若者」に分けた上で、それぞれ異なる形の支援策を講じてきた点にある。前者は、主に「フリーター」をはじめとする非正規労働者や新卒者であり、キャリア教育やジョブ・カードによる職業能力の形成と向上および雇用のミスマッチの解消が目指されてきた。後者は、無業の若者が中心であり、サポステでの相談やカウンセリングを始め、一般的就労への橋渡しとなる中間的就労の提供、医療的なケアを含めた支援が行われてきた。

「働ける若者」と「働けない若者」への支援はそれぞれ別々に展開し、一体化されてこなかった。これはそもそも日本の生活保障の体制が、働ける現役世代を「支える側」、高齢者や障がい者、困窮者を「支えられる側」に分けた上で、それぞれの生活のあり方を固定する仕組みだったこととつながっている（宮本、２０１７）。戦後日本の保守政治による「雇用を通じた福祉」と呼ばれる、政策的に高い雇用率を維持し、社会保障支出を低く抑える仕組みは、主たる稼ぎ主である男性の雇用保障を重視してきた（Miura, 2012）。その結果、働いている人に対しては企業が福利厚生を充実させ、国家による社会保障は主に働いていない時期や困窮している人、働けない人に限定されてきた（宮本、２００８）。

日本では職業能力の形成は、公的な職業教育訓練よりも各企業が自社の労働者に対して行う企業内訓練が主流であり、その対象は正規雇用者だけであった。そのため、企業内訓練の対象から外された非正規労働者はキャリア形成の機会が乏しかった。こうした状況に対応するため、「働ける若者」への企業外での職業能力の形成と向上や正規雇用に向けた就労支援が展開するようになった。だが、企業内訓練で具体的にどのような技能が得られ、就労に際しどういった技能が必要であるのかが客観的に把握されていない日本の現状では、企業外での職業能力の形成と企業内で必要とされる技能が嚙み合わない可能性が考えられる。

他方「働けない若者」は、いじめや不登校といった学校時代からの困難や、心身の健康の阻害、家庭の問題といった様々な不利が重なり、就労から排除されてきた。新卒一括採用の慣行化は若年失業率を低く抑えることに寄与した一方、何らかの理由でそうした移行ルートから外れてしまった者の再参入を難しくしてきた。稼働年齢層に対する就労規範が強い日本では、こうした若者は「働く意欲のない怠け者」として「ニート」といった呼称で括られてきたが、サポステを通じその実態が明らかになり、社会的な支援を必要とする社会政策の対象として掘り起こされた（宮本、2015a）。

だが、こうした就労に困難を抱える若者に対しても、就職を求める圧力は強まっている。サポステ開始時には「職業的自立を始めとした自身の将来に向けた取り組みに意欲」を持つ者を支援対象としていたが、2015年度以降、対象者の定義における意欲は「就職」に対するものに一元化された（井上、2019：123）。これは、サポステの評価基準に就労率が重視されるようになった点にも現れている。２００６年の開始以降、サポステの評価基準は運営年数や来所者数、相談件数など変遷を経て、２０１３年度に就職等進路決定者数に一本化された。２０１３年秋の行政改革推進会議による秋レビューにてサポステは、事業の有効性や運用対効果に関する説得的な分析がないこと、ＰＤＣＡサイクルを活用した運営がなされていないことを理由に廃止とされた。[*12] その後、サポステ廃止は見直され事業は継続したが、就職者数を増やす方向に転換された。宮本みち子は、その理由として、２０２０年までにＮＥＥＴを10万人減らす数値目標が厚労省のタスクとなっていること、サポステの増加につれ力量がない団体も事業を委託するようになった状況を改善すること、一律の委託費に対し成果を上げている団体から不満が出たこと、子どもや若者の貧困が政策課題化する中でサポステへの期待が高まり成果をあげることへのプレッシャーが強まったことを指摘する（宮本、２０１５ａ：25）。

（2）若者政策における「若者」の射程

日本の若者政策はこの20年弱の期間で、多様なニーズと対象を掘り起こしてきた。就職氷河期や「フリーター」、「ニート」から始まった日本の「若者問題」は、学校でのいじめ、不登校、成績不振、家族内の虐待や暴力、親の離婚・再婚・死別、家族の介護、経済的困窮、メンタル・精神疾患と様々な事柄とつながっていることが明らかになった。若者政策も「フリーター」や若年無業者の職業的な自立を目指すものから、第二のセーフティネットの構築、複合的な困難を抱える若者への伴走型支援の制度化へと変化してきた（橋口、２０１９：59）。対処療法を超えた中長期的な若者支援の政策が必要であり、そのために研究者、行政、ＮＰＯをはじめとする民間団体が課題を共有し、協同しながら解決策を探る動きも試みられてきた（宮本、２０１５ｂ）。

だが、依然として全ての若者が政策の対象範囲に入っているわけではない。岡部（２０１９）が指摘するように、既存の社会保障の法制度において、若者は十分にその対象とされておらず、２０００年代以降の若者政策においても困難を抱える若者の一部しか対象としてこなかった。若者政策の対象範囲に入るためには、本人ないし親が支援に関する情報を有しているか、支援機関を訪れることができる経済的、時間的、体力的、精神的な余裕があるか、本人ないし親が支援機関を利用する必要性を認めているかといった前提条件が必要となる（岡部、２０１９：１３４～１３５）。また、長らく不可視化されていた若年女性の生きづらさや貧困の掘り起こしは徐々に進んできたものの、政策的対応は依然として手薄い（小杉・宮本、２０１５）。そして、困窮している若者に対する経済的な給付が存在しないことは、若者が支援サービスを利用する上での障壁となっていることは繰り返し指摘されてきた（宮本、２０１５ａ、２０１５ｂ：岡部、２０１９）。それでは、こうした状況を乗り越える展望はあるのだろうか。そこで、福祉国家の再編をめぐる動きにおける社会的投資と「社会への投資」という視点から日本の若者政策を考えてみたい。

４　社会的投資から考える日本の若者政策

（１）社会的投資と日本の若者政策

福祉国家は、20世紀の工業化社会において、製造業に従事する男性労働者の完全雇用とそうした男性を稼ぎ主とした家族を想定した上で、そこに生じるリスクに対応してきた。リスク対応のあり方としては、失業や貧困といった事態に陥った個人に対し、失業手当や年金、公的扶助（生活保護）などの現金給付により事後的に救済する、「補償（repair）」の要素が強かった。これに対し、1990年代からはヨーロッパを中心に個人の能力を高め、予めリスクに対処できるだけの備えを身につけさせておく「準備（prepare）」を目指す方向で再編が進んできた（Morel, Palier, Palme, 2012a: に）。これは社会的投資と総称されるアプローチで、就学前教育から職業教育、成人後のリカレント教育を含むあらゆる教育や職業訓練、子育てや介護を始めとする社会サービスの提供および最低所得保障を通じて、ライフコースの様々な段階で直面する課題への支援を提供し、すべての人の社会参加を促すものである。

社会的投資がヨーロッパで登場した背景には、脱工業化とサービス経済化が進む中で、規格化された製品の製造では競争力がなくなり、高付加価値を提供する知識基盤型経済への移行が進んだことがある。知識基盤型経済では、新しいアイディアを生み出す創造力や、それをモノやサービスとして具体化できる能力を有した人財が、新たな富や成長を生み出す鍵となる（Morel, Palier, Palme, 2012: 8-11）。そのため、そうした能力を有する人財を育成すると共に、脱工業化時代における個々人の所得の喪失とケアの危機に対処し、一人ひとりが潜在能力を発揮できる条件を整えることに社会政策の意義が見出された。

社会的投資を構成する要素として、オランダの社会政策学者であるアントン・ヘメレイクは「ストック」「フロー」「バッファー」を挙げる（Hemerijck, 2015）。「ストック」は、人びとが労働市場に参加する上で必要となる知識や技能を蓄えるための教育や訓練の制度を指す。「フロー」は、全ての人が自分の意思で自由に雇用労働、教育、ケア労働を行き来できる流動性のある労働市場を意味する。一方的に就労を強制するのではなく、スキルアップや育児・介護のために一時的に労働市場からの退出という選択肢も用意し、個々人のライフステージに柔軟に対応する労働市場のあり方を指す。「バッファー」は普遍的なセーフティネットとして、流動的な労働市場の緩衝材として機能する最低所得保障を意味する。一時的に労働市場から退出することを選択した際に、その間の生活を保障する役割を持つ。所得保障は、そもそも個人が貧困に陥る可能性を減らすものであり、そうした保障がきちんと機能してこそ、労働市場への参加を促す教育や訓練がその力を十分に発揮できる。これら三つの要素が相互補完的に機能することにより、社会的投資は人的資本を質的にも、量的にも豊かにすると考えられる。

社会的投資のもう一つの特徴は、ライフコースの視点に基づき、人生の様々な段階において直面する課題に対し、雇用と福祉の双方から支援を展開する点にある。つまり、今までの福祉国家が人生前半は雇用で、後半は福祉を中心に人びとの生活を保障する仕組みを築いてきたのに対し、社会的投資は一人ひとりが生涯にわたり支援を受けながら、就労を始めとする多様な形での社会参加が可能となることを目指す。これは若者政策における境界を乗り越える手がかりにもなってくる。なぜならば、ライフコースの視点は、誰もが人生のどこかで働けることもあれば、働けないこともあり、支える時期と支えられる時期の両方の立場を経験するという認識に立つので、両者が二項対立に陥ることを防ぐからである。

社会的投資の視点から日本の若者政策を捉え直すと、「ストック」はキャリア教育やサポステでのコミュニケーション訓練やジョブ・トレーニングの形で観察されるものの、「フロー」と「バッファー」が弱い。「フロー」の代表的な例は職業紹介といった積極的労働市場政策だが、無業や複合的な困難を抱える若者を支援するサポステは職業紹介権を有していない。「バッファー」には最低所得保障や経済的な給付が該当する。求職者支援法によって、職業訓練受講中の生活費の支援はされるようになったが、無業の若者がサポステに通うための交通費の支給や訓練プログラムに参加するための費用を賄う給付は存在しない。教育訓練の効果をあげるためにも、支援にたどり着くための経済的な補助、最低限の生活を保障するための最低所得保障は、矛盾するものではない。さらに「ストック」に関しても、日本の教育への公的支出の対ＧＤＰ比はＯＥＣＤ最低水準であり、給付奨学金は少額に止まり、貸与奨学金が大半を占める。複合的な困難を抱える若者の多様なニーズに対応すべく、個別の支援プログラムはこの間様々なものがつくられてきた。だが、それらが相互補完的に機能するために必要な大きな戦略が不在なことが、日本の若者政策を限定的なものにとどめているのではないだろうか。

（2）社会政策を通じた「投資」と「見返り」

福祉や教育を「投資」と捉える社会的投資では、「投資」という単語が示すように、そこには何らかの「見返り」が得られることが想定されている。ここで想定される見返りには二種類ある。一つは税収の増加や経済成長といった「経済的見返り」であり、もう一つは全ての人のより良質な生活と連帯意識の強い社会の構築という「社会的な見返り」である（パリエ、２０１４）。社会的投資の「見返り」を考える時に重要となるのが、経済的な見返りと社会的な見返りは、同時に実現可能な目標として設定されていることである（Morel, Palier, Palme, 2012）。すなわち、個人の人的資本への投資が、将来的な経済成長をもたらすと同時に、世代間の不平等や貧困の連鎖を断ち切り、その結果より公正な社会の実現につながると考えられる（濵田・金、２０１８）。

だが、個人の人的資本の向上を目指す投資だけでは、「社会的な見返り」を十分に達成することは難しい。そもそも福祉や教育に「投資」という経済の言葉を用い、見返りを求めることには批判が根強く、投資を強調することで見返りへの期待を高めることは、見返りが目に見えにくい領域の削減を正当化しかねない。また、より高い教育を受けるための費用を自ら調達しなければならない状況や、教育費用が公的財源に拠るものであっても高い教育を受けた人のみが高い経済的な報酬を得られるのでは、格差や貧困のサイクルを断つことはできない。労働市場への参加を促した先にあるのが、不安定で劣悪な仕事だけであるならば、良質な生活や安心して暮らせる社会にはつながらない。

そこで、社会的投資を「社会的な見返り」につなげていくために、「社会への投資」という視点を提唱する。「社会への投資」とは、個人の人的資本だけでなく、人びとの間の信頼や協調関係である社会関係資本への投資を含めたものであり、「投資」の「見返り」を社会全体に行き渡らせることを目指す。個々人の生活が保障されるか否か、個人単位で給付と負担がつり合うかといったミクロな視点を超えて、社会を媒介として、個人が間接的に生活の安定と信頼感の醸成を享受する仕組みである（三浦・宮本・大沢、２０１８：２８９）。個人を支えるだけでなく、そうした個人が拠って立つ社会におけるつながりを（再）構築することを目指す。

日本の若者支援の文脈に即して考えると、所得給付や公的な福祉サービスを受けながら働く半福祉・半就労や中間的就労を含めた、良質で多様な働き方が認められた職場環境をつくることは重要だろう。企業による労働基準法の遵守、労働時間の短縮や柔軟化も含まれてくる。また、学校が地域社会と地域労働市場のつながりを創りだし、「地域労働市場を参入しやすく、留まりやすくする」ことも必要だと考えられる（筒井、２０２０：56）。住宅支援や共同生活の場を確保することも期待される。

実のところ、こうした取り組みは既に一部のサポステや地域で独自事業として実践されている。日本における「社会への投資」に実態を持たせるためには、地域社会における支援の担い手となるＮＰＯ等の支援団体への支援が欠かせない。つまり、宮本太郎（２０１７）の「支える側」を支え直し、「支えられる側」を社会につなげる共生保障の発想を個人レベルから支援団体にも広げ、「支える側」の団体への継続的な支援も必要ではないだろうか。地域コミュニティや民間団体に責任を丸投げするのではなく、地域における助け合いができるよう資源と環境を政府の責任で整えることが重要となる。

5　おわりに

日本が国レベルで若者政策に取り組み始めた2003年から現在までの間で、若者の生活における多様な課題や困難が明らかとなり、支援政策にも広がりが生まれ、官民が連携した支援の実践が進んできた。サポステ、協議会、生活困窮者自立支援制度、ひきこもり支援センターの総量としては、予算規模も設置箇所数も、若者支援が始まった2000年代初めと比較すると増加している（南出、2017）。就職氷河期をきっかけに若者の雇用問題が注目を浴びるようになったが、非正規雇用の増加や正規雇用への移行の難しさ、家族形成ができないといった、従来は標準的だと思われていた生活を営むことができない若者が増加している。氷河期世代が取り残されてしまったことだけを「若者問題」と捉えるのは、一面的で短絡的であるといえよう。今般のコロナ禍においても、雇用難と生活苦は非正規雇用や若者、女性といったもともと不安定な働き方をしている人びとに最も集中してあらわれている。

だが、依然として日本の若者政策に占める労働の比重は大きく、就職問題と困難を抱える若者の問題は分けて論じられてきた。これは自助を基本とする日本の保守政治で、新卒一括採用の慣行が続く状況において、そこから外れた者は何らかの特殊な事情を抱える者とされてきたこと、行政の縦割りが教育・雇用・福祉を横断する支援の壁になってきたことが考えられる。しかし、両者は地続きの問題であり、分離を解消するためには、そうした線引きを解消する視点が必要となる。本章では社会的投資の議論を下敷きにした社会への投資の視点から、広範な分野を包括する総合的な政策の可能性について展望を示した。

注

1　その後、内閣官房長官、農林水産大臣、少子化・男女共同参画担当大臣も構成員として参加するようになった。

2　https://warp.da.ndl.go.jp/info:ndljp/pid/9990748/www5.cao.go.jp/seikatsu/whitepaper/h15/honbun/html/15200000.html（最終アクセス２０２１年1月16日）。

3　https://www.mhlw.go.jp/stf/seisakunitsuite/bunya/koyou_roudou/jinzaikaihatsu/saposute.html（最終アクセス２０２１年1月16日）。

4　日本における「ニート」論のブームを巡っては、宮本みち子（２０１５ｂ）を参照。

5　https://www8.cao.go.jp/youth/suisin/jiritu/houkoku2.pdf（最終アクセス２０２１年1月16日）。

6　https://www8.cao.go.jp/youth/suisin/jiritu/houkoku2.pdf（最終アクセス２０２１年1月16日）。

7　https://www.kantei.go.jp/jp/singi/seichou2/job/saisyu/pdf/siryou4.pdf（最終アクセス２０２１年1月16日）。

8　https://www.kantei.go.jp/jp/singi/koyoutaiwa/pdf/091125goui.pdf（最終アクセス２０２１年1月16日）。

9　協議会には必要な情報提供や助言を行う拠点としての、子ども・若者総合相談センター、公的機関として連携して主導的な役割を果たす指定支援機関、協議会の事務局機能を果たす調整機関の設置を求めている。

10　https://www8.cao.go.jp/youth/model/index.html（最終アクセス２０２１年1月16日）。

11　https://elaws.egov.go.jp/search/elawsSearch/elaws_search/lsg0500/detail?lawId=427M60000100155（最終アクセス２０２１年1月16日）。

12　http://www.cas.go.jp/jp/seisaku/gyoukaku/h25_fall/pdf/kekka.pdf（最終アクセス２０２１年1月16日）。

参考文献

井上慧真（２０１９）『若者支援の日英比較 ―― 社会関係資本の観点から』晃洋書房
岡部茜（２０１９）『若者支援とソーシャルワーク ―― 若者の依存と権利』法律文化社
小杉礼子（２０２０）「若者・無業者」『日本労働研究雑誌』（７１７）22～25ページ
小杉礼子、宮本みち子（２０１５）『下層化する女性たち ―― 労働と家庭からの排除と貧困』勁草書房
児美川孝一郎（２０１０）「「若者自立・挑戦プラン」以降の若者支援策の動向と課題 ―― キャリア教育政策を中心に」『日本労働研究雑誌』（６０２）17～26ページ
筒井美紀（２０２０）「「つながり」を創る学校の機能 ―― 「人的資本アプローチ」と「地域内臓アプローチ」」『社会政策』（12‐1）55～67ページ
南出吉祥（２０２０）「若者支援関連施策の動向と課題 ―― 「若者自立・挑戦プラン」以降の８年間」『岐阜大学地域科学部研究報告』（30）１１７～１３３ページ
南出吉祥（２０１７）「「若者支援」の担い手の多様性 ―― 地域若者サポートステーション事業の展開から」『岐阜大学地域科学研究報告』（41）１２７～１４３ページ
橋口昌治（２０２０）「仕事をして暮らす」杉田真衣、谷口由希子編『大人になる・社会をつくる ―― 若者の貧困と学校・労働・家族』明石書店
濱口桂一郎（２０１３）『若者と労働 ―― 「入社」の仕組みから解きほぐす』中公新書ラクレ
濱田江里子、金成垣（２０１８）「社会的投資戦略の総合評価」三浦まり編『社会への投資 ―― 〈個人〉を支える〈つながり〉を築く』岩波書店
パリエ、ブルーノ（２０１４）濱田江里子訳「社会的投資 ―― 福祉国家の新しいパラダイム」『生活経済政策』（２１４）６～13ページ
三浦まり、宮本太郎、大沢真理「「社会への投資」に向けた総合戦略」三浦まり編『社会への投資 ―― 〈個人〉を支える〈つながり〉を築く』岩波書店
宮本太郎（２００８）『福祉政治 ―― 日本の生活保障とデモクラシー』有斐閣

宮本太郎（２０１７）『共生保障――〈支え合い〉の戦略』岩波新書

宮本みち子（２０１５ａ）「若年無業者と地域若者サポートステーション事業」『季刊社会保障研究』（51－１）18～28ページ

宮本みち子（２０１５ｂ）「若者の移行期政策と社会学の可能性――「フリーター」「ニート」から「社会的排除」へ」『社会学評論』（66－２）２０４～２２３ページ

Hemerijck, Anton (2015) "The quiet paradigm revolution of social investment," Social Politics, 22 (2), 242-256.

Miura, Mari (2012) Welfare through Work: Conservative Ideas, Partisan Dynamics, and Social Protection in Japan, New York: Cornell University Press.

Morel, Nathalie, Bruno Palier, and Joakim Palme (2012) "Beyond the welfare state as we knew it?," In Towards a Social Investment Welfare State?: Ideas, Policies and Challenges, edited by Nathalie Morel, Bruno Palier, and Joakim Palme, Bristol: Policy Press.

Toivonen, Tuukka (2013) Japan's Emerging Youth Policy: Getting Young Adults Back to Work, London: Routledge.

コラム3

ソウル市における青年ガバナンスの発動と「青年手当」

大草稔・小堀求

ソウル市の動向

２０１０年代の韓国社会では「青年」をめぐって非常に大きな動きがあった。２０１３年にソウル市で青年の声を市政に届ける青年ガバナンスシステムが生まれ、２０１５年には青年たちの念願であった「青年基本条例」が制定された。ソウル市庁には青年支援を専門で担当する部署「青年庁」が、城北区をはじめとする自治区の中にも青年支援担当部署が設置された。青年の活動拠点となるハブセンターや、市内８か所の青年活動空間「無重力地帯」が開設され、訪れる青年たちに無料で利用されている。

このような大きな動きの主な理由としては、若者たちの「こんな国に住みたくない」という思いの現れである「ヘル朝鮮」という流行語にも見えるように、現代を生きる韓国の若者たちが、働いている若者を含めて総じて生きづらさを訴えるに至った硬直した社会構造、そしてその思いを受けた故・朴元淳《パクウォンスン》ソウル市長のリーダーシップにより、それまで失業者を除いては公的支援対象と考えられてこなかった青年層が、公的予算を支出し支援を差し伸べるべき対象へと変わったという点がある。

ここでは、青年ガバナンスの発動と、青年への経済支援である「青年手当」について紹介したい。

青年ガバナンスの発動

２０１３年、朴市長の提案によってソウル市恩平区に「青年ハブ」が開館し、社会経済分野の若者の活動を支援し始めるとともに、青年ガバナンスのプラットフォーム「ソウル市青年政策ネットワーク」が結成された。青年ハブは数年後に、青年へ活力を与える活動全般を支援する「革新パーク」へと発展し、社会的企業・社会的協同組合を中心とした青年社会的経済をバックアップする様々な組織が集まる一大拠点となった。

青年政策ネットワークは、２０１５年から毎年秋に一日議会「ソウル青年議会」を開催し、ネットワーク内の福祉・教育・安全等数十の分科会から青年が直接提出した政策案をソウル市議会に提出、採択されると「青年自立予算制」の予算約３００億ウォン（約27億円、２０２０年度）内でソウル市の各部署とともに実施される運びとなる。

青年手当という政策

青年議会で実際に政策となったものの代表格は「青年手当」である。これは満19～34歳の未就業青年の求職活動促進のための手当で、受給者に選ばれると毎月50万ウォンを6か月間受け取ることができる。募集は3月末と6月末の年2回で、本年の支給人数は前期が2万３０００人、後期が1万人である（２０１９年は年間７０００人であったが、「3年で10万人」という新目標により本年から増額された）。申請者へは現金の支給のみならず、「活力プログラム」として担当者から地域ごとの青年コミュニティやクラブ活動、心の健康プログラムなどへの参加呼びかけがなされている。青年手当の事後調査では、満足度約99％と受給者からの評価は高く、昨年には回答者の47％が「手当の受給を通して就職・創業した」、進路が不明確だった者の76％が「進路目標を見つけた」と答えた。ただ、申請期間が1週間と短い点、求職活動を前提としており事前に活動計画書を提出しなければならない点、家庭の所得水準が高いと受給できない点などの問題点も指摘されている。

青年手当実施初年度には「ポピュリズムだ」「青年に対する麻薬だ」等の批判が殺到し、朴槿恵政権下の政府保健福祉省はソウル市のこの政策に対し職権取消の処分を発動し、手当は1か月しか履行されなかった。しかし、朴市長は「青年が求めている政策なのだから、やるべきです」と述べ、ソウル市は政府と真っ向から対決する姿勢を見せた。翌年朴槿恵政権が倒れ、民主党の文在寅政権が誕生すると、市はさらに人数を拡大して予算を計上し青年手当を実行、政府もこれを認証するのみならず、2019年からは同様の手当政策を国の事業として全国で展開するようになった。

その他にも、京畿道城南市では市内の満24歳の全ての青年に対し四半期ごとに25万ウォン、1年で計100万ウォンを支給する「青年配当」を青年福祉事業として実施している。

第10章　困難を有する若者支援の法制度と自治体法政策
――相談・救済・多機関連携

野村武司

要旨

ここでは、若者支援の法律・制度、そしてそこで規定されている若者支援の主要なしくみについて検討を加える。まず、若者支援を必要とする背景について見た上で、若者支援の法制度、特に、子ども・若者育成支援推進法のしくみについて自治体法政策との関係でこれをみることとする。法は、理念と枠組、組織体制を規定するにとどまっているが、法律に基づいて展開される施策も含めて、すでに自治体法政策とのミスマッチが生じており、その原因について指摘する。そして、困難を有する若者を支援に繋ぐしくみとして、子ども・若者総合相談センターが位置づけられているが、必ずしも十分機能していない現状を踏まえ、かかる相談機関のあり方について検討を加える。支援が若者の権利保障のためのものであること、若者の抱える問題が複合的であることを踏まえた多機関連携の必要性、さらに多機関連携がどのようになされるべきか、その基礎となる情報共有の問題とともにその考えを示す。

1 若者支援の背景

子どもは、年齢とともに子育てから離れていくもので、一定の年齢に達すると、自立をした大人になっていくはずのものである。ここでいう想定される自立した大人とは、典型的には労働する個人である。したがって、子育て（または子ども）支援は子どもの年齢が低ければ手厚く、学校教育を終え、大人に近づくにつれて成人一般の制度に移行し、支援としては薄くなっていく。そして、大人になると、家族をつくり、次の世代を育てる、そうした循環が予定されている。そこに若者支援の概念はない。少なくとも法や制度は、そのように考えてきた。

ところで、この循環には、実は速度がある。速いと感じるか、遅いと感じるかは相対的で個人差がある。言い方を換えれば、人がこの循環に乗るためには、その速度に馴化し、自らも加速しなければならないし、それが求められることになる。乗るためのタイミングも問題にされる。

若者は、子どもの時期と重なりながら大人になろうとするとき（タイミング）、その循環に乗るものだと考え（馴化）、そこに乗るために速度を上げる（加速）。しかし、循環の速度は意外と速く、それなりの無理と器用さが必要である。その結果、いざその場面に直面すると、これに馴化できない者もいれば、一旦は速度に追いついても、減速し、乗り切れないことも多い。そもそも加速には、大きな負担がかかる。その人が抱えている課題が大きければ、馴化も加速もできないことがある。

循環の速度は、循環に乗る人のことは考慮せず、社会が成長を求めれば、循環に乗る者が少なくても（少子化）、競争は人為的に作り出され速度も速まる。それでも、人は目標を定められれば、頑張れることもあるが、「一流」で価値づけられ自動的に目標が定められた（高度経済成長の）時代と異なり、今の時代では他律的である限り目標は見失われる。目標を定めることができなければ、その都度の選択に自信は持ち得ない。そもそも他律的にならざるを得ないのは、目標を見いだせない社会と相関していることはいうまでもない。

以上の状況は、若者の誰でもが直面し、場合によっては、一つの困難から人生そのものを停滞させる可能性をはらんでいる。こうした困難を生じさせる普遍的状況が、これまで潜在していた世代を「若者」として括り出し、支援の枠組みとしたのが若者支援と言えるが、果たしてこれを支える法制度はどのように設計されているのであろうか。人の具体的支援の権限は、通例、基礎的自治体（区市町村）に委ねられることから、法制度全体を俯瞰しつつ、自治体法政策のしくみに焦点を当ててみる。その際、困難を有する若者をどのように支援に繋いでいくのかが鍵となるとみられることから、相談のしくみ、さらに多機関連携についてその考えを示すこととする。

2　若者支援の法制度

(1) 子ども・若者育成支援推進法

2009年に制定された子ども・若者育成支援推進法は、以上のような若者を取り込んだ法律であり、子ども・若者育成支援の基本理念を示した上で（第2条）、自治体には、国が定める子ども・若者育成支援推進大綱（第8条）に基づいて、子ども・若者育成支援計画を定めることを努力義務として求め（第9条）、子ども・若者育成支援施策を、連携・理解と協力の下、総合的な取り組みとして行うことを求めている（第7条）。

こうした枠組みの下、教育、福祉、保健、医療、矯正、更生保護、雇用等の分野について、民間組織を含んだ支援が期待されているのはこの法律の一つの特徴といえるが、総じて、①相談、助言または指導、②医療及び療養支援、③生活環境改善、④就学または就業支援、⑤知識技能の修得支援、⑥その他社会生活を円滑に営むための援助がメニューとして掲げられるにとどまっており（第15条）、これを実施する行政機関に具体的な権限を根拠づける規定はない。ただし、政府に必要な法制上または財政上の措置等を義務づけたことの意味は大きい（第5条）。

政府は、この規定を根拠として、既存のものも含め、関係省庁が、各種助成を開始している。若者支援施策は、子どもに関する諸法律と、成人に対する施策を定めた諸法律を根拠とした施策、そして、関係分野の各種助成を組み合わせて実施することとなる。

また、子ども・若者育成支援推進法は推進体制についても規定している。子ども・若者支援地域支援協議会の設置が自治体の努力義務とされ（第19条）、自治体がこれを設置した場合には、子ども・若者支援調整機関の設置が予定される（第21条）。また、子ども・若者総合相談センターという子ども・若者からの相談機関の設置も、努力義務としてではあるが、自治体にその設置が求められている（第13条）。

(2) 自治体と若者支援施策

国の縦割りの発想と自治体の困惑① ―― 助成措置

子育て支援もそうであるが、人を支援するという場合、法制上また現実的にも、その具体的な役割は、基礎的自治体たる区市町村が担うことになる。上記の通り、この法律に基づく具体的な権限規定がなく、総じて連携・理解と協力の下、総合的な施策が求められている区市町村としては、自治体の既存の権限、自治体独自の施策と組み合わせて、これを行うことが求められるが、そこには現実的な困難がともなっている。

すなわち、特に各種助成は、まずは各省庁が、子ども・若者育成支援推進法で義務づけられたことを根拠に、所掌事務の範囲において、財政上の措置として「若者支援」の予算を獲得することになる。各省庁はこれをもとに各種助成を具体化するが、それは各省庁ごとに、さらに省庁においても部署ごとに、それぞれ民間組織に直接支給されるものであったり、都道府県がこれを支給するものであったり、市町村が支給するものであったりする。総合性を求めながら、その大本は重層的な縦割りのしくみである。若者個人としてみれば、こうした縦割りについて知るよしもないことから、たとえば、区市町村が開設した子ども・若者総合相談センターに相談することとなる。これを、区市町村の職員等が、これらを調整し、総合的に対応することになるのである。

しかし、実際に、政令指定都市規模の自治体であればともかく、自治体の職員配置も含めて、十分に対応できていないところが多いのではないだろうか。国の縦割りに対して、自治体の総合性は、地方自治の本質的部分であることに間違いはないが、こうした幾重にも及ぶ縦割りの支援策の対応は、そうした支援策について知悉しているとともに、それを生かし切るためには、繋いだり、連携したりすることも求められる。そのためには、民間組織を含む連携先の組織を知り、関係性をつくっている必要があるが、そうした区市町村は決して多いとはいえない。

国の縦割りの発想と自治体の困惑② ―― 自治体組織の問題

また、施策実施の受け皿になっている区市町村の組織も、近年、子どもまたは子どもの育ちに視点を置き、さらに若者を冠した名称を持つ組織もみられるが、実は、子育て支援、要保護児童対策（虐待防止対策）を行っている組織がベースになっているもので、名称によって、育てる側だけではなく、子ども・若者をも中心に据えた施策であることは標榜しつつも、基本的には子育て支援仕様になっているところが多い。実際の法律に基づく業務としても、子育て支援施策が多いのも現実である。

また、そもそも、子ども・若者育成支援推進法の子ども・若者支援調整機関は、要保護児童対策における調整機関を引き写しにしたものとみられ、自治体現場においても、要保護児童対策地域協議会の調整機関が、同調整機関を兼ねることが多いのではなかろうか。市町村が従来、義務教育の子ども位までを施策の対象としてきたという問題に加えて、そもそも全くスキルの違う調整が必要であるにもかかわらず、子ども・若者というくくりでいっしょにせざるを得ない現状が自治体現場にはあるように見受けられる。

子ども・若者支援地域支援協議会についても同様である。おそらく、青少年問題協議会を設置している自治体は、これに兼ねさせている例が多いように思われる。青少年問題協議会は、地方青少年問題協議会法に基づく法定の協議会で、自治体によって構成も異なるが、かなり大所帯な協議会である場合も多く、年に数回しか行われないという実態もある。かかる協議会に、子ども・若者支援地域支援協議会を兼ねさせることの妥当性、妥当であるとしても、従来のままの構成や開催頻度でいいのかについて無批判であってはならない。

国の縦割りの発想と自治体の困惑③ —— 地方行政計画

さらに、子ども・若者育成支援計画といういわゆる地方行政計画という手法も問題が大きい。若者施策が計画的に行われなければならないのは当然であるが、これを区市町村に義務づけるという手法が自治体に負荷をかけているという点には留意する必要がある。つまり、国は常に縦割りで、所管の分野だけを考えてこの手法を多用している。たとえば、子ども・子育て支援法第61条に基づく「子ども・子育て支援事業計画」、次世代育成支援対策推進法第8条に基づく「次世代育成支援行動計画」、子どもの貧困対策の推進に関する法律第9条に基づく「子どもの貧困対策についての計画」、母子及び父子並びに寡婦福祉法第12条に基づく「自立促進計画」、児童福祉法第33条の20に基づく「障害児福祉計画」、再犯の防止等の推進に関する法律第8条に基づく「再犯防止推進計画」、平成24年の厚生労働省雇用均等・児童課医局長通知に基づく「社会的養護推進計画」等、そして、「子ども・若者育成支援計画」である。これらは重なり合う部分もあり、しかも、国では所管する部署が異なるとしても自治体ではほぼ同じ部署が、しかも数名の職員で、これを担っているというのが現状である。

また、近年、自治体では、子どももまたは子どもの権利保障という観点から、子ども条例または子どもの権利条例を制定するところがあり、かかる観点から、様々な施策を総合化し、その手法として、条例に基づく子ども計画または子どもの権利計画を策定しようとする試みもみられる。しかし、こうした法律に基づく地方行政計画がこれを阻害している。「努力義務規定である」「できる規定である」「他の計画で代えることができる」などというのは、政府・立法側の詭弁で、計画の公表の規定とも合わせて、自治体としては、「その形」で策定しなければならないと考えざるを得ない状況にある。*1

3　若者支援の自治体法政策

(1) 権利を基盤とした支援について

以上が、子ども・若者育成支援推進法の問題点であるが、特筆すべき点ももちろんある。一つはすでに指摘した、とりわけ財政上の措置の政府への義務づけである。どのくらいの規模の財政上の支出が可能であるか、どのような形で財税上の措置が講じられるかは問題ではあるが、これを義務づけたことの意義は大きい。

そして、もう一つが、児童福祉法に続いて、子どもの権利条約に言及したことである。子どもの権利条約への言及は、「理念にのっとる」という目的と基本理念への反映にとどまっているが、それでも、「よかれと思って行われる当事者不在の施策」に対してのアンチテーゼであることは意識した方がよい。もちろん、子どもの権利条約は、18歳未満の子どもに関する条約であり、おおむね40歳まで含む子ども・若者育成支援推進法とは齟齬がある。しかし、若者問題を、子どもの問題の延長と捉え、その理念が示されていることの意義は最大限受けとめておく必要がある。

ちなみに、子どもの権利条約には、締約国の義務と並んで、様々な権利が挙げられているが、国連・子どもの権利委員会が示す子どもの権利条約の一般原則は、①差別の禁止（条約第2条）、②子どもの最善の利益（条約第3条）、③生命・生存・発達の権利（条約第6条）、④参加及び意見表明とその尊重（条約第12条）である。この点は、子ども・若者育成支援推進法第2条第2号の「子ども・若者について、個人としての尊厳が重んぜられ、不当な差別的取扱いを受けることがないようにするとともに、その意見を十分に尊重しつつ、その最善の利益を考慮すること」という理念で表現されている。

四つの原則のうち、特に意見表明権を規定する条約第12条は、子どもの権利の中で最も重要で根幹をなす権利として位置づけられており、それは、これまで子どもが「対象」であったことの反省にたった子どもの権利主体性と関係している。主体性の確保は、本人の自己肯定感にもつながる。意見表明とその尊重の延長線上に最善の利益があることとの認識は特に重要で、当事者を抜きにして「よかれ」と考えることを子どもに強いることは、時に子どもの利益に反することも意識されてよい。また、子ども・若者育成支援推進法では、「子ども・若者育成支援施策の策定及び実施に関して、子ども・若者を含めた国民の意見をその施策に反映させる」（第12条）という形で、子ども・

若者の意見の尊重と参加を定めているが、これにとどまると理解すべきではなく、施策のあらゆる場面でこの理念が徹底されていなければならない（権利基盤型アプローチ）。

（2） 若者支援と多機関連携のあり方――情報共有も含めて窓口としての子ども・若者総合相談センター

若者支援の自治体法政策において、現場での各種の施策、支援、助成の効果的な実施が必要であることはいうまでもないが、社会的にもまた個人的にも課題を抱えている若者をこうした支援に繋ぐしくみが不可欠である。法制上は、子ども・若者総合相談センター（以下、「センター」）がその窓口となることが予定されているが、そのあり方にはかなりの工夫が必要である。

まず、センターが、「何をしてくれるところか」について示し、これが正しく理解されていることが大切である。その存在が知られていないというのは問題外であるが、仮に存在が知られていたとして、相談のハードルは、「こんなことを相談してもいいのだろうか」「相談したらどのようになるのか」というところにある。その意味で、センターがどのような相談に応じ、何をしてくれるところかを明確に示す必要がある。

若者支援は、その若者の置かれた状況に応じて多様である。ある意味、どのような相談でも受ける「覚悟」が必要である。「これはできません」「これはあそこに行ってください」は、できる限り言わず、全てを受ける「覚悟」が必要であろう。「覚悟」とは、相談を受けた以上、そのニーズに応じ、若者が抱えている課題を解決に結びつけるシステムを持っているということでもある。もちろん、限界の認識は必要である。そもそも、人が抱える問題を一つの機関で全て対応できるなどということは実は少ない。どのような相談でも受けるとなると、センターにおいて対応できる専門性を全て用意することはできないという限界が生じることから、むしろ問題を正確に「見立てる力」が不可欠であり、その上で、連携して対応するシステムを持っていることが重要である。

社会には、様々、専門性を標榜した相談機関が存在している。教育相談、発達相談、心理相談、法律相談などである。いうまでもなく、そうした専門相談機関は社会資源としてとても大切であるが、他方で、そうした相談機関に足を運ぶ相談者は、その相談機関に対応してもらえるよう相談をしつらえてくることにも気づいておく必要がある。ややステレオタイプに言うのであれば、たとえば、法律相談であれば、「訴えたい」と相談にやってくるということである。その人の本質的なニーズが他にあるとしても、とりあえず、そのように相談しないと法律相談では相手にしてもらえないと考えるからである。つまり、こうした専門相談機関は、それを標榜することで、知らず知らずのうちに、それが何の問題であるかを（法律相談であれば、訴えるという問題として）、相談者自身に整理することを求めているともいえる。しかし、相談者は、実は何の問題であるかわからないことも多く、また相談エネルギーに貧しく、困っていることに間違いはないが、「言われたから来ただけ」という場合も少なくない。そうした相談者に対応することが、特に若者支援の場では求められることが多い。

たとえば、「人間関係がうまくいかなく、生活が困難になって、苦しい」という場合、その人にとって、人間関係の問題の優先度が高ければ、法律相談に来るかもしれない。生活困難の優先度が高ければ、生活相談・生活保護相談に来るかもしれない。また、苦しいということへの優先度が高いと感じているのであれば、心理相談に来るかもしれない。しかし、いざ相談を受けてみると、寄せられた問題は確かに問題であるものの、本質的な問題は他にある場合も多い（苦しいことの原因が現に生じている人間関係にある場合、心理的治療だけで問題は解決せず、人間関係の調整が必要なことも多い）。いずれにせよ、センターは、むしろ、「困り感」に寄り添って相談を受け、耳を傾け、それが何の問題であるか専門性をかけて「見立て」、相談者が、「これならできる」というところに立って（意見の表明と尊重）、他の資源とも連携しながら、少しだけ背中を押したり、引き留めたりもしつつ、いっしょに解決への道をたどること（伴走型支援）が大切である。

どのように連携するか

（ア）組織の「論理」と連携

上で示したように、若者が抱えている課題を解決するためには、連携のシステムを持っていることが不可欠である。ともすると、連携といわれているものの多くが、単なる情報提供的紹介であったり、たらい回しになっていたりすることが多い。そうならないために、若者支援に必要な連携について考えておきたい。

ところで、こうした連携のシステムの環に入ってくる専門機関、民間組織等は、日常的には、それぞれの目的にしたがって、それぞれが持っている資源や力を生かしつつ、それぞれのやり方で、あるいは（法律などにより）与えられたやり方で、それぞれの「論理」をもって日々活動をしている。しかし、人が抱える課題はそう単純なものではなく、専門性の高い分野においてですら、ある組織が、ある人のすべてに応えることはできない。この限界が、連携の基礎であり、出発点である。連携とは、「同じ目的を持つものが互いに連絡をとり、協力し合って物事を行うこと」（広辞苑第7版）などとされているが、こうした連携を考える上で、留意点がいくつかある。まず、連携は、一つの組織では問題の解決が難しく他の組織の助けが必要であるという組織の限界が背景にあるということは上記のとおりであるが、それでは逆に助けを求められた組織で全てできるかというとそうではないことが多い。人のかかえる問題は複雑あるいは複合的または重層的であり、助けを求められた組織としても全てに応えることができないものである。したがって、どちらが主として関わるか、何を優先して行うかなどを決めた上で、相互に関わりあうということが必要である。ちなみに、他の機関に、「引き継ぐ」とか、「送致する」といった関係もあるが、こうした関係は、以上の意味の連携に当たらないが、引継ぎや送致の時点の一定期間において連携の関係が生じるし、引継ぎや送致がなされた後も連携の必要性が生じることには留意する必要がある。

第二に、連携は、以上のような論理の限界に基づくものであるとはいえ、その論理がなおも重要であるということである。すなわち、連携は、上述の通り、「限界」を動機づけとしている。しかしながら、その限界は、最初に関わった組織が、自らの論理において関わる中で得られる認識であり、その認識は連携の基礎となっている。また、そこに他の組織（連携組織）が関わるからといって、連携組織の論理だけでその人の課題を解決できるものでないことが多い。その意味で、たいていの場合、連携組織の論理にも限界があるのが普通である。こうした限界が意識される（したがって連携が必要とされる）場面では、連携組織の論理も必要とされているが、当該組織の論理が重要であることに変わりはない。要するに、連携は、特定の人の課題に対して、関わってきた組織が連携組織の力を求めることにより開始されるが、それは、そのことにより、連携組織の論理を活かすことであり、連携組織の論理を活用することで自らの論理を活かすことである。

第三に、より重要なこととして、連携において、「連携の目的」が重要であるということである。連携は、人の課題に対して、ある組織の論理では対応しきれないという限界から生じ、当該組織と連携組織がそれぞれの論理で関わることで人の課題に応えることであるが、その際、連携はその「連携の目的」の下にあることは十分意識しなければならない。したがって、連携の目的の下では、それぞれの組織が、いつものやり方を諦めなければならない場合が生じるし、それぞれの役割に応じて、応分の負担が生じることもある。相手の論理を理解せず、自らの論理を主張し、いつものやり方に固執したり、負担を負うことを厭うのであれば、連携は成り立たない。

第四に、連携には、相談者本人の参加が原則であることを忘れてはならない。「よかれ」と思うことでも、本人がそれを受け入れることができなければ、解決に結びつかないことも多い。本人が解決主体となり、本人と支援者が解決イメージを共有して対応することは何よりも大切である。

（イ）連携の仕方について

具体的な連携を行う際には、連携先の他の組織の論理との接合を、どこで、どのタイミングで、どのように図るかという工夫が必要である。その工夫のポイントは、やはり「連携目的」である。

連携は、共通の目的においてなされるものであることから、それが一瞬であれ、比較的長くであれ、それぞれの論理と併走する場面があると理解するのがよい。連携は、しばしば、バトンを渡すことに例えられるときがあるが、リレーのバトンの受け渡しが、渡す方と渡される方のスピードが一致したときに、また受け渡さなければならない場所で受け渡したときにうまくいくものである。それは一瞬かもしれないし、時間的に猶予がある状況かもしれない。もちろん、バトンをずっと握りあっているということも想定される。いずれにせよ、バトンを両者が握り合っている間が連携関係になる。

また、バトンを渡すときに、自らの論理で無造作に渡すのではなく、相手の論理を理解した上で、どのように渡せば受け取りやすいかの工夫も必要である。その場合、受け渡す方であっても、受け渡される方であっても、あるいは相互にしばらく併走する場合であっても、目的を共通にする新たなシステムの下にあることから、それぞれの組織またはその担当者に相互に無理や負担が生じる。こうした相互の無理や負担をしばしば「のりしろ」と表現することがあるが、相互に出し合うところにのりしろの意義があり、のりしろが大きく広ければ、連携はうまく進む。

連携と情報共有

(ア) 情報共有と個人情報保護法制

連携がうまくいかない原因として、しばしば情報共有の欠如が挙げられる。いうまでもなく、連携には情報の共有が必要であり、共有された情報は連携に生かされなければならない。逆に、連携の前提のない、あるいは連携と連動しない、もしくは連携の体をなしていない、ただの情報の持ち合いは、情報の共有とはいえない。ちなみに、情報を渡したというだけでは連携にはならない。ところで、情報の共有は、情報を「取得」すること（情報を下さい。）、「提供」すること（情報を提供します。）、「利用」すること（情報を使います。）の三つのことを駆使して行われるものであるが、実は、これらを総じて「情報の取扱い」といい、全て「個人情報保護のしくみ」の下で行われているということは、はっきりと意識しておく必要がある。

「個人情報保護のしくみがあるから、情報の共有ができない」との意見を聞くことがあるが、これははっきりいって誤りである。そうではなく、意外に思うかもしれないが、むしろ、「個人情報保護のしくみ」は、個人情報を利用するためのしくみであることも、あわせて、理解しておくことが大切である。

（イ）個人情報保護のしくみと情報共有

こうした個人情報保護のしくみは、自治体の機関であれば、各自治体の個人情報保護条例が、国の機関であれば、行政機関個人情報保護法が、国立学校法人であれば、独立行政法人個人情報保護法が、そして民間の組織であれば、個人情報保護法が適用される。個人情報保護のしくみは、根拠法ごとに若干の相違はあるが、自己情報を開示させ、訂正させる等のしくみ等の他、共通して上で述べた「情報の取扱い」について規定し、情報共有に根拠を与えている。

ある組織とある組織が特定の人に関する情報を共有するという場合（三者間以上でも同じである）、

情報の共有は、一方が他方に個人情報を提供し、他方はそれを取得するという関係にある。共有が相互の関係であるとすると、当然、他方も個人情報を一方に提供し、他方がこれを取得するということが行われることになる。この一方と他方が外部の組織の場合、この情報のやり取りは、個人情報保護のしくみでは、一方が個人情報を取得することを「本人外収集」といい（一般には、「収集」であるが、本人の了解していないところで行われる収集を「本人外収集」といっている）、他方が提供することを「提供（または外部提供もしくは第三者提供）」といっている。これに対して、自治体内の組織間のやり取りなど、内部のやり取りの場合は、「目的外利用」といっている（一般には、「利用」であるが、情報共有の場合、他の目的で保有しているものを利用することから、「目的外利用」といっている）。

こうした情報共有（本人外収集、提供、目的外利用）は、個人情報保護のしくみでは、原則として禁止されている。これをもって、情報共有において、個人情報保護のしくみが障害になっている旨の指摘がしばしばなされるが、これは「原則」であり、重要なのはその例外である。

例外の規定は、根拠法により異なる点には留意する必要があるが、総じて、①本人の同意がある場合、②法令に規定がある場合、③個人の生命、身体、生活又は財産を保護するため、緊急かつやむを得ない場合、④個人情報保護審議会の意見を聴いて公益上特に必要があり、かつ、本人の権利利益を不当に侵害しないと認める場合、⑤その他、が例外として定められている。[*2] もちろん、こうした連携において、①の本人の参加が重要であることから、同意に基づく情報共有がまずもって考えられるべきであるが、それでも、しばしば、本人の同意なく情報共有が必要な場面に遭遇する。

そうしたとき、①以外の例外規定のどれに当たるかが重要となる。特に、②の法令に規定がある場合は、例外としての情報共有（本人外収集、提供、目的外利用）がすでにしくみとして用意されているとみられ、そうした意味で重要である。

たとえば、あまり意識されていないが、児童虐待防止法及び児童福祉法の「通告」の規定は（児童虐待防止法第6条第1項、児童福祉法第25条第1項）、本人の同意を得ないところで、市町村、児童相談所が個人情報を取得する規定であり、その意味で、個人情報保護法制上は、例外として許される法令に基づく本人外収集に当たる。その他、児童虐待防止法第25条の3は、「地方公共団体の機関及び病院……並びに医師、歯科医師、保健師、助産師、看護師……は、市町村長、都道府県の設置する福祉事務所の長又は児童相談所長から児童虐待に係る児童……（等）の資料又は情報の提供を求められたときは、……提供することができる。」との規定がある。これは、他の自治体や病院等が、求めに応じて提供するときの根拠になるが、個人情報法制上は、提供する方は、法令に基づく提供、取得する方は、法令に基づく本人外収集として例外的に認められることになる。また、要保護児童対策地域協議会について規定する児童福祉法第25条の2第2項は、「協議会は、支援対象児童等に関する情報その他……必要な情報の交換を行うとともに、……ものとする。」としており、行政機関内部のことであれば、法令に基づく目的外利用、外部機関との関係では、法令に基づく提供、法令に基づく本人収集としていずれも例外的に認められる。

以上のようなしくみの下、情報の共有がなされるということはほとんど理解されていない。しかし、例外規定を駆使して情報共有をシステムとして作り上げるということは、それだけ精緻なシステムを作ることを意味しており、慎重に定められた例外規定が極めて有用であることを指摘しておきたい。ただし、若者支援では、要保護等児童対策ほど法令の規定は多くなく、その意味ではさらに工夫が必要となる。

なお、情報共有と関連して、「集団的守秘義務」という考え方が近年主張されている。集団的に守秘義務が課されていることを理由として、守秘義務が課されている範囲では、自由に情報交換ができるとの考えであるが、これは全くもって根拠のない誤った考え方である。これは、児童福祉法第25条の3で、多機関で構成されている要保護児童対策地域協議会の各構成メンバーに守秘義務が課せられたことに始まるとみられるが、決して集団的に守秘義務を課しているわけではなく、構成メンバー個人にそれが課されているに過ぎない。また、守秘義務とは、そもそも秘密を漏らさないという職業上の規律を定めるもので、秘密を漏らさないという効果以上のものはなく、情報交換をする根拠になり得ないものである。要対協で情報交換ができるのは、上記の児童福祉法第25条の2第2項の規定があるからであって、守秘義務があるからできるのではない。仮に、この考え方が認められるとなると、地方公務員法で公務員に守秘義務が課されていることを根拠として、自治体内では情報交換は自由にできることになり、それでは、そもそも個人情報保護条例の規定は意味がなくなる。それが許されていないことは明らかである。

4　おわりに

　以上、若者支援の自治体法政策について、その根拠となる法制度を概観し、これが十分に進まない理由を指摘するとともに、若者支援の鍵になる相談のしくみについて、相談機関のあり方、そして、相談から解決に向けた取り組みに際しての多機関連携のあり方についてその考えを示した。本来、具体的な事例を取り上げて、こうした観点からの問題点の摘示、評価をすることが求められるところであるが、うまく事例を収集・整理できておらずそれがかなわなかった。その意味では、抽象的な指摘にとどまっているが、考え方の柱を示すことも大切と考え、あえてこのような形にしたところである。本書別項で取り上げられる事例等も参考にしつつ、諸事例の検証について今後の課題となろう。

注

1　参考、地方分権改革有識者会議・提案募集検討専門部会の第１０８回部会（令和2年8月5日）内閣府ホームページ：https://www.cao.go.jp/bunken-suishin/kaigi/kaigikaisai/kaigikaisai-index.html

2　自治体で考える場合は、それぞれの自治体の個人情報保護条例に基づく必要があり、自治体によって規定が異なる。国の行政機関の場合の目的外利用、提供の根拠は、行政機関個人情報保護法第8条第2項に定められており、①②③の他、「行政機関が法令の定める所掌事務の遂行に必要な限度で保有個人情報を内部で利用する場合であって、当該保有個人情報を利用することについて相当な理由のあるとき。」、「他の行政機関、独立行政法人等、地方公共団体又は地方独立行政法人に保有個人情報を提供する場合において、保有個人情報の提供を受ける者が、法令の定める事務又は業務の遂行に必要な限度で提供に係る個人情報を利用し、かつ、当該個人情報を利用することについて相当な理由のあるとき」、「専ら統計の作成又は学術研究の目的のために保有個人情報を提供するとき、本人以外の者に提供することが明らかに本人の利益になるとき、その他保有個人情報を提供することについて特別の理由のあるとき」といった規定がある。民間の場合は、個人情報保護法第16条第3項が「人の生命、身体又は財産の保護のために必要がある場合であって、本人の同意を得ることが困難であるとき」、「公衆衛生の向上又は児童の健全な育成の推進のために特に必要がある場合であって、本人の同意を得ることが困難であるとき」、「国の機関若しくは地方公共団体又はその委託を受けた者が法令の定める事務を遂行することに対して協力する必要がある場合であって、本人の同意を得ることにより当該事務の遂行に支障を及ぼすおそれがあるとき」といった場合を規定している。いずれにせよ、個人情報保護上は厳格な規定とはいえないが、実用性を重視した目的外利用、提供の規定になっている。

参考文献

野村武司（2019）「子どものための連携と情報共有」子どもの権利条約総合研究所編『子どもの権利研究30 ―― 子どもの権利の新たな地平』日本評論社

第11章　若者支援の政策理念
――地域密着型の社会的投資へ

宮本太郎

要旨

若者期は実は大きなリスクを抱えている。このことは、日本で男性稼ぎ主の雇用を軸とした生活保障が機能していた時には覆い隠されていたが、ここ20年ほどの間に、旧来の仕組みが揺らぎ、少なからぬ若者が旧来の制度が対応しない「新しい生活困難層」となっている。アングロサクソン諸国では、福祉を受給する若年層に就労支援を迫るアプローチが重視され、日本でも一部模倣されたが、日本ではそもそも若者向けの福祉が欠落していたゆえに、こうした施策は空回りした。北欧諸国では、職業訓練やリカレント教育でより丁寧に若者を労働市場につなげる施策がとられてきた。だが、こうしたいわゆる社会的投資の施策も、引きこもりなど困難な状態にある日本の若者には届かない可能性が高い。本章では、包括的な相談支援と多様な働き方や居場所を組み合わせた「地域密着型の社会的投資」によって、旧来の社会的投資施策を補完していく方向に、新たな若者政策の理念を見出す。

1 20年目の若者問題

日本の若者の多くが社会的弱者に転落しつつある、という指摘が宮本みち子によってなされてから、20年近くが経った（宮本、2002）。この間、再チャレンジ、若者自立・挑戦プラン、地域若者サポートステーションなど、若者の支援を強めることを謳った様々なアイデアが浮上し、施策が打ち出されてきた。

また近年では、生活困窮者自立支援制度など、狭義の若者支援を超えた新たな政策展開も見られる。新たな制度や施策には、若者を含めて人々が直面する生活困難そのものに対処しようとする問題意識もうかがえる。しかし、現状では事態が大きく転換されるまでには至っていない。

冷静に考えればすぐ分かることであるが、若者期は社会的リスクに満ちている。

学校教育から就労に移行し、また生まれ育った家を離れ世帯を形成する。実は運を天に委ねるような跳躍を何度も重ねるのが若者期である。ゆえに、とくに北欧諸国では、若者が教育から就労への移行をすすめ世帯を形成することへ、雇用の制度と社会保障の両面で、幾重もの支援を張り巡らせてきた。

これに対して日本では、あたかも、教育から就労へと多くの若者が粛々とすすんでいて、若い時期には社会的リスクとは無縁であるかのような外見がつくりだされてきた。

このような外見が20数年前から見る間に瓦解し始めたのである。

これまで、若者の移行期のリスクを管理してきた仕組みは、なぜ急速に機能不全に陥ったのか。

そして、その後の若者支援政策、とくに生活困窮者自立支援制度以降の諸政策を、若者が直面する問題群に対処しうるかたちで発展させ、定着させていくためには、どのような理念が求められるであろうか。

本章では、まずこれまでの日本の生活保障の仕組みが、機能不全に陥っているに留まらず、多くの若者を排除する結果となっていることを示す。これに対して、生活困窮者自立支援制度などの展開には新たな可能性も芽生えていることを主張する。さらに、こうした可能性を引き出すための、若者支援政策の理念を、地域密着型の社会的投資、というかたちで整理する。

2　雇用の制度と若者の分断

高度成長期の日本では、多くの若者が移行期の困難を比較的うまく回避しているように見えていた。もちろん経済成長の勢いもあったが、この時期の日本の生活保障の制度がこうした外観をつくりだしていた。社会保障への給付は相対的に抑制されていたものの、都市部の大企業であれ、地方の建設業や中小零細の事業者であれ、雇用を行き渡らせる仕組みが広く機能していた。

ＯＥＣＤのデータで、１９９０年代半ばの時点で、世帯間の格差を表すジニ係数を、再分配の前と後で比較すると、日本の再分配率は２２・０％と５２・９％のスウェーデンと比べてはもちろん、２４・５％のアメリカと比べても小さかった。つまり、社会保障による再分配の幅は狭かった。だが日本のジニ係数は、一次所得の段階で０・３４と、再分配後のアメリカの０・３４と同水準であった。つまり日本は、再分配によらずに雇用機会を広げることで、格差をある程度抑制してきていたといえる。

ただしこのことは、逆に言えば生活保障における賃金依存が大きかった、ということである。若者のライフコースに引きつけて考えれば、新卒一括採用のワンチャンスで、一度乗った雇用のルートを変更したり引き返したりすることが困難な仕組みができあがり、さらにそこには、同じルートを前へ前へとすすむモティベーションの装置も組み込まれていた、ということになる。そしてこの仕組みが、今日、多くの若者を雇用から排除し、あるいは若者の間に分断を生んでいる。

この仕組みは、学校と就労を直接に接続することから始まる。教育社会学者の本田由紀は、「学校経由の就職」が、ホワイトカラーの業務に限らず、ブルーカラーの職に関しても広く定着してきたことが、日本型の移行の特徴であると述べている（本田、２００５）。職業紹介機関も介在する広義の「学校経由の就職」を含めると、新卒一括採用の「学校経由」の就職は、日本の人々にとっては当たり前のように受け取られている。職業安定法自体が、学校の職業斡旋機能を前提にしてできあがっていた。

欧米のいわゆるジョブ型の雇用、つまり職務の縁取りがはっきりした働き方であれば、学校よりも職業紹介機関の役割が大きく、また採用の時期も企業の欠員などの事情に左右される。とくにブルーカラーでは、学校卒業時に集中することは少ない。

これに対して、いわゆるメンバーシップ型の雇用、つまり職務の縁取りが明確でなく、仕事に求められる知識や技能の大半は入社後に研修や在職者訓練で習得する場合、「学校経由の就職」は合理性が高い。それはアメリカの社会学者メアリー・ブリントンの分析によれば、ある学力水準の学校からある経営水準の企業へと、「場」と「場」を直接つないで、「素材」としての若者を受け渡していく仕組みだからである（ブリントン、2008）。

メンバーシップ型雇用という前提のもとで、このように教育と企業が連携し、とくに大企業は福利厚生も整備して、若者を包摂していった。入社後の人事考課は、あるジョブがどこまで達成されたかではなく、どこまでメンバーシップを発揮できたか、どれだけ組織の発展のために尽力できたかが重視された。したがって、ブルーカラーを含めて、業績考課のみならず協調性や忠誠心などを含めた情意考課の比重が高まった。同期集団はこうした評価のリファレンスグループともなった。

イギリスのように階級分化が明確であると、若者たちは早い段階で自らの帰属階級を自覚せざるをえない（ウィリス、1996）。これに対して、日本のライフコースでは、偏差値や企業の格はグラデュアルに分布し、若者たちに自分たちの社会的地位を相対的な基準で（つまり誰それには劣るが誰それには勝るという位置として）自覚させた。

企業においては、一般に会社幹部として絞り込まれる時期はかなり遅く設定され、その間は同期集団に比べて昇進が遅れてもその後に挽回可能な、言わば「リターンマッチ付きのトーナメント」がおこなわれた。これは、かつて教育社会学者の竹内洋が分析したように、若者たちのモティベーションを「加熱」しつつ「冷却」する、つまり上昇意欲をあおりつつその地位に納得もさせる仕掛けとも言えた。（竹内、2016）。

賃金所得への依存度が高く、不可逆的・一方通行型で、求心力の強いこの雇用の仕組みは、新卒一括採用時に安定した正規雇用に就くことができない若者には、明らかな排除の仕組みとして機能する。就職活動時に経済が低迷しているとその後のライフコースでの挽回が難しいという現実の象徴が、いわゆる就職氷河期世代である。「労働力調査」によれば、２０２０年1月の35歳から44歳の非正規雇用は３４２万人で、25歳から34歳の非正規雇用より約１００万人多い。

就労してから大学へ入り直すなどの選択肢は、家計の学費負担の大きさから困難であるし、そもそも日本の高等教育は、それぞれの偏差値に見合った「格」の企業につなぐ社会関係資本の「場」として価値があった。そこでライフコースの中途で、高等教育で知識や技能を習得し直し、労働市場に再度参入するというのは、基本的に「想定外」なのである。

２０１５年の内閣府調査は、15歳から39歳の引きこもりが54万人を超えているという推計を示したが、引きこもるきっかけは20歳から24歳が３４・７％で、２０１０年の調査に比べて13ポイント増大し、ライフコースの入り口でおしつぶされるケースが増大していることが窺える。

非正規雇用・低所得の若者が増大するにつれ、排除の論理はさらに若者の分断につながる。正規雇用の職場では、もはやかつてのように将来にわたる雇用保障が約されないなかで、濃密すぎる空気を読み、周囲と調和することを常に求められる。いわば「忖度圏」ともいうべき組織で神経をすり減らすことになる。

他方において、非正規雇用に就く若者たちの多くは、読むべき空気すら希薄な「孤立圏」に身を置く可能性が高い。この国で雇用制度から排除されることは、佐藤洋作の議論を借りれば、「人間関係そのものからの排除」に直結する（佐藤、２０１５）。

さらに、家族にも依存できない場合、経済的な困窮の度合いも高まる。１９８５年から２０１５年で相対的貧困率が最も上昇したのは、20歳から24歳の層であり、10％を超える程度であった貧困率が２倍以上になった（阿部彩、貧困統計ホームページ：https://www.hinkonstat.net/）。

3　「新しい生活困難層」としての若者

次に、旧来の社会保障の制度と若者との関係を考えたい。

日本の社会保障制度については、しばしば「高齢者向けの社会保障」に偏り、若者はその負担のみを強いられているとされる。だが、若者世代と高齢世代の世代対立ばかりを強調するのは正しくない。高齢世代も誰もが制度の恩恵に与っているわけではない。ＯＥＣＤの２０１５年の統計では、日本では66歳以上の高齢者の相対的貧困率は１９・６％で、ＯＥＣＤ諸国でも12番目の高さである。

では、日本の社会保障の特徴はどこにあるのか。日本の社会保障給付総額は、２０１９年で約１２０兆円であり、入り口の財源を見ると、４割が税支出、６割が社会保険料となっている。だが、出口でみると約９割が社会保険の給付である。

つまり、税支出の過半が社会保険財源に投入され、国民健康保険や国民年金のような地域保険を含めて、国民皆保険皆年金を実現してきたのである。この社会保障のかたちは、メンバーシップ型雇用の仕組みと深く連動していた。

現役世代にとっては、家族扶養のコストも上積みされた年功賃金が生活保障の軸になってきた。

だからこそ、この年功賃金で家族を扶養する男性稼ぎ主が、加齢、病気やけが、失業などで家族扶養の能力を失う事態に備えることが重要であった。比較的安定した雇用に就き、社会保険料を払い続けることができれば、保険料の見返りのみならず、税支出の恩恵にも与ることができるのである。

だがその条件がない場合、税の給付も受けにくいことになる。事実、税財源の大半が社会保険の財源補填に投入されている分、税財源だけに依拠する生活保護などの福祉は、対象を厳しく絞る傾向が強くなった。また、若者の就労や生活を支援するプログラムも限定されていた。

今、多くの若者が、メンバーシップ型雇用と社会保険の連携からなる生活保障と、他方における福祉の制度の狭間にはまり込んでいる。本書の第1章では、若者が「アンダークラス化」している、という視点が示された。若者の階級・階層上の位置をデータに基づき明らかにしていくことは重要な作業である。ただし、階級・階層上の位置どりと制度の給付対象であるか否かは、それぞれ別の次元（独立変数）でもある。したがって、併せて制度論的な視点から若者の位置を見ていくことも必要になる。

図1は、こうした制度論的視点から「新しい生活困難層」と呼びうる人々の位置を示したものである。制度論的に見た場合、この「新しい生活困難層」に属する若者が増大している。

図1について説明をしておくと、旧来の生活保障のかたちにおいて、一方で安定雇用を支えてきた仕組みをここでは三重構造と呼んでいる。行政が様々な形で中小企業を含めて企業経営を安定させ、とくに大企業は家族賃金としての年功賃金で男性稼ぎ主の家族扶養を支えた。つまり、行政、会社、家族の三重構造である。

図 1　新しい生活困難層としての若者

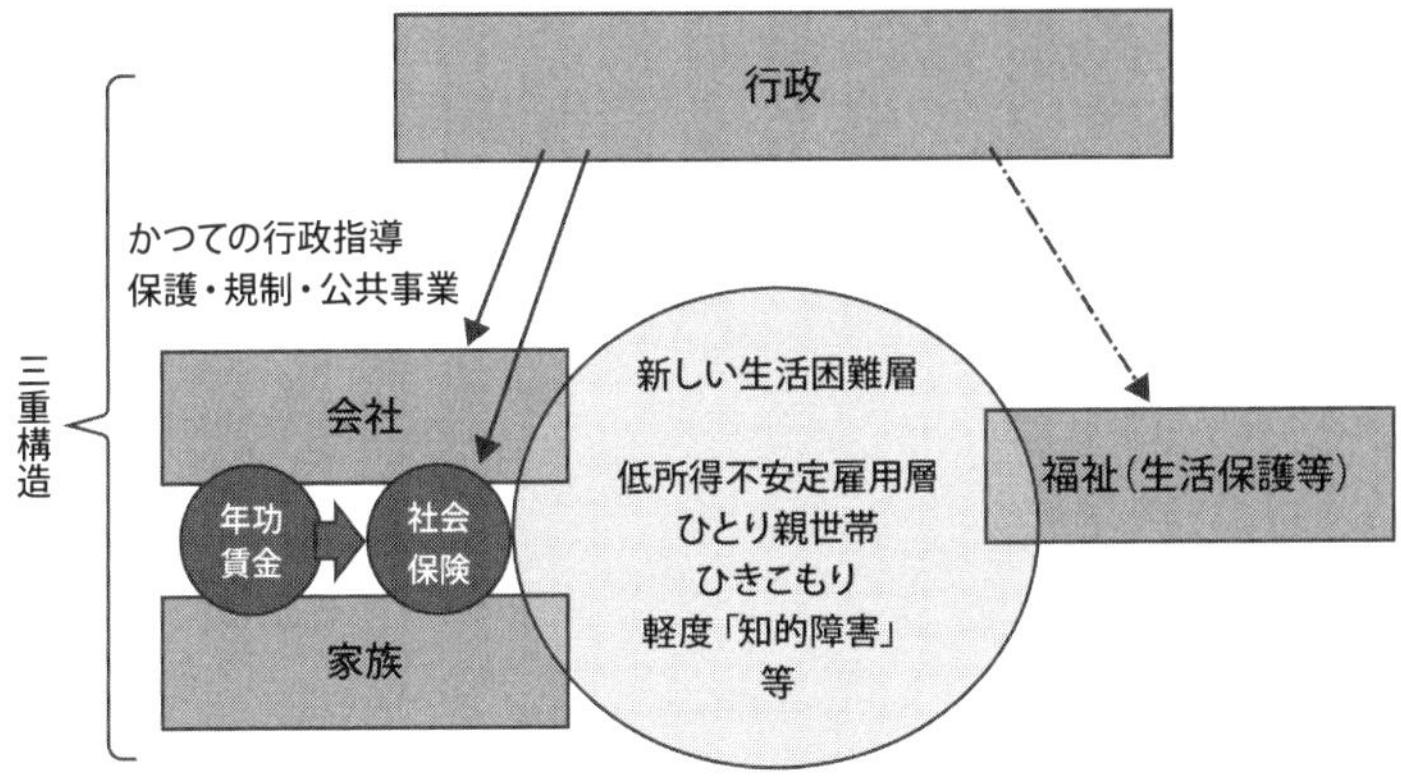

雇用の劣化、非正規化は、多くの若者をこの三重構造から押し出し、「新しい生活困難層」にした。この三重構造から押し出されるパターンは、企業に正規雇用で入ることができない、あるいは心身や家族ケアなどの問題で正規雇用から離脱せざるを得ないケースに加えて、未婚や離別等で、扶養家族から外れて生活困難に陥った若い女性や母親のケースを含む。

この「新しい生活困難層」の特質は、世帯ごとに多様な複合的な困難を抱えているにもかかわらず、正規雇用に就けず、他方で社会保障の給付対象ともならない、ということであるが、この点は多くの若者にそのままあてはまる。

第一に、多様な複合的困難を抱える若者が増大している、ということである。「不可逆」型のライフコースから外れたことが、若者に低所得や対人関係の困難をもたらしているが、遡ると、高校中退などの挫折体験があり、さらに、様々な家族関係をめぐる苦しみから心身の障害を抱え込んでいる場合も多い。諸困難の組み合わせは実に多様であるが、こうした複合的困難を抱えること自体は若者にとってもはや珍しいことではない。

第二に、「新しい生活困難層」としての若者が抱えている問題は、世帯内で複雑に連鎖していることが多い。かつて「標準世帯」として想定されていた家族関係は、今日では決して標準ではなく、ケアや経済関係をめぐって世帯内で「想定外」の依存関係が様々に生じている。

80代の老親の年金に依拠して50代の息子娘世代がひきこもるような事例を８０５０問題と呼ぶようになった。無職で独身の40代から50代の子が高齢の親と同居し、生活費を親に頼っている家庭は、57万世帯に及ぶという推計もある（朝日新聞朝刊、２０２０年3月30日）。そしてここには、さらに老親にとっては孫にあたる10代、20代の若者の問題も含まれる場合があり、８０５０２０問題などと呼ぶ場合もある。

こうした事態とも重なる可能性があるが、10代、20代の若者が学業などを犠牲にして家族のケアを担うヤングケアラーが注目されるに至っている。２０２０年の毎日新聞などの調査では、介護保険のケアマネージャの１６・５％が、こうしたヤングケアラーが介護を担っている世帯を担当したことがある、と答えている。

第三に、「新しい生活困難層」としての若者と、一方における雇用の制度、他方における福祉の制度との懸隔は、ますます広がってしまっているということである。

先に、「新しい生活困難層」としての若者が複合的困難を抱えていることを述べた。その一つひとつの困難は、働けない人を絞り込もうとする現行の縦割り福祉の基準に照らすと、支援や保護の対象にならない場合が多い。たとえば、知能指数70から85程度の軽度の知的障害の場合、療育手帳の発行の対象とはなりにくい。しかし、その条件で一般的就労はきわめて困難である（宮口、2019）。こうした軽度の障害が、低所得や世帯内での複雑な家族関係とも連動して、しばしば深刻な生きがたさにつながっているのである。

このように、かつて若者たちの大半が安定した雇用に就くことができたときには、一定の合理性を発揮できた「古い」生活保障、つまり雇用と社会保障の仕組みが、少なからぬ若者たちを排除しつつある。

4　若者支援政策の浮上

こうしたなかで、2000年代に入るころから、若者支援に関する政策が打ち出されるようになる。アメリカの政治学者ジョン・キングダンによれば、ある政策が浮上する背景には、当該問題の流れ、政策ないし方法の流れ、政治の流れというそれぞれ独立した三つの流れが作用している（Kingdon, 2010）。若者支援政策を浮上させた三つの流れは以下のようになろう。

第一に、問題の流れである。この時期の若者政策を浮上させたのは、まず1990年代半ばからの経済停滞のなかで、若者無業者の急増が注目されるようになったことである。内閣府の「若者無業者に関する調査（中間報告）」は、「15歳から34歳の若年無業者（通学、有配偶者を除く）は、2002年時点で213万人に達し、1992年からの10年間で80万人増えた」とした。

こうした事態に呼応して、「ニート」「パラサイトシングル」といった言葉が生み出されたことが、問題をとらえる仕方としてフィードバックして、さらに若者無業者問題をクローズアップさせた。

第二に、政治の流れである。移行期の若者の多様なリスクをそれなりに吸収してきた「古い」制度は、日本の保守政治のあり方とも一体化していた。たとえば、しばしば保守政治による地方への利益誘導の象徴とされてきた公共事業は、図の三重構造に引きつけていえば、行政が地域に仕事をつくり、高校を中退した若者を含めて、若者が家族をつくり地域に定着していく条件ともなっていた。

若者支援政策は、橋本龍太郎内閣で打ち出された構造改革路線をいわば急進化した、2001年からの小泉純一郎内閣のもとで浮上した。これは偶然ではなかろう。新自由主義的とされる構造改革路線のもとで、「新しい生活困難層」の増大が放置されたまま、「古い」生活保障の仕組みが解体されていったからである。

一般歳出上の公共事業関係予算（災害復旧費含む）は、1998年度の8兆9853億円から2007年度概算では6兆9473億円まで減少した。生活保護についても削減がすすめられた。骨太の方針2003年に基づき、70歳以上の受給者に対する老齢加算の減額と廃止に続き、母子加算についても、2009年までに段階的に廃止することが決められた。

第三に、政策ないし方法の流れである。日本ほど男性稼ぎ主の年功賃金への依存度が強かった例は別格としても、ケインズ主義的な景気浮揚策で男性稼ぎ主を中心に雇用を維持する方法は、アングロサクソン諸国の福祉国家を中心に広くとられていた。その際に福祉政策そのものは、やはり給付対象が困窮層に絞られる傾向があった。

これに対して北欧諸国では、日本のように若者を企業のメンバーシップに縛るのでも、アングロサクソン諸国のように一時的な景気浮揚と公的扶助に依存するのでもなく、職業訓練や職業紹介、さらには家族ケアのサービスなどで、現役世代男女の就労支援に力点をおいた施策がとられていた。福祉が人的資本への投資的な機能も果たしたという点で、社会的投資と呼ばれた施策である。

１９９０年代に入ると、とくにイギリスの労働党やアメリカの民主党のなかで、公的扶助の増大への中間層の反発を回避するため、こうした北欧の経験にも触発されたかたちで、「福祉から就労へ」というワークフェア型の施策が打ち出されるようになる。ワークフェア的施策は、就労支援の考え方では北欧の社会的投資と重なるが、扶助的な給付の打ち切りなど、当事者に就労を求める強権的方法が優先された点では北欧と異なっていた（宮本、２０１３）。

このように、この時期に欧米では、政策手段としての若者就労支援が注目されていた。ただし、ワークフェア型か北欧流のアクティベーション型まで、施策の内容には幅があった。いずれの手段が選択されるかで重要になるのは政治の流れである。さらに、政治の流れは問題の発見の仕方を方向付ける。

日本では、小泉構造改革のさなかにこうした若者支援施策のアイデアが（北欧から直接にというよりアングロサクソン諸国の経由で、したがってワークフェア型が）輸入され、具体化されたといってよいであろう。それゆえに若者無業者という問題の発見の仕方も、就労の意欲のない「非希望型」に強い光が当てられるなど、若者の気持ちの持ち方の問題に還元される傾向が生じたのである。

5　若者支援政策の展開

若者支援政策の嚆矢《こうし》とされるのは、2003年に、経済産業省、厚生労働省、文部科学省、内閣府の協議のもと、「若者自立・挑戦プラン」が策定されたことである。「若者自立・挑戦プラン」の「趣旨説明」では、「若年者の働く意欲を喚起しつつ、全てのやる気のある若年者の職業的自立を促進し、もって若年失業者等の増加傾向を転換させる」（傍点引用者）ことを目的とするとされていた。

翌2004年には、若者の就労支援機関「ジョブカフェ」が都道府県の所管で始まった。ジョブカフェは、セミナー等の開き方、立地や内装など含めて若者のライフスタイルと違和感のない運営をすすめたが、その点を含めて、課題は若者の意欲喚起にあるという認識が濃厚に示されていた。

同じく2004年には、「若者の自立・挑戦のためのアクションプラン」がまとめられた。そこでは、合宿方式の「若者自立塾」や職業訓練と企業実習の二本立て（デュアル）による「日本版デュアルシステム」のような実質的な支援サービスも含まれていたものの、ここでも若者の意識改革に向けられた諸施策に力点が置かれた。すなわち、学校教育における職業体験とキャリア教育、「若者の人間力を高めるための国民運動の推進」などのメニューが並んだ。

さらに2006年からは、厚生労働省が地域若者サポートステーション事業（サポステ）を各地で開始した。ハローワークを併設する例を含めて就労により直接的につなげようとするジョブカフェに対して、サポステは「コミュニケーションスキル」や「ソーシャルスキル」の習得に力点を置いた運営を打ち出し、学校、医療機関、福祉施設との連携を重視していることからうかがえるように、単なる意欲喚起に留まらず、若者が抱えた複合的困難に対応するという課題認定に基づく制度であった。

だが、先ほど「新しい生活困難層」としての若者という位置づけをしたことからも明らかなように、複合的困難を抱えた若者たちは自治体制度の二重の縦割りと制度分断のなかにある。すなわち雇用や住宅と福祉の分断であり、福祉制度のなかでの縦割りである。

全国のサポステ事業はＮＰＯや社会福祉法人、株式会社などの民間事業者に事業委託されており、こうした民間事業者が、一定の進路決定者を出すなど数字の上での成果をあげつつ、しかも困難な事情を抱えた若者たちに、自治体そのものの縦割りや分断を超えた包括的支援をおこなっていくことは容易ではない。

一部の事業者が若者支援に優れた成果をあげていることは注目するべきである。だが全体として言えば、地域若者サポートステーションは「積み過ぎた方舟」となっていることは否めないのである（宮本、２０１５）。

6　日本におけるワークフェアの「空回り」

このように、若者政策の制度展開は、「新しい生活困難層」としての若者が抱えている複合的な困難を解きほぐす手立てが不足していた。その一方で、イギリスやアメリカのワークフェア改革のように、若者を就労に追い込む手段もまた欠いていた。

日本には、アングロサクソン諸国と異なり、就労可能性のある若者に対する扶助の制度はほとんど存在しなかった。つまりイギリスのブレア政権が打ち出した、「福祉から就労へ」という理念やアメリカのクリントン政権による「お馴染みの福祉はもう終わらせる」というスローガンでいう、「福祉」に相当する部分がなかったのである。そもそも打ち切る支援がなければ、ワークフェアは成り立たず、政策は「空回り」となる。

若年層を対象とした制度で、例外的にこのような扶助の給付が存在していたのは、児童扶養手当制度であった。したがって、広義の若者支援政策のワークフェア的展開と見ることができるものとしては、2002年11月に成立した児童扶養手当法の改正があった。

改正された児童扶養手当法の第2条には、児童扶養手当の給付を受けた母親は「自ら進んでその自立を図り、家庭の生活の安定と向上に努めなければならない」と書き込まれた。また、支給開始から5年を経過した段階で、政令の定めによりその一部を支給しないとされた。

就労義務を打ち出しつつ所得保障を制限すると同時に、就労支援サービスを強めることも打ち出されはした。すなわち、都道府県知事が指定する教育訓練を受けた者にその費用を20万円を限度として支給することや、看護師や介護福祉士の資格を取得するために就業機関で2年以上就業する際に、生活費の一部を給付することなどが決められた。

これは明らかに、1996年にクリントン政権下のアメリカで、母子世帯向けの公的扶助制度に対しておこなわれたワークフェア改革に触発されたものであった。だが、ここでもアングロサクソン諸国とのすれ違いが明らかになった。給付の抑制や教育訓練給付で就労につなげようにも、日本の母子世帯はすでに8割以上が働いていた。すでに就労している母子世帯が、就労と子育てを両立させつつ、さらに専門学校等に通うのは困難がともなったし、さらに資格取得後の生活安定の展望も確保できるわけではなかった。

このように日本の若者支援政策は、若者無業者問題の浮上、新自由主義的な政治潮流の台頭、アングロサクソン諸国のワークフェア改革の広がりという、三点がクロスするなかですすめられたが、アングロサクソン諸国のワークフェア改革と比べると、第一に、就労を忌避するペナルティとして剥奪する給付がそもそもなかった。そして第二に、児童扶養手当のように給付が例外的にあった場合は、受給者はほとんどがすでに就労していた。

当初の若者支援政策が、こうした「空回り」もあって十分な成果につながらないなかで、しだいに明らかになってきたことは、「新しい生活困難層」としての若者たちが抱える複合的困難の根深さや世帯のなかでの複雑な依存関係であった。また日本の「古い」生活保障に適合的にできあがっている自治体制度、とくに福祉と雇用の分裂や、福祉制度そのものの縦割りという問題点であった。

7　生活困窮者自立支援制度

その後、少子高齢化のさらなる進展、格差と困窮、孤立の広がりのなかで、民主党政権の誕生と自民党政権の復活を跨ぐかたちで、社会保障・税の一体改革がすすめられ、改革の理念として、全世代型の社会保障が掲げられた。なかでも若者支援政策との接点が大きな展開としては、2015

年に生活困窮者自立支援制度が施行された。この制度は、三点において2000年代初めの若者支援政策の問題点を超えるものであった。

第一に、「新しい生活困難層」を支援の対象として、分断構造に取り組むことを目指した初めての制度であった。同法において生活困窮者とは、高齢者、若者、障害者、子どもなど旧来の縦割りの区分を横断して、地域で経済的に困窮しあるいは孤立している人々を指す。実際の運用においては、たとえば所得面では住民税非課税世帯などの線引きがなされ、過度に絞り込まれてしまう傾向はあるが、本書のいう「新しい生活困窮層」とある程度は重なっている。

第二に、この制度は自治体の二重の縦割りを克服していくことを目指している。二重の縦割りとは、福祉制度それ自体の縦割りと、福祉と雇用の分裂であった。

生活困窮者自立支援制度は、福祉制度の縦割りに「横串」を刺すことを目指し、福祉事務所のあるすべての自治体に自立相談支援の窓口を設けることを義務づけつつ、自立支援にあたっては、高齢、障害、子どもなど各分野の福祉制度や雇用、住宅などの部局と密接に連携してすすめることを求める（同法第2条の2）。併せて、就労準備支援事業、家計改善支援事業、子どもの学習・生活支援事業、居住や食料など緊急の支援に関する一時生活支援事業の四つの事業を任意事業として、既存の制度を補完することを目指している。

第三に、この第二の点ともかかわるが、この制度は、少なくとも基本的な考え方としては、性急に一般就労を求めるものではない。就労準備支援事業などをとおして、困難を抱えた当事者の事情に沿った就労支援をおこない、またその運用にあたっては、地域で多様な中間的就労の場をつくることも課題として示されている。

基本的には困窮分野での改革であったこの生活困窮者自立支援制度に続いて、その後は、地域共生社会の理念のもとに同趣旨の改革を分野横断的にすすめようという流れも強まった。とくに2020年の社会福祉法改正では、高齢、障害、子ども、困窮の分野を横断するかたちで、「包括的相談支援」、就労の場や居場所などの「地域づくりの支援」、相談と参加の場をつなぐ「参加支援」をすすめていくことが目指された。

もちろん、ここでは生活困窮者自立支援制度や地域共生社会への動きについて、手放しで評価できるものと考えているわけではない。いかに優れた改革のアイデアも、財政、制度、政治の制約から、気がつくと制度が別物に変貌してしまっていたという事例は枚挙に暇がない。

生活困窮者自立支援制度や地域共生社会への動きが、ジョブカフェや地域若者サポートステーションといったこれまでの若者支援政策といかに連携あるいは融合していくかは今後の課題である。気をつけなければならないのは、包括的支援や制度の一体化を理由に財源が「効率化」されてしまうことである。財源が抑制されれば、若者の複合的困難に包括的に対処するよりは、性急に一般就労を求める自己責任論が復活する、という場合もありえよう。

こうした事態を回避するためにも、最後に検討するべきは、若者支援政策を導く政策理念のあり方である。

8 北欧型社会的投資の限界

それでは、生活困窮者自立支援制度や地域共生社会への制度改革を積極的に着地させていく政策理念とはどうあるべきなのであろうか。

先に、アングロサクソン諸国のワークフェア型の施策と対立する北欧のアクティベーション型の社会的投資について触れた。ワークフェア型の施策は、所得保障を削減することを圧力として、若者に対して就労を迫った。これに対して、北欧の社会的投資は、まず就学前教育で、生まれ育った家計の経済的影響を受けることなく誰もが基本的な認知的、非認知的能力を身につけることができる条件を重視した。

その上で、所得保障と教育、訓練を効果的に組み合わせることで、移行期の若者の生活支援、ライフチャンスの拡大と知識経済の好循環を図ってきた。スウェーデンの場合は、リカレント教育と積極的労働市場政策が代表的施策であろう。

リカレント教育は、基本的に無償の大学教育や自治体成人教育、いったん就労した後の学習を動機づける25：4ルール（25歳以上で4年以上の勤労経験のある者への優先的入学枠）、さらに教育期間中の生活費を保障する学習資金制度などが組み合わされた。また、積極的労働市場政策でも、先端部門への労働移動を支援する職業訓練、職業紹介と従前の所得の8割の水準を保障する失業手当や労働市場訓練手当が連携した。

それでは、日本でも新たな政策展開を、とくに若者支援分野で北欧型の社会的投資に近づけていくべきなのか。二点の問題を指摘しなければならない。

第一には、日本の制度との現実の距離は置いて仮に北欧型に近い制度を実現できたとして、「新しい生活困難層」となり複合的困難を抱えた日本の若者たちに、リカレント教育や積極的労働市場政策を積極的に活用してライフチャンスを切り開いていくことがどこまで可能か、という問題である。格差や困窮の広がった国に、こうした積極的労働市場政策を導入しても、相対的に恵まれた層だけが恩恵を受けるといういわゆる「マタイ効果」が生じるという実証的研究も現れている（Bonoli and Liechti, 2019）。

第二に、北欧においてもこうした社会的投資戦略に機能不全が現れている、ということである。これまでこうした施策が有効に機能したのは、国際競争力のある先端部門が若者を中心に多くの労働力を吸収してきたからであった。ところが、ＩＣＴ技術が浸透した今日の先端部門では省人化・省力化がすすみ、もはや多くの労働力を送り込むことは難しくなっている（宮本、２０２０）。

9　地域密着型の社会的投資と包括的相談支援

ワークフェアと対置されてきたこれまでのアクティベーション施策は、若者のライフチャンスを拡大し、知識経済のなかでの活躍の場を広げていくという意味で、いわば「オフェンシブ」（攻勢的）な社会的投資であった。これに対して、若者が「新しい生活困難層」となり、複合的困難を抱えるなかでは、より「ディフェンシブ」（守備重視）な社会的投資が併せて必要である。

表1　社会的投資の重層化

	サービス給付（ストック）	移動可能性（フロー）	所得保障（バッファー）
グローバル市場志向型の社会的投資	就学前教育、職業訓練および職業紹介	生産性が高く処遇のよい部門と企業へ	失業期間、教育・訓練受給期間の保障に重点
地域密着型の社会的投資	総合相談による包括支援（健康、家族問題、居住、就労等）	社会的企業（社会的経済）による多様な居場所の確保、オーダーメード型の就労実現、一次産業を含めた兼業や副業の拡大	多様な働き方による低所得を補う補完型所得保障

表1は、これまで北欧で主流であったオフェンシブな社会的投資と、各国で「新しい生活困難層」が増大している現実をふまえた、地域密着型のディフェンシブな社会的投資とを対比したものである。社会的投資のポイントとして、支援のためのサービス、教育や就労、居場所などへの移行可能性、そして所得保障が重要であるが、オランダの政治学者へメリクは、それぞれをストック、フロー、バッファーと呼んでいる。表1はこのへメリクの議論にも依っている（Hemerijck, 2017）。

第一に、へメリクのいうストック、すなわち人びとの生活力を高める支援サービスの転換である。かつて北欧型の社会的投資では、サービス給付の拠点になるのは就学前教育と職業紹介や職業訓練の窓口であった。

ところが現実をみると、家族のケアに時間がとられる、心身に様々な問題を抱える、多重債務を負っているなど、複合的困難を抱えた人々が増大している。こうした若者が、職業紹介や職業訓練で、すぐに安定した仕事に就くことは困難である。

このようななかで重要になるのは、雇用と福祉の垣根を超えて、様々な生活困難、就労困難に総合的に対処しうる支援の窓口であろう。北欧でも、フィンランドが２０１０年から30歳以下の若者のために「ワンストップ・ガイダンス・センター」（Ohjaamo）を導入した。これは、若者が抱える多様な困難に総合的に対処するために各機関が連携した窓口で、フィンランド各地に60か所以上の設置がすすんでいる（Määttä, 2018）。

日本でも、生活困窮者自立支援制度の自立相談支援事業では、性急に一般的就労を求めるのではなく、多様な生活困難に幅広く対応していくことが強調されるようになった。また、２０２０年の社会福祉法改正で、同様の包括的相談支援をおこなう自治体に対して、高齢、障害、子ども、困窮で補助金の一体給付をおこなうなど、包括的な相談支援への体制が強化されている。

10　オーダーメード型就労

第二に、ヘメリクのいうフロー、すなわち新たな職業や居場所につなげていく仕組みである。グローバル市場志向の社会的投資は、労働移動に関しては、生産性が高く国際競争力のある企業に労働力を送り込むことに注力していた。

これに対して、地域密着型の社会的投資では、必ずしも就労のみを追求するのではなく、多様な居場所を創出していくことにまず力点が置かれよう。

加えて、就労についても、ＮＰＯや協同組合など、社会的経済の柔軟な働き方を選択する条件を広げる必要がある。社会的経済を基礎にした社会的投資は、ベインズらによって「イノベーティブな社会的投資」と位置づけられている（Baines, et.al., 2019）。

そして、短時間労働でも処遇上の不利を被ることがないよう制度を整備することが求められる。フリーランスの仕事もその労働者性に鑑みた保障をおこない、さらには、農業や林業も含めて業種を超えて副業をもつなどして、若者が循環経済のなかに居場所を得ることが大事である。

日本について言えば、メンバーシップ型雇用が、雇用のハードルを上げ、労働市場の流動化を妨げ、正規雇用と非正規雇用の格差にもつながったという反省から、欧米のように職務の範囲を確定して採用するジョブ型への転換を唱える立場がある。だが、ジョブ型というのは決められた職務のかたちに人が適応しなければならない働き方でもある。これまでの正規雇用の「ジョブなきメンバーシップ」か非正規雇用の「メンバーシップなきジョブ」という二者択一から脱却していく必要があろう（本田、２００９）。

「新しい生活困難層」をはじめとして、様々な働きがたさを抱えた人々を包摂していくためには、メンバーシップ型雇用、ジョブ型雇用と並んで、当事者の事情に応じて働き方を設計していく「オーダーメード型雇用」ともいうべきかたちが提供されていく必要がある。

静岡県富士市では、市が地元企業の協力のもと「ユニバーサル就労条例」を制定している。また、三重県鳥羽市では、旅館の人手不足解消のため、市の働きかけのもとで、宿泊業の業務を分解して、労働時間や勤務形態の多様な組み合わせを選択できる「プチ勤務おしごとカタログ」を作成した。

11　補完型所得保障

第三に、ヘメリクのいうバッファー、すなわち所得保障の役割についても、旧来の北欧型の社会的投資からの転換が必要になっている。北欧型の社会的投資においても、所得保障の現金給付は重要な役割を果たしていた。ただしそこでは、いったん就労すれば勤労所得で生活が成り立つことが前提となっていた。それゆえ所得保障は、公的扶助（生活保護）を含めて、一時的なものであるべきとされていた。つまり、教育や訓練を受けている期間や育児休業期間中など、就労を離れた期間のみを支える所得保障となっていた。

地域密着型の社会的投資においても、最低賃金を底上げするなど、ワーキングプアを生まない賃金条件を実現することが肝要になる。けれども、多様な困難を抱えた人々を包摂していくことを目指すならば、労働時間や勤務形態などの制約から、勤労所得だけでは生活していくことが困難な場合も考えられる。

したがって、このような場合に勤労所得を補完して生活が成り立つ現金給付が必要になる。補完型の所得保障として考えられるのは、家賃相当分の現金給付をおこなう住宅手当や家族扶養の費用を給付する家族手当がある。さらに、生活保護制度が八つの扶助費のパッケージとなっているのを、必要に応じてたとえば住宅扶助だけ、あるいは医療扶助だけでも給付できる扶助の単給化を実現していくことも考えられよう。

さらに、税制を通した補完型所得保障も有力な手段である。一定額の税額控除を設定し、所得が低くて税額が控除分を下回る場合に、差額を現金給付する給付付き税額控除や、勤労所得がない場合に一定の最低保障の現金給付をおこない、勤労所得が増大するにつれて現金給付を減額する負の所得税がある。

12　若者にベーシックアセットを

地域密着型の社会的投資を若者支援に組み込んでいくことは、若者にベーシックアセットを提供していくことになろう。

若者支援を含めた社会保障の刷新については、ベーシックインカムという提起がなされて久しい。また、２０１７年にロンドン大学のグローバル・プロスペリティ研究所（ＩＧＰ）がベーシックインカムよりベーシックサービスを、という包括的な提起を始めて注目されている。

これに対してベーシックアセットとは、アメリカのシンクタンク未来研究所（ＩＦＴＦ）等における問題提起などを参考にした言葉で、アセットとはひとかたまりの有益な資源、という意味である。資源として重要になるのは、支援サービス、現金給付、そして帰属先のコミュニティである。

ベーシックインカムやベーシックサービスといった議論を経て、サービスも現金給付もというと、あたかもたいへんな「贅沢」のように響きかねないがそうではない。地域密着型の社会的投資によって、当事者や家族などとの協議も経て、当事者が社会とつながるために最適なサービスと（必要な場合の）現金給付を絞り込むのは、資源のもっとも有効な活用方法である。

ベーシックインカムやベーシックサービスは、誰にでも同額の現金給付、同じサービスを提供することで、有権者、納税者の納得感を高めようとする。だが、そのように納得感を得ることが仮にできたとしても、無駄になる資源も大きく、そのことがこうした構想の実現を困難にもしよう。

これに対して、ベーシックアセットは、若者を含めて人々が社会とつながり続けること、多様なかたちで力を発揮する条件を形成すること、そのための最低限であっても最適な給付をおこなうことで有権者の合意を得る。また、そのことで（あくまで副次的効果としてであるが）社会的扶助、医療、治安などのコストが抑制されることで、有権者、納税者の納得感を高める。なお、ベーシックアセットについて、詳しくは筆者の近刊を参照されたい（宮本、２０２１）。

社会的企業が積極的にかかわる地域密着型の社会的投資で、すべての若者に社会とつながるベーシックアセットを提供すること。このような方向で若者政策を深化させていくことが求められている。

参考文献

ポール・ウィリス（１９９６）熊沢誠訳『ハマータウンの野郎ども——学校への反抗・労働への順応』筑摩学芸文庫

佐藤洋作（２０１５）「学校から仕事への移行を支える　学び直しの場をつくる」宮本みち子編『すべての若者が生きられる未来を——家族・教育・仕事からの排除に抗して』岩波書店

竹内洋（２０１６）『日本のメリトクラシー　構造と心性（増補版）』東京大学出版会

メアリー・C・ブリントン（２００８）池村千明訳『失われた場を探して　ロストジェネレーションの社会学』ＮＴＴ出版

本田由紀（２００５）『若者と仕事　「学校経由の就職」を超えて』東京大学出版会
本田由紀（２００９）『教育の職業的意義　若者、学校、社会をつなぐ』ちくま新書
宮口幸治（２０１９）『ケーキの切れない非行少年たち』新潮新書
宮本太郎（２０１３）『社会的包摂の政治学　自立と承認をめぐる政治対抗』ミネルヴァ書房
宮本太郎（２０２０）「社会的投資戦略を超えて　資本主義・福祉・民主政治をむすび直す」『思想』（１１５６）２０２０年８月号
宮本太郎（２０２１）『貧困・介護・育児の政治 ―― ベーシックアセットの福祉国家へ』朝日新聞出版
宮本みち子（２００２）『若者が社会的弱者に転落する』洋泉社
宮本みち子（２０１５）「若者無業者と地域若者サポートステーション事業」『季刊・社会保障研究』（51－1）
Baines, Susan, Judit Csoba, Flórián Sipos and Andrea Bassi, 2019, "Social Investment in Welfare: A Sub-national Perspective", Susan Baines, Andrea Bassi, Judit Csoba, and Flórián Sipos (eds.), *Implementing Innovative Social Investment: Strategic Lessons from Europe*, Policy Press.
Bonoli, Guliano and Fabienne Liechti, 2019, "Good Intentions and Matthew Effects: Access Biases in Participation in Active Labour Market Policies", Marius R. Busemeyer, Caroline de la Porte, Julian L. Garritzmann and Emmanuele Pavolini (eds.), *The Future of the Social Investment State: Politics, Policies and Outcomes*, Routledge.
Määttä, Mirja (ed.), 2018, *One-Stop Guidance Center (Ohjaamo) – Ready to offer multi-agency services for the young*, Kohtaamo.
Hemerijck, Anton, 2017, "Social Investment and its Critics", Anton Hemerijck (ed.), *The Uses of Social Investment*, Oxford University Press.
Kingdon, John W., 2010, *Agendas, Alternatives and Public Policies*, Longman.

本書をふりかえる

宮本みち子

本書のねらい

予定された章が終わったところで、本書のねらいと各章で述べられたことを振り返ってみたい。

就職氷河期に若者期を送った人々（ロストジェネレーションともいう）の先頭集団は50歳に達している。この世代と、第一次ベビーブーマー（団塊世代）やすぐ上のバブル世代との間には経済的な『世代間格差』が生まれている。この世代は、親の世代よりも所得が低く不安定になった戦後初めての世代であった。この世代を先頭にして、様々な困難を背負い、不安定な生活基盤のもとで生きている若者が増加し続けている。しかも7人に1人の子どもが貧困のなかで育っているということは、大人になることの困難が拡大していることを意味している。

このような実態から、本書は、若者のアンダークラス化が進行しているという問題意識に立ち、若者の生活保障の権利が確立していないことを問題にした。アンダークラス化は、不安定な雇用、際立つ低賃金、結婚・家族形成の困難という現象に現れている。本書で若者の生活保障の必要性を主張したのは、これまで若者の生活保障を支えてきた「雇用」によっては、すべての若者の生活を保障することができなくなっているからであった。しかも、かつて若者たちの大半が安定した雇用に就くことができた時代には、一定の合理性を発揮できた「古い」生活保障、つまり雇用と社会保障の仕組みが、少なからぬ若者たちを排除しつつある。総じて若者の生活保障における国家の役割は依然として小さく、全世代型社会保障への転換がいわれながらも、若者期は社会保障制度における陥没地帯となっている。国家に代わって若者の生活を支えている「家族」も不安定になり、若者のセーフティネットの役を果たせなくなっている。今こそ若者の生活保障を構想する必要に迫られている。

そこで第1章では、このような状態を打破するためには、教育、職業訓練、労働、住宅、医療、余暇活動、社会統合、平等政策など広範な分野を包含する総合政策が必要であることを示した。

高校教育／教育から仕事への移行

第2章では、成人期への移行の重要な時期である高校に焦点をあて、定時制高校、通信制高校、普通科高校の底辺校がアンダークラスを生み出す土壌となり、その傾向が強まっていることを明らかにした。教育に多額の個人負担が必要な日本では、経済資本や社会関係資本の乏しい世帯の若者に対して、人権として平等に保障されるはずの公教育が機能していない。たとえば定時制高校や「学力下位校」では、学力の低さ、学習意欲のなさや非行がめだち、不登校から高校中退へと進む生徒が少なくない。そんな若者たちには、「教育から仕事へ」の移行支援の機能が働かず、社会とつながらない。90年代以降の非正規雇用の急激な増大という影響も受け、高校教育を十分に受けられなかった若者たちの多くは半失業、非正規雇用の中でさらに貧困化していたが、現下の高校教育は、この問題を放置していることを明らかにした。

第3章では、不利な諸条件を抱える若者の「学校から社会への移行」を支える体制が脆弱であることを示し、若者たちが社会的経済的に不利な条件を乗り越え、キャリア形成していくためのサポートが必要であることを示した。様々なハンディをもつ若者には義務教育段階から高校教育段階へ、そして社会へ接続するまでの伴走型の継続的支援が必要である。しかし、不登校などの若者を多く受け入れている通信制高校などは必ずしもセーフティネットになりえていない。リスクを抱えた若者たちがキャリアを形成していくためには「権利としてのキャリア教育」が必要であり、それを学校教育と地域の支援機関が連携して進める必要がある。また、義務教育からの情報・支援が高校段階へ、さらには若者サポートステーションなどの学校外の支援にも引き継がれるというように、連携して包括的にサポートする取り組みと、それを支えるシステム構築が望まれることを述べた。

就労支援／コミュニティ・オーガナイズ／社会的連帯経済

第4章では、すべての若者に就労を保障することを、就労支援という切り口から検討した。就労支援を進めるうえではいくつもの障害がある。キャリアイメージや就労の目標形成を阻む日本型雇用の仕組みや慣行、キャリアの模索・検討から錬成期に対応する求職者支援機能の欠如がある。また、この時期を支える所得保障給付の不全、就労支援が細分化する社会サービスとそれに付随的なものになっている現状がある。今必要なことは、従来の就労困難者ではなく求職準備者という対象像を設定し、キャリアや就労を見通したいという当事者の希望や意思を起点に就労支援をとらえ直すことである。既存の就労支援は拡散し、求職者支援機能が空洞化し、求職準備者という対象に向き合えない現状を踏まえ、生活困窮者自立支援法や求職者支援法、若者雇用促進法等をもとにする、自治体を軸にした就労支援のあり方を検討した。

第5章は、就労支援を相互扶助の地域づくりによって進めようとする静岡方式の理念と実態を示した。個別の若者の就労支援から出発した第一世代の静岡方式は、本人を「主」、支援者を「従」とする1対1の伴走型支援で、支援－被支援関係という権力性の問題をのりこえようと意図したものであった。しかし、支援者と被支援者という役割がある限り、この関係の解体は道半ばである。そこで、コミュニティ・オーガナイジングの影響を受けつつ、生活困窮者の就労支援に取り組み始めた（第二世代の静岡方式）。この段階で、単に就労支援を行うのではなく、生活困窮の背景にある、社会的孤立の問題と向き合い始めた結果、個々人を就労させることではなく、地域の関係性を相互扶助的なものにすることを重視し、だれもが地域の主人公として生きられるコミュニティを作ることが目的となった。その方式が、アンダークラスの人々を支えていることを示した。

第6章は、労働市場そのものが縮小していくことが予想される中で、若者の社会への出口を考えても、地域社会において新しい経済のあり方（社会的連帯経済）を創り出していく必要性があることを示した。社会的連帯経済の視点で若者支援を考えるということは、若者支援の目標を単に企業への就職とするのではなく、若者が生活していくことのできる包括的な「経済」を地域でいかにして作っていくかという方向に切り替えることを意味している。仕事は生活を支える重要な軸ではあるがそれだけでは十分ではない。同時に、居住の領域、食の領域、ケアの領域、文化や教育の領域等でも、地域に社会的連帯経済を作っていくことによってはじめてどのような若者の生活も守られることになる。アンダークラス化する若者の支援は、社会的連帯経済を育てていくことと同時に進める必要がある。また、そこでの連帯を紡ぎ出す技術にコミュニティ・オーガナイジングがあることを示した。

第7章は、日本における「中間的な働く場づくり」を担う社会的企業の一例としてK2インターナショナルグループの取り組みの意味を検討した。K2の職場は、働き始める若者達にとって最初の一歩であるが、働くことの楽しみや仲間の存在、労働の対価を得ること、住まいや安全が確保されることに強みがある。若者支援における「中間的就労」は、未経験や長いブランクから社会に出るためのステップとしてだけでなく、福祉的な就労と一般就労、生活支援と就労支援など、働くことをめぐる二項対立を解消し、様々な「間」における柔軟性のある働く場の機能である。「アンダークラス」であるかどうかは、社会的なつながりなどを含めたその人が持つ、セーフティネットの厚さで測られる。それは安心できる住まいや食事、信頼できる仲間や大人との出会い、困った時の助け、地域との繋がりがあるかどうかなどであり、そうしたコミュニティが必要であることを述べた。

若者の所得保障制度

第8章は、生活の不安定化が進む時代に、若者への社会保障が果たす役割について検討している。

最初に、現金給付をともなう所得保障制度の現状を概観したうえで、その特徴を整理する。次に、若者がどのように社会保障を利用しているのか、その様子を探っている。最後に、2020年の新型コロナ禍に対して、それぞれの現場がどのように立ち向かっているのかを整理する。その結果、家族扶養と正規雇用に基づく既存の保護システムに依拠するのではなく、むしろ若者個人が現金給付の対象となるようなより包括的な社会保障制度の必要性を展望している。若者のニーズは多様化し個別化が進んでいる。それらに対応するよりも、個人の低収入というニーズに対するシンプルな社会保障制度を構築することが必要である。若者は既存の社会保障から取り残されてきたが、捕捉率を高めていくように社会保障制度を再編するなかで、まさに橋頭堡に位置づけられると言っていいだろう。

若者支援の政策動向／支援政策と社会的投資

第9章は、日本の若者政策において「若者問題」が政策形成者にどのように認識され、何が議論されてきたのかを明らかにした。若者政策は当初の「フリーター」や若年無業者の職業的な自立を目指すものから、第二のセーフティネットの構築、複合的な困難を抱える若者への包括的な支援の制度化へと変化してきた。だが、依然として労働の比重は大きく、政策は「働ける若者」と「働けない若者」を分けて扱い、一体化したものにならなかった。こうした区別を乗り越える視点として「社会への投資」の議論を紹介し、日本の若者支援が陥っている隘路を超えるための可能性を見ようとした。「社会への投資」とは、個人の人的資本だけでなく、人びとの間の信頼や協調関係である社会関係資本への投資を含めたものである。個々人の生活が保障されるか否かというミクロな視点を超えて、社会を媒介として、個人が間接的に生活の安定と信頼感を享受する仕組みに可能性を見出そうとしている。

第10章は、若者支援の法律・制度、そしてそこに規定されている若者支援の主要なしくみについて検討を加えた。まず、若者支援を必要とする背景について見たうえで、若者支援の法制度、特に、子ども・若者育成支援推進法のしくみについて自治体法政策との関係でこれをみた。法は、理念と枠組、組織体制を規定するにとどまっているが、法律に基づいて展開される施策も含めて、すでに自治体法政策とのミスマッチが生じていることを指摘し、その原因を明らかにした。また、若者の権利保障として、また若者の抱える問題が複合的であることを踏まえた多機関連携の必要性、さらに多機関連携がどのようになされるべきか、その基礎となる情報共有の問題とともにその考えを示している。

第11章は、これまでの日本の生活保障の仕組みは、機能不全に陥っているに留まらず、多くの若者を排除する機能を発揮しつつあることを示した。日本の若者支援政策は、若者無業者問題の浮上、新自由主義的な政治潮流の台頭、アングロサクソン諸国のワークフェア改革の広がりという、3点がクロスするなかですすめられたが、アングロサクソン諸国のワークフェア改革と比べると、就労を忌避するペナルティとして剝奪する給付がそもそもなかった。また日本の「古い」生活保障に適合的にできあがっている自治体制度、とくに福祉と雇用、居住の縦割り、福祉制度そのものの縦割りという問題点があった。このような構造にメスを入れないままであったため、２０００年代に入ってからの若者支援の諸施策は顕著な成果をあげなかった。他方、生活困窮者自立支援法などには新たな可能性がある。そこで、若者支援政策の次のステージの理念を、地域密着型の社会的投資というかたちで整理した。

なお、どの章でも触れなかった重要な問題がある。大卒者に比して非大卒者の生活条件が悪化している。アンダークラス化の核にある問題である。企業が、大卒者を唯一の基準に書類段階で求職者を選別する傾向は、ＡＩによる採用が普及するに従い深刻になっていく。学校教育において技能をもっと重視し、技能にもとづく採用を進める必要がある。そのための学校教育と職業訓練の改革が必要だろう。

永らく若者の生活は、親の扶養と雇用による勤労所得によって支えられ、社会保障制度の陥没地帯となってきた。しかし長距離列車に集団で乗り込みレールを走り続ける時代はとっくに終わった。若者の多様化にともなう複雑なニーズが顕在化している。若者の生活保障を権利として打ち立てなければ、社会の支え手となることのできない若者やその延長としての中年者を大量に生み出すことになるであろう。本書の問題意識はそこにあった。若者がアンダークラスに陥らないために、若者の生活保障を社会的投資として確立しなければならない。各章の記述が本書のねらいに応えるものになっていれば幸いである。

おわりに——若者の生活保障の展望

佐藤洋作

わが国に若者政策が着手されたころ研究者と現場の実践者たちによる研究チームが編成され、この間に幾度となく若者支援サービスの先進事例から学ぼうと諸外国を巡り、さらには国内の支援現場を視察し、議論を重ねてきた*1。北欧福祉国家から始まった視察の中で、若者政策がよって立つ社会基盤の違いに愕然としたが、見聞から得たヒントを現場の取り組みに反映させ得たものもある。なによりも包括的継続的な支援システムから学ぶことは多かったが、同時に若者を支援対象というより主体として、権利主体として捉える視点は若者支援実践の中に浸透しつつある。

本書は、研究会メンバーの交替もあったが長年にわたる調査結果をめぐる議論や研究、さらには国内での若者支援実践報告の蓄積から生まれたものである。最終的な編集の時期になって新型コロナのパンデミックに見舞われ、執筆者たちはそれぞれの現場で非日常的な作業や対応に忙殺されることになった。調査や論議の機会には制限があり、原稿の仕上げや最終的な編集作業は困難をともなうものであった。しかし、それぞれの論稿にはコロナ禍の中でより露わになった若者の困難や支援の在り方をめぐる考察が反映するものとなっている。

コロナ危機で再び浮き彫りになった若者の貧困

コロナ禍の中でまたしてもわが国の貧しい現実が浮き彫りになった。収入が激減して家賃を滞納せざるを得ない自営業者の苦境やネットカフェの閉鎖で仮の住まいさえ失った若者たちの姿が連日のように報じられるなど、まずはわが国の住宅福祉の貧しさが露呈した。休業補償も乏しく廃業に追い込まれる業者、アルバイトを切られ休職手当も受け取ることのできない若者たち。学生バイトの最大の受け皿である飲食店の多くが休業要請に応じたことで学業を続けられなくなり退学を検討している学生が2割に上るという現実。リモートワークが「新しい働き方」と称揚されても、その一方で、感染の危険を冒しながら働く医療現場・福祉現場や配達業や小売業で働くエッセンシャルワーカーたち。その多くは日頃、あまり評価もされず労働条件もよくない現場で働く若者たちである。ILO（国際労働機関）の警告[*2]のように、若者は仕事だけでなく、教育や職業訓練、就職の機会も失い、労働市場で長期的な不利益を被ることになる「ロックダウン世代」となる恐れがある。

住宅補助や高等教育の無償化は若者のためにもはや避けることのできない社会課題である。また仕事を失うことがあっても、次の仕事への準備期間の生活保障や就労準備支援サービスが飛躍的に整備されなければ、若者のさらなるアンダークラス化は押しとどめることはできない。

コロナ危機の中、若者支援現場には仕事を失った若者の不安な声が聞こえてくる一方で、意外にも平然として日々を送っている若者の姿も伝わってくる。コロナ危機の中の巣ごもりもひきこもる若者にはいつもの日常であることにあらためて気づかされる。かえって社会そのものがひきこもったことで、一時的であるにせよ世間からの厳しいまなざしが緩和され居心地が良くなったのだろうか。学校に通うのでもなく働いているのでもない若者にとってコロナ危機の中でも何ら支障はなく、変わらぬ日常は続いている。そもそも社会からの排除状態にある若者にとって社会の崩壊は何も影響をもたらさないのだろう。職業訓練や中間的就労の場、あるいは経済給付など若者たちのひきこもりから仕事への移行を後押しするはずの生活保障が未整備であることをあらためて思わされる。

若者の学校から仕事への移行を支える学び直し保障

スウェーデンから招かれた若者と日本の若者のトークフォーラム*3において、若者の成人期への移行支援の在り方の相違が語られた。学費を稼ぐためのアルバイトに追われ学業もままならない日本の大学生の報告に対して、スウェーデンの若者は「社会が私たちに教育を提供することで、私たちに投資する。それで、私たちが働くようになったら、それを社会に還元する形で、働いて税金を払う人になる」と、学費全額無償であることは若者への「社会的投資」であると説明した。さらに興味深いのは、日本の若者が「普通の（社会人の）レールから外れることが恐怖」「小さいころから、「皆と同じであること」が求められてきた。ところが進路を決めるとなると自分で選べ、あとは自己責任」など、「画一性」「同調圧力」「失敗が許されないこと」などの生きづらさを様々に語ったのに対して、スウェーデンの若者は「自分は何を勉強したいのか、それを見つけるために高卒後働いた。その方がいろんな経験を積んでいるし、視野も広がっている。何を学ぶか、進路選択するかは個人、個人、いろいろである。」と語り、その違いが際立った。このトークの最後に、ひきこもりを経験しながらも登壇した若者は多くの弁護士たちを前に「やり直しができる、試行錯誤ができる、そのような仕組みや保障が必要だと感じています。居場所や、実際に働きながら、学びながら、試行錯誤ができる場所や生活の保障が必要です。」と若者への社会保障の必要性を訴えた。

若者たちの成人への移行期は試行錯誤がともなうのはいつの時代にも共通している。その試行錯誤は時には痛みもともなう学習の時でもあるが、その学習過程は若者に固有な学習権として保障されなければならない。とりわけ学校から仕事への移行に困難を抱えている若者には、学び直しのための機会が、就学・訓練、交通費も含めた活動費補助、住居費補助などの社会保障によって支えられる必要がある。わが国に於ける若者支援への経済給付は弱い。ここにも若者支援サービスの捕捉率の低さの要因がある。学び直しを後押しする経済給付は、若者のひきこもりや無業などが、たんなる個人の自己責任に押し付けられるものでなく、若者の生きづらさを、若者の人権が剝奪された結果であるととらえ直し、子ども・若者たちを権利主体として本格的に位置づけることが求められている。

若者の求める働く場、共生の場をつくりだす

若者たちは、不安定就労が蔓延する現状の労働現場に不安を感じていたとしても、働くことそのものを拒否しているのではない。自らの労働が疎外され、使い捨てられることへの忌避感から立ちすくんでいるだけだ。ケア付きの就労などの就労準備支援などを通して仕事へと移行し、ディーセントな職場に出会うことができれば意欲を取り戻すことができる。たとえば介護施設の働く環境が改善されたらどうだろう。高齢化でますます必要になる介護サービス現場は人手不足が深刻である

にもかかわらず、介護職を希望する若者は多くない。私たちの研究チームが訪れたフィンランドではゆったりとした福祉施設で働く若者たちに出会い、その余裕ある職場環境を羨ましく思った。またドイツのビアガーデンでは資格を保持し身分を保証され生き生きと働く若者にも出会った。やはりその専門性（資格）へのリスペクトと待遇改善が課題となる。アフター・コロナの社会創造には格差是正と並んで環境関連事業の創出が社会的テーマになるだろう。そこにも若者の出番があるにちがいない。いずれにせよ、社会的課題に向き合うＮＰＯや協同組合など若者統合型のソーシャルファームを多様に育て、中小企業組織ともネットワーキングしながら地域連帯経済を構築し、その基盤の上に若者を受け入れるディーセントな働き場を広げていくことだ。地域の中に、若者が出入りし、働いたり学んだりしながら自立過程を歩むことのできる居場所や共生の場など、就労移行システムをつくりだすことである。こうした取り組みを支える地域密着型の社会的投資（生活保障）のあり方が問われている。孤立と分断を超えて命と人間のくらしを願う人々のつながりを回復し互酬的な社会へと編みなおしていく、そのムーブメントの中に若者の出番と働く場を創出していくことを展望したい。

若者は社会の主体的形成者

ＥＵでは、２０００年代に入って成人期への移行に焦点を当てる移行期政策が登場し、若者の成人期への移行時期の課題は、社会のフルメンバーとしての権利を獲得し義務を果たすことができるようになる準備・トレーニングであるとされ、シチズンシップの獲得や政治参加などが挙げられてきた。近年になって、急速に若者政策を推進してきた韓国でも若者の意思決定過程への参画が進み、「ソウル青年議会」が開催されたり、未就業青年の求職活動促進のための手当給付（「青年手当」）などが政策化されている。しかしながら、わが国の若者支援が必ずしも若者を権利主体として捉え成人期への移行支援として展開されて来たとはいいがたい。短期間での就労の達成だけが性急に追及され、社会の主体的な形成者として、仕事へと移行していく試行錯誤のプロセスをささえるという視点はいまだ弱い。

コロナ危機の中、経済格差だけでなく、人種差別、ジェンダー格差、ＬＧＢＴへの差別など様々な格差と差別が問い返され、世界中のとりわけ若者の中に個人の命と生活が守られる社会への渇望が深まっている。コロナ危機を乗り越えた先に見えてくる社会をどのように構想するのか。格差の是正だけでなく、気候変動を抑え、生態系を守りながら立て直そうという人類社会の協同課題にも及んでいくだろう。いずれにしてもその新しい社会を創出する主体は若者たちである。若者政策をめぐる議論と実践はこうした若者を支えるものでなくてはならない。

最後に、本書がわが国の若者政策を捉え直し、若者のアンダークラス化を押しとどめる生活保障を拡充するためのヒントを提供し、さらには各地で取り組まれている若者支援実践を励ますものになることを願っている。

本書ができるまでには、国内、国外の多くの現場に調査に出かけた。そこでご協力いただいた多くのみなさまにこの場を借りて厚くお礼を申し上げたい。さらには、本書の刊行をお引き受けいただいた明石書店編集部部長の神野斉さん、編集部の武居満彦さんには大変お世話になった。執筆が思うように進まず、原稿が揃うまでに時間を要したにもかかわらず辛抱強く私たちにお付き合いいただいたことによって、ようやく刊行に漕ぎ着けることができた。社会・教育・福祉に関する数多くの出版をされてきた明石書店から私たちの本を出版できたことに、心より感謝を申し上げたい。

注

1　２００７年から足掛け10年間にわたって海外の若者支援現場を数多く訪問し、若者の実態と社会政策を調査（「若者の社会的包摂研究会」宮本みち子代表、世界の若者支援・現場レポート：https://michikomiyamoto.jimdofree.com/）。

2　国際労働機関（ＩＬＯ）は、新型コロナウイルスの雇用・労働への影響をまとめた報告書を発表し、特に若年層への影響が大きく、将来にわたって労働市場で不利益を受けないような対策が必要だとした。『朝日新聞』２０２０年5月27日。

3　日弁連人権大会（２０１８年10月4日開催）分科会「日本の社会保障の崩壊と再生～若者に未来を」の第２部「若者未来サミットｉｎ青森～スウェーデンと日本の若者と考える未来～」（「若者が未来に希望を抱くことができる社会の実現を求める決議」：https://www.nichibenren.or.jp/library/ja/civil_liberties/data/2018_1005_03.pdf）。

濵田江里子（はまだ・えりこ）　第9章

千葉大学社会科学研究院特任研究員。専門は福祉政治、比較福祉国家論。著書に『社会への投資』（共著、岩波書店、2018）、「知識基盤型経済における社会保障――社会的投資国家の可能性」（『思想』No.1156、2020）、「若者の『自立』支援とは――日本とイギリスの若者政策における能動化と承認」（『千葉大学法学論集』第31巻第2号、2016）、「日本とイギリスにおける若年就労支援政策と福祉国家再編」（『年報政治学』2015–II号、2015）など。

大草稔（おおくさ・みのる）　コラム3

社会的起業K2インターナショナルコリア教育チーム長、韓国引きこもり支援連帯（HSAK）運営委員。韓国での引きこもり支援活動に携わって現在9年目であり、HSAKにてソウル市引きこもり支援条例案の検討と研究活動に携わっている。韓国語への共訳書に、工藤啓・西田良介（クァク・ユナ、大草稔訳）『無業社会』（ペンタグラム、2015）、内田樹（大草稔、ヒョン・ビョンホ訳）『死と身体』（ミンドゥルレ出版社、2019）など。

小堀求（こぼり・もとむ）　コラム3

社会的企業K2インターナショナルコリア代表理事。15歳の時、中学校に適応できずK2の若者自立支援プログラムに参加。後に同社の職員として就職し、オーストラリア、ニュージーランド、韓国などで活動を20年以上続けてきた。2012年から韓国に拠点を移し、現地法人を設立（2019年に韓国の社会的企業として認定）、2015年にソウル市城北区名誉区民賞受賞、2017年にソウル市青年議会青年議員となる。

野村武司（のむら・たけし）　第10章

東京経済大学現代法学部教授。専攻は、行政法、自治体法、子ども法。獨協地域と子ども法律事務所・弁護士（埼玉弁護士会）。複数の自治体でのいじめ重大事態調査委員会の他、西東京市子ども権利擁護委員等、自治体での子ども関連の委員・委員長を多く務めている。子どもの権利条約総合研究所副代表、さいたまユースサポートネット理事等。著書に、「子どものための連携と情報共有」（『子どもの権利研究』第30号、2019）、「いじめ重大事態調査はどのようにあるべきか――課題と検討」（『子どもの権利研究』第31号、2020）、「わが国における子どもオンブズパーソン制度の現状と課題」（『日本教育法学会年報』第50号、2021）など。

津富宏（つとみ・ひろし）　第５章

静岡県立大学教授。犯罪学、評価研究。NPO法人青少年就労支援ネットワーク静岡理事長。著書に『若者就労支援「静岡方式」で行こう!!』（クリエイツかもがわ、2011）、『生活困窮者自立支援も「静岡方式」で行こう!! 2』（クリエイツかもがわ、2017）、「静岡方式による就労支援」（『社会政策』第11巻第1号、2019）など。主な翻訳書に、『犯罪からの離脱と「人生のやり直し」』（明石書店、2013）など。

藤井敦史（ふじい・あつし）　第６章

立教大学コミュニティ福祉学部教授。阪神淡路大震災後の神戸の仮設住宅でコミュニティ形成に取り組むNPO・NGOのフィールド・ワークを出発点に、コミュニティ・ビジネスを含む社会的企業の国際比較研究を一貫して行ってきた。近年は、社会的連帯経済における連帯関係そのものを紡ぎ出すコミュニティ開発について研究している。社会的企業研究会会長、NPO法人アジア太平洋資料センター（PARC）理事。著書に、『NPO再構築への道』（共編、勁草書房、2010）、『闘う社会的企業』（共編、勁草書房、2013）など。

岩本真実（いわもと・まみ）　第７章

㈱K2インターナショナルジャパン勤務、若者就労支援事業担当。NPO法人ヒューマンフェローシップ代表理事。不登校・引きこもりなど社会に馴染みにくい子ども・若者の自立就労を支援する団体で、20年以上共同生活や地域と連携した就労の場づくりに関わる。著書に、宮本みち子編『すべての若者が生きられる未来を』（共著、岩波書店、2015）など。

樋口明彦（ひぐち・あきひこ）　第８章

法政大学社会学部教授。若者政策論、コミュニティ政策論。主な論文に、樋口明彦・上村泰裕・平塚真樹編『若者問題と教育・雇用・社会保障』（法政大学出版局、2011）、「若者の社会的リスクに対する社会保障制度の射程」乾彰夫・本田由紀・中村高康編『危機のなかの若者たち』（東京大学出版会、2017）、「若者政策における所得保障と雇用サービスの国際比較——日本・オランダ・オーストラリア・イギリス・フィンランド」宮本みち子編『すべての若者が生きられる未来を』（岩波書店、2015）など。

〔執筆者一覧〕 執筆章順

青砥恭（あおと・やすし） 第２章

関東学院大学、埼玉大学、明治大学で講師（教育学、教育社会学、教育法学）。2011 年 7 月に特定非営利活動法人さいたまユースサポートネットを設立。その後、さいたま市で学習支援、居場所づくり、就労支援など若者たちの包括的支援のネットワークと地域拠点をつくる活動をしている。2016 年からは、「全国子どもの貧困・教育支援団体協議会」の代表理事。著書に、『日の丸・君が代と子どもたち』（共著、岩波書店、2000）、『ドキュメント高校中退』（筑摩書房、2009）、『若者の貧困・居場所・セカンドチャンス』（編著、太郎次郎社エディタス、2015）、『ここまで進んだ！格差と貧困』（共著、新日本出版社、2016）、『続　移行支援としての高校教育』（共著、福村出版、2016）など。

白水崇真子（しろうず・すまこ） コラム１

ライフデザイン・ラボ代表。フリーランスとして関西の定時制高校、大学などで１～２年生からのキャリア支援によるチーム学校作りを行う。大阪府地域若者サポートステーションでは、最近はもっぱら超氷河期を担当。生活困窮者支援員や自治体職員、教職員、キャリアカウンセラーを対象にした支援者支援に注力。自助グループに着手中。著書に『下層化する女性たち』（共著、勁草書房、2015）、『すべての若者に未来を』（共著、岩波書店、2015）など。

濵政宏司（はませ・ひろし） コラム２

豊中市市民協働部くらし支援課課長。2004 年豊中市へ入職。職員研修所を経て、2009 年こども未来部へ異動し、放課後こどもクラブ、子育て支援行政に係る企画業務に従事。その際に子どもや若者、民間支援団体を対象にのべ 33 回約 200 人にヒアリングを行いながら子ども健やか育み条例を策定。2015 年市民協働部へ異動し、生活困窮者自立相談支援や就労支援業務に従事。2017 年からは若者支援業務を兼務し豊中市若者自立支援計画の策定を担当。

西岡正次（にしおか・まさじ） 第４章

A′ワーク創造館（大阪地域職業訓練センター）副館長・就労支援室長、（一社）生活困窮者自立支援全国ネットワーク理事ほか。著書に、『生活困窮者支援で社会を変える』（共編、法律文化社、2017）、「相談支援を利用して「働く」「働き続ける」」宮本太郎編著『転げ落ちない社会』（勁草書房、2017）など。

［編著者］

宮本みち子（みやもと・みちこ）　はじめに　第１章　本書をふりかえる

放送大学／千葉大学名誉教授。専門は社会学・生活保障論。労働政策審議会委員、中央教育審議会委員、社会保障審議会委員、子ども・若者育成支援推進点検・評価会議座長、子どもの貧困対策に関する検討会座長などを歴任。著書に『若者が《社会的弱者》に転落する』（洋泉社、2002）、『若者が無縁化する』（ちくま新書、2012）、『すべての若者が生きられる未来を』（編著、岩波書店、2015）、『下層化する女性たち』（編著、勁草書房、2015）、『地方に生きる若者たち』（編著、旬報社、2017）など。

佐藤洋作（さとう・ようさく）　第３章　おわりに

NPO 法人文化学習協同ネットワーク代表理事。不登校・ひきこもりの子どもや若者たちのフリースクール主催。国の若者政策の開始とともに、若者自立塾や若者サポートステーション事業、さらには困窮家庭の子どもたちの学習支援などにも取り組む。著書に『君は君のままでいい』（ふきのとう書房、1998）、『ニート・フリーターと学力』（編著、明石書店、2005）、『教育と福祉の出会うところ』（編著、山吹書店、2012）、『「若者支援」のこれまでとこれから』（共著、かもがわ出版、2016）など。

宮本太郎（みやもと・たろう）　第11章

中央大学法学部教授。北海道大学名誉教授。福祉政治論専攻。内閣府参与、総務省顧問、男女共同参画会議議員など歴任、現在、社会保障審議会委員、『月刊福祉』編集委員長など。著書に『貧困･介護･育児の政治』（朝日選書、2021 年刊行予定）、『共生保障』（岩波新書、2017）、『生活保障』（岩波新書、2009）、『福祉国家という戦略』（法律文化社、1999）、『福祉政治』（有斐閣、2008）、『地域包括ケアと生活保障の再編』（編著、明石書店、2014）など。

アンダークラス化する若者たち
——生活保障をどう立て直すか

二〇二一年三月一五日　初版第一刷発行
二〇二二年一月二五日　初版第三刷発行

編著者——宮本みち子・佐藤洋作・宮本太郎
発行者——大江道雅
発行所——株式会社　明石書店
〒一〇一-〇〇二一　東京都千代田区外神田六-九-五
電　話　〇三-五八一八-一一七一
ＦＡＸ　〇三-五八一八-一一七四
振　替　〇〇一〇〇-七-二四五〇五
https://www.akashi.co.jp
装幀　清水肇（prigraphics）
印刷・製本　モリモト印刷株式会社
（定価はカバーに表示してあります）　ISBN 978-4-7503-5152-0

教育のディープラーニング　世界に関わり世界を変える
マイケル・フラン、ジョアン・クイン、ジョアン・マッキーチェン著
松下佳代監訳　濱田久美子訳
◎3000円

教育のワールドクラス　21世紀の学校システムをつくる
アンドレアス・シュライヒャー著　経済協力開発機構（OECD）編
ベネッセコーポレーション企画・制作　鈴木寛、秋田喜代美監訳
◎3000円

社会情動的スキル　学びに向かう力
経済協力開発機構（OECD）編著
ベネッセ教育総合研究所企画・制作　無藤隆、秋田喜代美監訳
◎3600円

日本のオンライン教育最前線
アフターコロナの学びを考える
石戸奈々子編著
◎1800円

職場・学校で活かす現場グラフィー
ダイバーシティ時代の可能性をひらくために
清水展、小國和子編著
◎2500円

10代からの批判的思考　社会を変える9つのヒント
名嶋義直編著　寺川直樹、田中俊亮、竹村修文、
後藤玲子、今村和宏、志田陽子、佐藤友則、古閑涼二著
◎2300円

在野研究ビギナーズ　勝手にはじめる研究生活
荒木優太編著
◎1800円

北欧の教育最前線　市民社会をつくる子育てと学び
北欧教育研究会編著
◎2200円

持続可能な社会を考えるための66冊　教育から今の社会を読み解こう
小宮山博仁著
◎2200円

国際バカロレアの挑戦　グローバル時代の世界標準プログラム
岩崎久美子編著
◎3600円

女性の世界地図　女たちの経験・現在地・これから
ジョニー・シーガー著
中澤高志、大城直樹、荒又美陽、中川秀一、三浦尚子訳
◎3200円

教員環境の国際比較　専門職としての教員と校長
OECD国際教員指導環境調査（TALIS）2018報告書［第2巻］
国立教育政策研究所編
◎3500円

諸外国の初等中等教育
文部科学省編著
◎3600円

OECD幸福度白書5　より良い暮らし指標：生活向上と社会進歩の国際比較
OECD編著　西村美由起訳
◎5400円

図表でみる教育　OECDインディケータ（2020年版）
経済協力開発機構（OECD）編著　矢倉美登里、
伊藤理子、稲田智子、坂本千佳子、元村まゆ訳
◎8600円

デジタル時代に向けた幼児教育・保育　人生初期の学びと育ちを支援する
アンドレアス・シュライヒャー著
経済協力開発機構（OECD）編　一見真理子、星三和子訳
◎2500円

〈価格は本体価格です〉